Selbstevaluation in der Lehre

Waxmann Verlag GmbH
Steinfurter Straße 555, 48159 Münster
info@waxmann.com

Wolfgang Beywl, Hanne Bestvater, Verena Friedrich

Selbstevaluation in der Lehre

Ein Wegweiser für sichtbares Lernen und besseres Lehren

Waxmann 2011
Münster / New York / München / Berlin

Bibliografische Informationen der Deutschen Nationalbibliothek
Die Deutsche Nationalbibliothek verzeichnet diese Publikation in
der Deutschen Nationalbibliografie; detaillierte bibliografische
Daten sind im Internet über http://dnb.d-nb.de abrufbar.

ISBN 978-3-8309-2577-4

© Waxmann Verlag GmbH, 2011
Postfach 8603, 48046 Münster

www.waxmann.com
info@waxmann.com

Umschlaggestaltung: Christian Averbeck, Münster
Titelbild: Digitale Bearbeitung von Acrylbildern der Serie Faces,
© Martin Hagmann, www.mh-art.ch

Gedruckt auf alterungsbeständigem Papier,
säurefrei gemäß ISO 9706

Inhalt

Abbildungsverzeichnis

Tabellenverzeichnis

Autorinnen und Autor

Prof. Dr. Wolfgang Beywl leitet die Professur Bildungsmanagement sowie Schul- und Personalentwicklung an der Pädagogischen Hochschule FHNW in Aarau, Schweiz. Er lehrt seit 30 Jahren an Hochschulen und in der Weiterbildung, Schwerpunkt „Bildungsevaluation".

Hanne Bestvater, M Sc Studienkoordinatorin Hochschule für Soziale Arbeit, FHNW Olten, Schweiz. Sie ist seit 1986 in der Erwachsenenbildung und Organisationsberatung tätig. Themenschwerpunkte: Selbstevaluation, Zeit- und Projektmanagement.

Dr. Verena Friedrich ist für das Weiterbildungsprogramm Evaluation an der Universität Bern verantwortlich.

Einleitung

"A professional perception of teaching regards teaching as a complex undertaking, suggesting that teachers should identify needs, analyze goals, choose instructional strategies and plan and monitor their work. No longer limited to evaluating student achievement, evaluation becomes an integral part of the teaching profession, relevant to various aspects of teacher's responsibilities." (Nevo, 2009, S. 295)

Die durch die Erklärung von Bologna ausgelösten Reformen an den europäischen Hochschulen rücken die Aktivitäten der Lernenden und die von ihnen zu erwerbenden Kompetenzen ins Zentrum, als Ausgangspunkte für die Planung und die Umsetzung der Lehre (Wehr/Ertel, 2007). Die Frage ist dringlich, welches Wissen, welche Fähigkeiten und Fertigkeiten sich die Lernenden aneignen sollen, um berufsrelevante Probleme auf wissenschaftlicher Basis lösen zu können, und wie eine darauf ausgerichtete Lehre anzulegen ist (Arnold, 2011; Teichler, 2009).

Die Lehrenden sollen zielgerichtet auf Kompetenzen hin unterrichten; sie sollen hierfür geeignete Inhalte auswählen und Lehrmethoden einsetzen; sie sollen Studierende zu selbstgesteuertem Lernen anleiten, ihnen förderliches Feedback geben und dabei oft heterogene Lernvoraussetzungen berücksichtigen. Angesichts angespannter Rahmenbedingungen, sowohl was die Betreuungsrelationen in vielen Fächern als auch was die Beschäftigungssituation des Lehrnachwuchses betrifft, ist dies eine starke Herausforderung. Die grosse Mehrheit der Lehrenden stellt sich diesem Anspruch, getragen von der Überzeugung, dass eine exzellente akademische Bildung für Wissenschaft und Gesellschaft einen so hohen Wert besitzt, dass sich der persönliche Einsatz lohnt.

In den vergangenen Jahren wurden den Lehrenden vielfach Hilfen für diese Aufgabe angeboten, darunter Ansätze wie Qualitätsmanagement, Akkreditierung von Studiengängen, oder auch standardisierte Evaluationsverfahren als hochschul- oder fakultätszentraler Service. Neuerdings wird die Hochschuldidaktik wieder gestärkt, in Deutschland mit dem 2010 gestarteten „Qualitätspakt Lehre" und der Perspektive einer „Akademie für Lehre und Lernen". Die Professionalisierung von Hochschullehre wird im gesamten deutschsprachigen Raum durch einschlägige Weiterbildungsangebote gefördert, die teils mit Zertifikaten der wissenschaftlichen Weiterbildung abschliessen.

Dieses Buch ist aus dem Zertifikatsstudiengang „Hochschuldidaktik" an der Universität Bern hervorgegangen. Dort wird der Zweitageskurs „Selbstevaluation der Lehre" seit vielen Jahren mehrfach pro Jahr durchgeführt (vgl. die kurze Beschreibung im Kapitel 3.2). Gleich ob er als Pflicht- oder als Wahlveranstaltung durchgeführt wurde, stellte sich oft schon zu Beginn ein Akzeptanzproblem in Bezug auf „Evaluation".

Das Wort „Evaluation" stösst bei Hochschullehrenden oft auf starke Skepsis. Evaluation wird vielfach mit Qualitätssicherung und -management, mit Benchmarking und Ranking sowie anderen neuen Steuerungsverfahren in einem Zug genannt – und wie diese als bürokratischer Eingriffsversuch in die Freiheit und Einheit von Forschung und Lehre gedeutet. Viele Lehrende assoziieren „Selbstevaluation" mit den routinierten Zufriedenheitsmessungen bei ihren Studierenden, mit zwar meist positiven, gelegentlich befremdlichen, selten jedoch hilfreichen Ergebnissen (zur Kritik z.B. Kromrey, 2005). In „Forschung & Lehre", dem Organ des Deutschen Hochschulverbandes (DHV) bringt Harald Walach (2009) den verbreiteten Unmut auf den Punkt: „Man muss sich an die vorgeschriebenen Rituale halten. Tut man es nicht, setzt es Strafen." In der gleichen Ausgabe mahnt der Präsident des DHV Bernhard Kempen (2009) angesichts der „prinzipiellen Unvollkommenheit der Messinstrumente" für die Qualität von Forschung und Lehre eine „Relativitätstheorie der Evaluation" an, die der Komplexität und Dynamik von Forschung und Lehre gerecht wird. Dieses Buch kann diese nicht leisten, doch sei behauptet, dass der Ansatz der Selbstevaluation mit den Grundannahmen einer solchen Evaluationstheorie verträglich wäre. Für einen Ausblick wird dieser Gedanke im Anschluss an Michael Patton (2010), den Begründer der evolutiven Evaluation, am Schluss des Kapitels 2 nochmals aufgenommen.

Intention des Buches ist es, dass auch Lehrende, die über keine oder geringe Ausbildung in empirischen Methoden bzw. Hochschuldidaktik verfügen, sich ein grundlegendes Verständnis für die Möglichkeiten und Grenzen der Selbstevaluation in der Lehre erarbeiten können. Denjenigen, die an der Anwendung interessiert sind, werden Methoden und Instrumente angeboten, das Geschehen in der Lehre sichtbar und damit dem organisationalen Lernen in ihrer Hochschule zugänglich zu machen. Dies betrifft folgende drei Grundelemente von Lehre und Studium: didaktisches Lehrhandeln, ausgelöstes Lernhandeln sowie Lernresultate der Studierenden. Selbstevaluation fordert und fördert eine auf die Lehrenden als konkrete Personen passende, lösungsorientierte Sichtweise. Sie regt dazu an, Ziele zu setzen und Lösungen zu entwerfen sowie zu prüfen, welche Möglichkeiten bestehen, dem Erwünschten aus eigener Kraft näher zu kommen.

Kapitel 1 verortet Selbstevaluation im Feld verschiedener Evaluationsarten, klärt, für welche Zwecksetzungen sie sich eignet und welche Funktionen sie für die Lehre erfüllen kann. „Besonders" ist die Selbstevaluation in dreierlei Hinsicht: mit dem Fokus auf die alltägliche Lehrpraxis und ihre konkreten didaktischen Probleme; mit der Doppelrolle, dass diejenigen, die evaluieren, dieselben sind, die lehren; mit der Verschränkung von Lehren und Untersuchungshandeln. Dieser dreifach integrierende Zuschnitt macht Selbstevaluation angesichts der allgegenwärtigen Zeitknappheit in der Lehre erst lebensfähig. Selbstevaluation ist als hybrider Handlungstyp angelegt, mit systematischem Wechselgang zwischen unterrichtendem und untersuchendem, zwischen distanziert betrachtendem und eingreifendem, zwischen planendem und umsetzendem Handeln. Damit eine akademische Evaluationskultur entstehen kann, in der eine so verstandene Selbstevaluation ihren Platz findet, sind weitere im Schlussteil dieses Kapitels angesprochene Voraussetzungen erforderlich.

Kapitel 2 ist als Wegweiser für die Praxis der Selbstevaluation angelegt. Für das Vorgehen werden acht Schritte vorgeschlagen, die auf zwei Weisen gegliedert werden können, gemäss zweier Perspektiven auf die Systematik der Selbstevaluation:

Die erste Perspektive schliesst an die Besonderheit des Doppelstrangs von Untersuchen (Schritte 1,2,5,6,7 und 8) und Lehren (Schritte 3 und 4) an. Die sechs Kapitel des Untersuchungsstrangs beginnen mit einer grau unterlegten Box, in der ausgewählte Standards für Selbstevaluation (DeGEval, 2004) zitiert und erläutert sind. Die beiden Kapitel des Praxisstrangs (Lehrziele bzw. Lehrinterventionen) führen u. a. in hochschuldidaktische Grundlagen zum Lernen Erwachsener ein, die unmittelbar an die Logik der Selbstevaluation anschliessen.

Die zweite Perspektive differenziert nach Planung und Umsetzung. Die Schritte 1 bis 6 umfassen Klärungs- und Planungsaktivitäten (u. a. zu Lehrzielen, Lehrinterventionen, Evaluationsfragestellung und Datenerhebung). Die Schritte 7 und 8 behandeln das Erheben, Auswerten, Schlussfolgern und Bewerten sowie das Rückmelden und das Nutzen. Bereits das Planen, das selten linear, sondern meist zyklisch zwischen den Schritten 1 bis 6 verläuft, generiert Prozessnutzen. Bereits mit dem Planen und Durchführen und nicht erst mit den Ergebnissen entstehen vorteilhafte Stabilisierungen oder wünschbare Veränderungen für die Lehre: Ziele werden geklärt, Interventionen darauf abgestimmt und Lehr- wie Lernhandeln werden empirisch fassbar und damit sichtbar gemacht. Doch erst mit den beiden nachfolgenden Umsetzungsschritten entfaltet sich das volle Potenzial der Selbstevaluation.

Wenn es durch konsequente Planung gelingt, dass das Datenerheben Teil der Intervention und damit integraler Bestandteil des Unterrichtens ist, verändert sich die Lehre: Mit den physisch vorhandenen Datenerhebungsinstrumenten wird für alle Beteiligten stärker sichtbar, welches Lernen in welchem Umfang stattfindet bzw. welche Lernresultate ausgelöst werden. Das Lehren gewinnt dadurch in Bezug auf Ziel-klarheit und Stringenz der Zielverfolgung. Sowohl Lehrende wie auch Lernende können kritische Ausschnitte des komplexen Prozesses aus einer Beobachterper-spektive verfolgen und diesen bei Bedarf datenbasiert verbessern.

Dass für die Umsetzung der Untersuchung lediglich zwei Schritte reserviert sind, verweist darauf, dass gute Planung eine schlanke Umsetzung ermöglicht. Da-mit der ‚verflixte‘ 7. Schritt – der operative Teil der empirischen Untersuchung – mit seinem grossen Zeithunger die Selbstevaluation nicht sprengt, wurde ein spezieller Instrumententyp entwickelt: die im Kapitel 2.6.1 vorgestellten konvivialen oder lehr-integrierten Erhebungsinstrumente.

In das Kapitel 2 sind SPECIALS integriert, die drei Standardmethoden der Da-tenerhebung und -auswertung in speziellem Zuschnitt auf die Erfordernisse der Selbstevaluation vorstellen: Entwicklung von Fragebogen, qualitative Inhaltsanalyse von Textdaten sowie Visualisierung von Ergebnissen. Für Lehrende, die in empiri-sche Methoden wenig eingearbeitet sind, sollen diese SPECIALS mit vielen Beispie-len und Checklisten Grundlagen schaffen. Für Geübte bieten sie Hinweise für die Adaption der oft gross dimensionierten empirischen Methodik auf die Erfordernisse alltagstauglicher Selbstevaluationen.

Kapitel 3 enthält fünf Fallbeschreibungen realisierter Selbstevaluationen. Darun-ter gibt es Praxisbeispiele sowohl mit einem Schwergewicht bei Lehrhandeln, bei Lernhandeln oder bei Lernresultaten. Die Fälle sind analog der 8-schrittigen Abfolge des Kapitels 2 gegliedert: Darstellung der Lehrveranstaltung und der zu knackenden ‚Problemnuss‘ zu Beginn – Evaluationsergebnisse sowie ihre eingeleiteten Nutzun-gen am Ende. Die Beispiele enthalten auch weiterführende Überlegungen zur Über-tragung oder Anpassung des jeweiligen Vorgehens. Mit den Praxisbeispielen werden zwei Absichten verfolgt: Zum Ersten sollen sie es ermöglichen, die Anwendung des in den Theorie- und Methodik-Kapiteln Dargestellten nachzuvollziehen. Zum Zwei-ten sollen sie die Lesenden anregen, dieses Wissen auf die eigene Selbstevaluations-praxis zu übertragen. Ein solcher Transfer wird dadurch erleichtert, dass Erhebungs-instrumente abgedruckt sind.

Kapitel 4 enthält ein „Taschenset" mit sieben „konvivialen Erhebungsinstrumen-ten" für Beobachtung und Befragung, je gegliedert nach einem einheitlichen Muster (u. a. Leistungsprofil, Vorbereitung, Vorgehen, Zeitbedarf). Die Instrumente werden mit zumindest einem Beispiel veranschaulicht; ihre Vor- und Nachteile werden dis-kutiert. Weitere Beispiele finden sich in den Fallbeschreibungen des Kapitels 3. Die-se Instrumente sind (bis auf das letzte) von den beiden Autorinnen bzw. dem Autor dieses Buches erprobt. Sie haben sich als nützlich für die Weiterentwicklung von Lehre erwiesen.

Kapitel 5 enthält ergänzende Materialien, zum Beispiel Literaturempfehlungen zur Didaktik und Methodik, zwei Checklisten für die Planung von Selbstevaluationen, eine Beschreibung des im Buch mehrfach angesprochenen „Informierenden Unterrichtseinstiegs", eine Liste von aktiven transitiven Verben, mit denen sowohl Lernziele formuliert als auch Fragestellungen operationalisiert werden können; schliesslich das Arbeitsblatt zur individuellen Selbstevaluationsplanung, mit dem in den Berner Kursen gearbeitet wird.

Die Publikation enthält neben zwei Literaturlisten einen ausführlichen Sachindex. Am Schluss findet sich eine noch leere Sammelliste, in die als mögliche Auslöser für Selbstevaluationen „Knacknüsse" der Hochschullehre notiert werden können, die den Lesenden in ihrer Praxis begegnen.

Die Kapitel und Unterkapitel des Buches sind vielfach vernetzt, nachvollziehbar im Sachindex. Damit bieten sich verschiedene Möglichkeiten für einen passenden Zugang zum Thema, z.B. sich Begriffe und Methodik der Selbstevaluation stärker aus der Lehr- oder aus der Untersuchungsperspektive zu erarbeiten. Ähnlich wie auch reale Selbstevaluationsvorhaben schleifenartig geplant werden, so ist es beim Bearbeiten der Texte möglich, bei einem der Praxisbeispiele einzusetzen und sich die systematischen Grundlagen hierfür in den vorangehenden Kapiteln zu erschliessen. Für Rekapitulationen sind mehrere Angebote vorhanden, zum Beispiel ausgehend vom Kurs-Fragebogen (Abb. 9) oder vom Praxisbeispiel 3.2.

Das Buch kann auch als eine Einführung in die Evaluation gelesen werden. Gegenüber den vorhandenen Lehrbüchern bietet es einen alternativen Zugang. Während jene in der Traditionslinie der von aussen kommenden, von Evaluationsexpertinnen und -experten geführten Fremdevaluation stehen, erschliesst dieses Lehrbuch die Evaluationstheorie aus dem Blickwinkel der in der Lehre praktisch Tätigen. Das Verbinden von Innen- und Aussenperspektive wird dadurch ermöglicht, dass durchgängig die evaluative Fachterminologie verwendet wird. Überschneidungen zwischen Selbst- und Fremd-, zwischen interner und externer Evaluation werden dabei ebenso deutlich wie die Unterschiede zwischen diesen Evaluationsarten. Damit wird eine produktiv-kritische Auseinandersetzung mit der wissenschaftlichen Evaluation möglich.

Anmerkungen zum Sprachgebrauch

Der Text ist in der Schweizer Version der deutschen Rechtschreibung verfasst (insbesondere statt scharfem ß immer Doppel-ss). Auch der Genus-Gebrauch orientiert sich an einer Schweizer Regelung (Schweizerische Bundeskanzlei, 2009): Bevorzugt werden geschlechtsneutrale Personenbezeichnungen im Plural (z.B. Studierende) oder Paarformen, in denen beide Geschlechter genannt sind (z.B. Professorinnen und Professoren). Zur Vereinfachung von Sätzen wird im Singular gelegentlich das generische Femininum oder das generische Maskulinum, bei zusammengesetzten Wörtern das generische Maskulinum genutzt (z.B. Tutorenfortbildung). Bei den Fallbeispielen geht aus dem verwendeten Genus hervor, welches Geschlecht die Fallgebenden haben.

Dem Text liegt ein kontrolliertes Vokabular der Evaluationsfachsprache zugrunde, das als Online-Version frei zugänglich ist (vgl. Einführung zum Sachindex).

Danksagungen

Dem Buch geht ein gut 15jähriger Entwicklungsprozess voraus, der zusammen mit Maja Heiner, Ellen Schepp-Winter und Christine Spreyermann sowie Wennemar Scherrer mit der „Selbstevaluation in der Kinder- und Jugendhilfe" begann.

Anfang der 2000er Jahre begann der Transfer auf den Hochschulbereich am Zentrum für universitäre Weiterbildung (ZUW) der Universität Bern. Gefördert wurde dies durch seine beiden Direktoren Karl Weber und Andreas Fischer. Die Leiter der Hochschuldidaktik Manfred Künzel, Helmut Ertel bzw. Thomas Tribelhorn haben die Texterstellung mit wertvollen Anregungen begleitet. Das Institut Weiterbildung und Beratung der Pädagogischen Hochschule der FHNW hat in der Schlussphase die Erstellung unterstützt.

Das Feedback der Teilnehmenden unserer Kurse hat massgeblich dazu beigetragen, das Taschenset der konvivialen Erhebungsinstrumente und die Praxisbeispiele realisierter Selbstevaluationen zu erarbeiten. Die meisten Praxisbeispiele stammen von engagierten Hochschullehrenden unserer Kurse. Sie haben unsere ersten Fallbeschreibungen gegengelesen und es uns durch ihre grosszügige fachliche Unterstützung ermöglicht, Exempel aus so unterschiedlichen Gebieten wie Agrarökologie, Betriebswirtschaftslehre, Humanmedizin, Literaturwissenschaft und Religionswissenschaft zu präsentieren. Christoph Aerni, Gisela Bürki, Oliver Gautschi, Dirk Johannsen und Martin Schmid gilt dafür unser spezieller Dank.

Dass Martin Hagmann, Lehrer an der Sekundarstufe I in Frick im Kanton Aargau, uns sein Bild für unseren Titel zur Verfügung gestellt hat, freut uns sehr.

1 Selbstevaluation: besondere Evaluationsart zur Verbesserung der Lehre

Der Begriff Evaluation wird im Bereich der Lehre häufig assoziiert mit Peer-Evaluationen durch externe Fachkolleginnen und -kollegen oder der Befragung von Studierenden. Teilweise werden auch Benotung und Lernkontrollen „Evaluation" genannt. Um Klarheit zu schaffen verortet das Kapitel 1.1 die Selbstevaluation im Feld verschiedener Evaluationsarten. Es werden ihre typischen Zwecke und Funktionen verdeutlicht und sie wird von ähnlichen Vorgehensweisen abgegrenzt. Kapitel 1.2 befasst sich damit, was evaluiert wird, d.h. mit den typischen Gegenständen von Selbstevaluation in der Lehre. In Kapitel 1.3 wird aufgezeigt, dass Informationsgewinnung (Untersuchung) und Praxisveränderung (Intervention) bei der Selbstevaluation Hand in Hand gehen. Im Kapitel 1.4 werden die Voraussetzungen angesprochen, die für gelingende Selbstevaluationen erforderlich sind.

1.1 Einordnung und Abgrenzung von Selbstevaluation

Evaluation bedeutet „Bewertung". Im Alltag finden ständig Bewertungen statt, beispielsweise wird ein Zeitungsartikel nach seinem Informationsgehalt bewertet. Auch bei der Evaluation im wissenschaftlichen Sinne geht es im Kern um eine Bewertung. Diese erfolgt allerdings im doppelten Sinne systematisch:

- Die Bewertung basiert auf einer gesicherten Datenbasis. Evaluation greift hierfür auf empirische Methoden für die Erhebung und Auswertung von Daten zurück.
- Die Bewertung erfolgt transparent und nachvollziehbar gemäss ausgewiesenen Kriterien.

Auf diese Weise soll die Güte bzw. die Tauglichkeit eines Gegenstands bestimmt werden (Sanders/Beywl/JCSEE, 2006). Typische „Gegenstände" von Evaluation sind bspw. Programme aus dem Bildungs- oder Gesundheitsbereich. Aber auch Produkte (z.B. ein Lehrbuch), Personen, Organisationen oder Evaluationen selbst können Evaluationsgegenstand sein. Gegenstand von Selbstevaluationen der Lehre ist typischerweise eine einzelne Lehrveranstaltung bzw. ein Element einer Lehrveranstaltung (vgl. Kapitel 1.2).

Es gibt verschiedene Arten von Evaluation, die sich danach unterscheiden, wer in welcher Rolle für die Evaluation verantwortlich ist. Es werden folgende vier Arten unterschieden:

- Fremdevaluation
- Peer-Evaluation
- Inhouse-Evaluation
- Selbstevaluation

Bei der *Fremdevaluation* kommen Evaluationsspezialistinnen und -spezialisten aus einer anderen Organisation: Sie sind „Externe". Dies ist z.B. dann der Fall, wenn ein Evaluationsinstitut Angebote von Bildungseinrichtungen beschreibt und bewertet, zu dem die Evaluierenden keinen (engen) fachlichen Bezug haben; sie sind auch fachlich-inhaltlich Aussenstehende (Outsider).

Bei der *Peer-Evaluation* kommen die Evaluierenden meist aus anderen Organisationen („extern", z.B. von einer anderen Bildungseinrichtung), sind aber in der Regel fachlich „Insider". „Insider" sind nicht nur mit der Wissensbasis eines bestimmten Bildungsangebotes vertraut, sondern sie stimmen auch grundsätzlich mit seinen grundlegenden Werten überein. „Insider" haben ein teils explizites, teils implizites Wissen zum Evaluationsgegenstand und ein geteiltes Grundverständnis darüber, was wertvoll ist in Bezug auf das zu evaluierende Fachgebiet, seine Inhalte und Methoden. Dies ist z.B. der Fall, wenn das Medizinische Institut einer Hochschule durch Mediziner einer anderen Hochschule evaluiert wird. „Outsider" hingegen blicken von aussen, z. T. auch von ausserhalb der Wissenschaft (z.B. von Politik und Verwaltung) auf den Evaluationsgegenstand und sind eher neutral gegenüber seinen Werten.

Die *Inhouse-Evaluation* zeichnet sich dadurch aus, dass die Evaluierenden Mitglieder derselben Organisation („intern"), jedoch nicht unbedingt Angehörige der Fachdisziplin des Evaluationsgegenstandes (und insofern eventuell „Outsider") sind. Zum Beispiel evaluieren Mitarbeitende des Rektoratsstabs einer Hochschule die Lehrveranstaltungen in einem bestimmten, ihnen selbst fachlich fremden Department derselben Hochschule.

Bei der *Selbstevaluation* verantwortet die Person, die für die Evaluation verantwortlich ist, auch den Evaluationsgegenstand. Sie steht damit dem Evaluationsgegenstand sowohl fachlich und in Bezug auf ihre Werte – als „Insiderin" – als auch organisational nahe – ist „intern" (vgl. Abb. 1).

Dies gilt z.B. für eine Dozentin, die ein Seminar evaluiert, das sie als Mitglied einer Hochschule auch selbst entwickelt und durchführt; sie agiert in einer Doppelrolle. Dieses Verständnis von Selbstevaluation geht zurück auf die Erziehungswis-

senschaftlerin Maja Heiner. In ihrem Buch „Selbstevaluation in der sozialen Arbeit"
(Heiner, 1998) hat sie es für Bereiche wie Jugendberufshilfe, Behindertenarbeit,
Gruppentherapie, Suchtberatung etc. beschrieben.

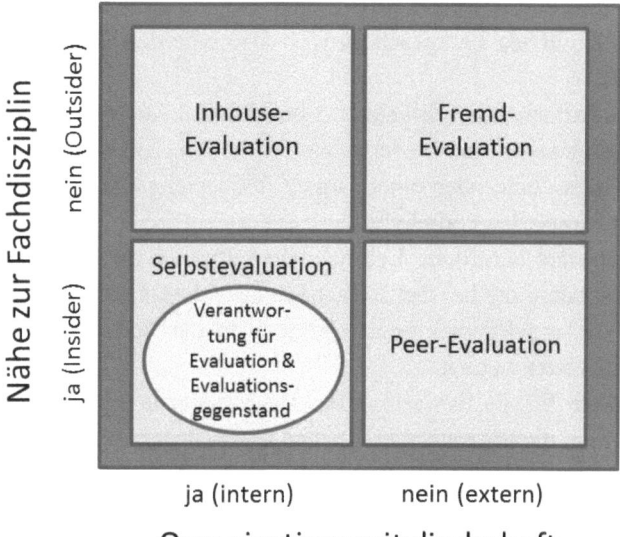

Abb. 1:   Hauptarten der Evaluation

Selbstevaluation und *Inhouse-Evaluation* ähneln sich insofern, als beide von Mitgliedern der Organisation durchgeführt werden, die das Bildungsangebot trägt. Während bei der Selbstevaluation Evaluieren und Umsetzen ‚in einer Hand' liegen, gibt
es bei der Inhouse-Evaluation eine arbeitsteilige Zuständigkeit: Dozierende resp.
Kursleitende verantworten die Lehre, die interne Evaluationsstelle plant und realisiert deren Evaluation. An Hochschulen findet man Fachstellen für Inhouse-
Evaluationen so gut wie immer in den zentralen Verwaltungseinheiten (z.B. den
Rektoraten), oft auch bei den Stäben der Departemente oder Fakultäten. Neben der
arbeitsteiligen Durchführung von Inhouse-Evaluation kann diese Stelle auch An-
sprechpartnerin sein, um Dozierende bei Selbstevaluationen zu beraten oder sie bei
Datenerhebungen und -auswertungen zu unterstützen.

    Selbstevaluation und *Peer-Evaluation* ähneln sich insofern, als beide von In-
sidern durchgeführt werden. Welche Werte und Annahmen implizit oder explizit in
die Evaluation einfliessen, hängt stark davon ab, ob eine Insider- oder eine Outsider-
Perspektive vorliegt. In jedem Falle muss die der Bewertung zugrunde gelegte Wer-
tebasis transparent gemacht werden.

König (2007, S. 43) definiert Selbstevaluation mit vier Bestimmungsmerkmalen, die
– übertragen auf die Selbstevaluation in der Lehre – wie folgt lauten und eine gute
Orientierung bieten:

-   Selbstevaluation richtet sich immer auf die Beschreibung und Bewertung
    des alltäglichen Lehrgeschäftes, ist also eine der Kernaufgaben von Hoch-
    schulen.
-   Selbstevaluation beschränkt sich bewusst auf Ausschnitte des Lehrhandelns,
    die beschrieben und bewertet werden sollen. Die Gesamtheit der Lehre ei-
    ner Hochschule oder einer Organisationseinheit zu evaluieren ist anderen
    Evaluationsarten vorbehalten.
-   Sowohl das berufliche Lehrhandeln selbst als auch seiner Auswirkungen,
    insbesondere die bei den Lernenden ausgelösten Resultate (Reaktionen, Er-
    eignisse und Entwicklungen) können in der Selbstevaluation beschrieben
    und bewertet werden.
-   Massstab für die Bewertung des Beschriebenen sind immer selbst gesetzte
    Kriterien, die aus unterschiedlichen Quellen stammen können.

Welche Art von Evaluation wann sinnvoll ist, hängt u. a. vom Zweck der Evaluation
ab. Folgende Zwecke werden besonders häufig mit Evaluationen verfolgt:

-   Entscheidungsfindung
-   Rechenschaftslegung
-   Verbesserung

Bei der *Entscheidungsfindung* geht es darum, dass Evaluationsergebnisse genutzt
werden sollen, um eine grundlegende oder Richtungsentscheidung über den Evaluationsgegenstand zu treffen. Beispielsweise kann es bei der Evaluation von Lehran-
geboten darum gehen, über ihre Beendigung, ihre Weiterführung oder ihre Auswei-
tung zu entscheiden. Mit solchen Entscheidungen sind – dies wird schnell deutlich –
starke professionelle und disziplinäre Interessen der Lehrenden verbunden. Eine In-
house- oder gar Selbstevaluation besässe lediglich begrenzte Glaubwürdigkeit. Daher ist es in den Fällen, in denen es hauptsächlich um Entscheidungsfindung geht,
sinnvoll, eine externe, möglichst unabhängige Evaluation (typischerweise eine
Fremdevaluation) durchzuführen.

Bei der *Rechenschaftslegung* geht es darum, gegenüber berechtigten Beteiligten
und Betroffenen (Stakeholder) das Ausmass der Zielerreichung, der Wirksamkeit
oder der Effizienz des Evaluationsgegenstandes darzulegen. Im Falle von hochschulischen Bildungsangeboten sind solche Stakeholder bspw. Bund oder Kanton/Land,
Universitäts- oder Fakultätsleitung. Auch in diesem Fall ist aufgrund der offensicht-

lichen Interessenskonflikte eine externe Fremd- oder Peer-Evaluation zu bevorzugen. Allenfalls können Inhouse-Evaluationen einen ergänzenden Beitrag leisten.

Eine weit verbreitete Zwecksetzung von Evaluationen ist die der *Verbesserung*. Dabei geht es darum, den Evaluationsgegenstand auf Basis der gewonnenen Evaluationsergebnisse weiter zu entwickeln. Die Legitimität des Gegenstands und seine Fortführung stehen nicht in Frage, sondern es kommt darauf an, das Bestehende zu verbessern.

Für Rechenschaftslegung und Entscheidungsfindung zieht die Evaluation eine zusammenfassende Bilanz zum Bildungsangebot; diese Rolle der Evaluation bezeichnet man in der Fachsprache als *summativ*. Sie ist eher bei eingeführten, ‚reifen' Programmen sinnvoll.

Bei noch im Entstehen begriffenen Programmen – z.B. bei neuartigen Studienangeboten – steht hingegen die *formative*, gestaltende Rolle der Evaluation im Vordergrund. Hierfür ist die Selbstevaluation geeignet. Sie richtet sich dabei auf sehr fokussierte Evaluationsgegenstände (die eigene Lehrveranstaltung oder eine Komponente der eigenen Lehrveranstaltung, vgl. Kapitel 1.2). Sollen grössere Gegenstände (z.B. ganze Studiengänge) formativ evaluiert werden, bietet sich die Inhouse-Evaluation an.

Zusammenhängend mit den unterschiedlichen Evaluationszwecken kann die Evaluation verschiedene *Funktionen* haben. Nach Owen und Rogers (1999) werden folgende fünf Evaluationsfunktionen unterschieden:

- proaktive Evaluation
- klärende Evaluation
- interaktive Evaluation
- dokumentierende Evaluation
- wirkungsfeststellende Evaluation

Die *proaktive Evaluation* setzt bereits ein, wenn sich ein Vorhaben (bspw. ein Studiengang) noch in der (Vor-)Planungsphase befindet. Es sollen der Bedarf und die Machbarkeit geklärt werden, z.B. ob es einen Bedarf für einen bestimmten Studiengang gibt und ob er unter den gegebenen Bedingungen durchgeführt werden könnte. Die proaktive Evaluation kann der Verbesserung (Optimierung des Konzepts im Sinne einer Anpassung der Ziele und Interventionen an den Bedarf, Schaffung notwendiger Voraussetzungen etc.) oder der Entscheidungsfindung (z.B. Abbruch der weiteren Planung aufgrund der Ergebnisse der Bedarfs- oder Machbarkeitsanalyse) dienen. Für die Selbstevaluation kommt eine solche proaktive Evaluation nur in Ausnahmefällen in Frage – in aller Regel richtet diese sich auf bestehende Lehrangebote.

Die *klärende Evaluation* findet während der Phase statt, in der die Durchführung des Bildungsangebotes beschlossen ist und Detailkonzept oder Feinplanung bewertet werden sollen. Wenn z.B. das Konzept eines Lehrangebots auf seine Stimmigkeit überprüft werden soll (Konzeptevaluation) können die Fragestellungen lauten: „In welchem Masse antwortet das Konzept auf die Bedarfslage? Wie kohärent ist es? Passen die zu vermittelnden Lerninhalte auf das Vorwissen der Studierenden? Sind die vorgesehenen Unterrichtsmethoden und -materialien zielführend?" Die klärende Evaluation ist eng verbunden mit der (hochschul-)didaktischen Planung und will primär das Konzept verbessern. Selbstevaluationen können klärende Anteile haben, z.B. was die Klarheit der Lehr- bzw. Lernziele (vgl. Kapitel 2.3) und die Passung der Unterrichtsmethoden angeht.

Die *interaktive Evaluation* findet zeitlich parallel zur Umsetzung des Bildungsangebotes statt. Diese Evaluationsfunktion kann sich z.B. mit der didaktischen Qualität der Lehre beschäftigen (z.B.: In welchem Masse ist ein „Informierender Unterrichtseinstieg" (IU) gelungen? Inwiefern ist die Lehrveranstaltung gut strukturiert und ihr ‚roter Faden' stets sichtbar? Inwieweit gelingt es, die Studierenden zur aktiven Beteiligung zu ermuntern?). Damit gibt sie Hinweise darauf, welche Elemente der Lehrveranstaltung unverändert beibehalten werden können, welche optimiert und welche gegebenenfalls ausgetauscht werden sollen. Insgesamt verfolgt sie damit einen verbessernden Zweck. Selbstevaluationen erfüllen häufig diese Funktion.

Die *dokumentierende Evaluation* verlangt eine gewisse Programmreife. Sie beschafft insbesondere Daten zu wichtigen Kennzahlen in Bezug auf die Lehre, bspw. Anzahl Unterrichtsstunden, Anzahl der Teilnehmenden, Abbruch-Quote, die Anzahl durchgeführter Leistungskontrollen, die Verteilung der Abschlussnoten usw. Dieses Monitoring ermöglicht den Leistungsausweis einer gesamten Lehreinheit (z.B. eines Faches oder eines Instituts). Dokumentierende Evaluation trägt massgeblich zur Rechenschaftslegung bei und kann auch als Vergleichsmassstab für die Leistung (sog. Outputs, siehe Kapitel 1.2) von Lehreinheiten genutzt werden. Selbstevaluation kann solche Daten einbeziehen, erzeugt sie in der Regel jedoch nicht selbst.

Die *wirkungsfeststellende Evaluation* setzt ein reifes Programm voraus, dessen Konzepte bewährt sind und für das nicht nur geprüft werden soll, in welchem Masse die Ziele erreicht werden, sondern auch, welche – evtl. auch nicht angestrebten – Auswirkungen das Programm hat und ob die durchgeführten Massnahmen ursächlich hierfür sind. Um diesen Nachweis zu erbringen, ist ein aufwändiges Erhebungsdesign notwendig (Vorher-Nachher Vergleichsgruppen-Design), das sich ausschliesslich lohnt, wenn die untersuchte Lehrveranstaltung oder das Element der Lehrveranstaltung in einer standardisierten Form immer wieder eingesetzt werden soll. Wirkungsnachweise in einem strengen Sinne sind in der Selbstevaluation nicht leistbar.

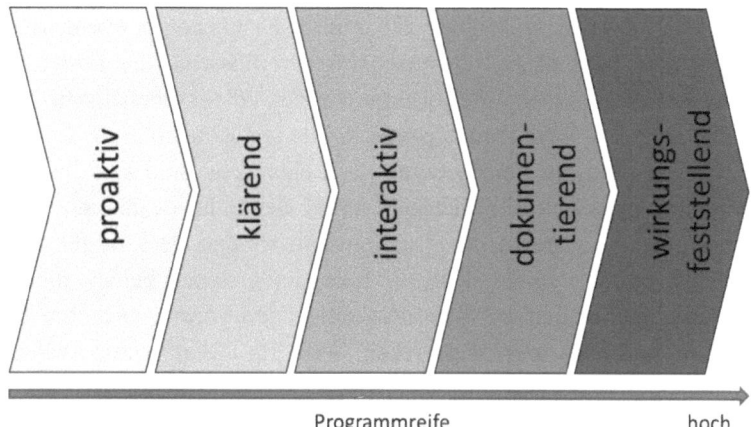

Abb. 2:   Funktionen von Evaluation

Wann eine Evaluation welche Funktion haben kann, hängt also (ähnlich wie beim Zweck der Evaluation) von der Reife des zu evaluierenden Programms ab: Noch nicht bestehende oder noch in ihrem Entstehungsprozess begriffene Programme können nicht sinnvoll auf ihre Wirkungen hin untersucht werden. Abb. 2 zeigt, in welcher logischen und zeitlichen Abfolge eines Programms die verschiedenen Funktionen von Evaluation zum Tragen kommen.

Zusammenfassend zeichnet sich Selbstevaluation dadurch aus, dass sich die Verantwortung für die Evaluation und die Verantwortung für den Evaluationsgegenstand (z.B. die Lehrveranstaltung) in der Hand derselben Person befinden. Der Hauptzweck der Selbstevaluation ist es, die Lehre zu verbessern, damit effektives Studieren zu ermöglichen, so dass schliesslich gute Lernresultate erzielt werden können. Die Motivation für die Selbstevaluation speist sich aus den professionellen Entwicklungsinteressen der einzelnen Lehrperson oder eines gemeinsam lehrenden Teams. Selbstevaluation antwortet jeweils aktuell auf besonders drängende Probleme und Fragestellungen der konkreten Lehrpraxis. Es geht um eine an die Lehrpersonen – um es noch deutlicher zu sagen: an die Lehrpersönlichkeiten – gebundene Standortbestimmung und Verbesserung der Lehre. Im Gegensatz bspw. zu zentral geplanten und durchgeführten Lehrveranstaltungsfeedbacks kann es daher auch kein Standardvorgehen für die Selbstevaluation geben, sondern dieses muss auf die jeweilige einzigartige selbstevaluative Fragestellung zugeschnitten werden.

Selbstevaluationen haben gelegentlich eine klärende, meistens eine interaktive Funktion. In aller Regel geht es um die Verbesserung des Konzeptes der Lehrveranstaltung und von dessen Umsetzung. Die Lehrveranstaltung soll so entwickelt werden, dass Lehrhandeln sicher und zielorientiert stattfindet. Ein Vorteil der Selbstevaluation ist dabei, dass durch Insider mit intimer Fachkenntnis evaluiert wird. Die Aufbereitung und Vermittlung wissenschaftlichen Wissens, die Entwicklung und Diskussion von disziplinären Bewertungskriterien, die systematische Begleitung Studierender auf dem Weg zum wissenschaftlichen Können sind deren ureigene Domäne. Wenn es um die Verbesserung der Lehre geht, sind also beste fachliche Voraussetzungen gegeben. Ein weiterer Vorteil der Selbstevaluation ist, dass die Evaluationsergebnisse so rechtzeitig bereitgestellt werden, dass sie für die Lehrperson unmittelbar nützlich sind – denn die Lehrperson steuert beides: die Lehre und die Evaluation. Schliesslich hat Selbstevaluation den Vorteil, dass ihre Ergebnisse erwünscht sind und aufgenommen werden, denn die Initiative zur Evaluation geht von der Lehrperson selbst aus. Ein Nachteil der Selbstevaluation ist, dass die Lehrperson die Lehre als Insider aus der Innenperspektive betrachtet und ihre beruflichen Interessen eng mit dieser professionellen Tätigkeit verbunden sind. Die Perspektiven Anderer auf die Lehre – seien es die der Studierenden, der künftigen Arbeitgebenden, der Finanziers usw. – können mit der eigenen Sichtweise in Konflikt geraten. Ein neutrales, unabhängiges Urteil ist von der Selbstevaluation nicht zu erwarten.

1.2   Programme, nicht Personen, werden evaluiert

In Bildungseinrichtungen gibt es zahlreiche unterschiedliche, teils sehr umfangreiche und komplexe Evaluationsgegenstände. Als Evaluationsgegenstand wird das ‚Objekt' der Evaluation bezeichnet, also das, was evaluiert werden soll. Von grosser Relevanz für die Evaluation im Bildungsbereich ist die Unterscheidung folgender Hauptgruppen von Evaluationsgegenständen:

-    Personen: das Assessment von Studierenden sowie die Beurteilung von Mitarbeitenden aus Lehre oder Forschung (Personalevaluation) – Personenevaluation
-    Organisationseinheiten: einzelne Lehreinheiten/Institute und Fakultäten bis hin zu ganzen Hochschulen – Organisationsevaluation
-    Programme, dabei besonders Lehr- und Forschungsprogramme; andere Programme sind z.B. Dienstleistungsprogramme für die regionale Wirtschaft (z.B. Beratung) oder Gesundheitsdienstleistungen, die Universitätsspitäler erbringen – Programmevaluation

Der Grossteil der Evaluationen im Bereich Bildung und Erziehung beschäftigt sich mit Programmen. Im Bereich von Lehre und Studium gibt es unterschiedlich grosse Programme, die grundsätzlich Gegenstand einer Evaluation sein können. Es kann sich bei einem ‚Programm' sowohl um ganze Studiengänge oder Module handeln oder um Lehrveranstaltungen respektive Elemente von Lehrveranstaltungen, wie z.B. einzelne Sitzungen oder Lehrsequenzen. Im Mittelpunkt der Selbstevaluation, wie sie in diesem Buch vorgestellt wird, steht die Evaluation von Lehrveranstaltungen oder Elementen von Lehrveranstaltungen mit ‚Programmcharakter'.

Die ‚Logik' eines solchen Programms lässt sich (stark vereinfachend) folgendermassen beschreiben (vgl. Abb. 3): Am Anfang steht das Konzept, dann folgt die Umsetzung (Intervention), die schliesslich zu bestimmten Resultaten führt (die wiederum als Startpunkt für die Konzeption eines nachfolgenden Programms dienen, z.B. im anschliessenden Semester). Im Folgenden werden diese Elemente kurz beschrieben:

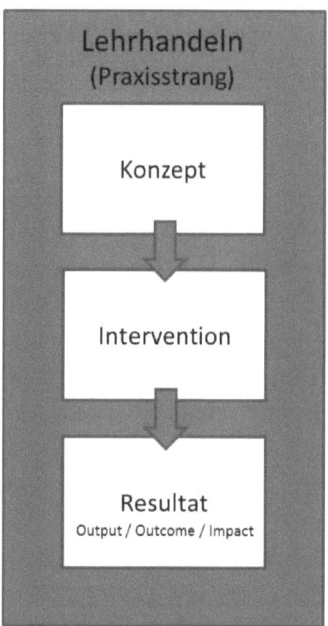

Abb. 3:   Programmdreischritt (Lehrhandeln)

Konzept: Im Konzept einer Lehrveranstaltung oder eines Elements einer Lehrveranstaltung wird festgelegt, was bis wann auf welche Weise bei welchen Zielgruppen ausgelöst sein soll. Es werden also die Lernziele konkret benannt und es wird festgelegt, durch welche Lehrinterventionen die Studierenden bei der Erreichung dieser Ziele unterstützt werden sollen, und welche Lernprozesse bzw. Studierhandlungen ausgelöst werden sollen um die Lernzielerreichung zu ermöglichen. Die Ziele sollten an die Lernausgangslage (Vorwissen, Kompetenzen, Motivation der Studierenden usw.) anknüpfen und möglichst konkret formuliert werden (Detailziele), wobei auf die Passung zu übergeordneten Zielen (bspw. den Leitzielen der Fakultät) zu achten ist (vgl. Kapitel 2.3).

Intervention: An die Planungsphase schliesst die Umsetzungsphase an. Es werden die im Konzept definierten Interventionen umgesetzt, die (stets vermittelt über Studierhandeln) zu den angestrebten Resultaten führen sollen (vgl. Kapitel 2.4). Zu den Interventionen zählen „Instruktionen" und andere Lehr-Handlungen, die von der Lehrperson ausgehen und das Studieren ermöglichen und unterstützen. Es sind dies bspw. Vorträge und Lehrgespräche der Dozierenden, das modellhafte Vormachen einer Analyse oder Diagnose, das Auftragen von Gruppen-, Haus- und Übungsaufgaben, das Feedbackgeben auf Lernleistungen, das Beraten von Studierenden beim Setzen von Studienzielen, bei der Auswahl von Lehrveranstaltungen oder dem Abstecken des Rahmens für die schriftliche Abschlussarbeit.

Resultate: Die Resultate einer Intervention lassen sich auf unterschiedlichen Ebenen verorten. Diese werden mit „Outputs", „Outcomes" und „Impacts" bezeichnet:

- Als *Output* wird die Menge der bereit gestellten und/oder in Anspruch genommenen Leistungen bezeichnet (z.B. Anzahl durchgeführter Unterrichtsstunden). Die Zufriedenheit der Teilnehmenden mit der Lehrveranstaltung ist ebenfalls ein Output-Merkmal. Gelegentlich erfassen Selbstevaluationen Outputs – soweit dies nicht bereits ein vorhandenes Monitoring-System gewährleistet. Outputs sagen noch nichts darüber aus, in welchem Masse gelernt oder ein bestimmtes Verhalten gezeigt wird. Hierzu bedarf es der Messung von Outcomes.

- Die bei den Zielgruppen ausgelösten Veränderungen (wie z.B. geschaffene oder erweiterte Kompetenzen, verbessertes Wissen und Können, aber auch durch entsprechende Lehrinterventionen ausgelöste Lernprozesse bzw. Lernhandeln) werden *Outcomes* genannt. Sie bezeichnen die für die Lernenden angestrebten Zustände oder Prozesse, die durch die Detailziele im Vorhinein genau beschrieben sind.

- Der Vollständigkeit halber seien *Impacts* genannt. Dies sind solche wünschbaren Resultate, die über die lernenden Personen (oder gar andere Mitlernende, z.B. Angehörige) hinausgehen. Es sind z.B. die mittelbaren Auswirkungen der Lehre auf das Organisationsklima oder das Image der Hochschule, auf die Attraktivität eines Hochschulstandortes, auf die Wirtschaftskraft einer Region oder eines Landes. Impacts liegen weit ausserhalb der Reichweite von Selbstevaluationen und sollen in ihren Fragestellungen nicht angesprochen werden.

Die Selbstevaluation der Lehre orientiert sich bevorzugt an Outcomes, d.h. sie verbindet ihre Interventionen und ihre Untersuchungsperspektive mit den angestrebten Lernprozessen oder Lernresultaten bei den Studierenden. Wenn Lernzielerreichungen (Outcomes) gemessen werden geht es nicht darum, die Leistung der Studierenden zu beurteilen (Assessment als Personenevaluation/Lernenden-Evaluation), sondern darum, einen Rückschluss auf die eigene Lehrveranstaltung und die Eignung von deren didaktischem Konzept zu ziehen. Es ist sehr wichtig, sich und den Studierenden diesen Unterschied klar zu machen: Beim Assessment ist der Evaluationsgegenstand die bzw. der individuelle Studierende. Bei der Selbstevaluation hingegen ist der Gegenstand die Lehre (ihr Konzept, ihre Interventionen) und die typische Fragestellung lautet: „In welchem Masse ist die Lehrintervention geeignet, das Lernen und die Lernziele auszulösen bzw. zu unterstützen?"

Assessment und Selbstevaluation ähneln sich, insofern die Lernresultate eine wichtige Rolle spielen. Das Niveau der ausgelösten Lernresultate ist für die Selbstevaluation eine wichtige, für das Assessment die zentrale Kriteriendimension, an der bewertet wird. Um Daten zur Lernzielerreichung zu gewinnen wird man z.B. standardisierte Tests einsetzen oder komplexe Aufgaben unter Realbedingungen lösen lassen. Ergebnisse dieser Erhebungen lassen sich sowohl für das Assessment als auch für die Selbstevaluation nutzen.

Dagegen unterscheiden sich die Zwecke von Assessment und Selbstevaluation: Während Assessment sowohl summative Entscheidungsfindung (‚Bestehen' oder ‚Durchfallen') als auch formative Optimierung (als Feedback an die Studierenden zur Anpassung ihres Lernverhaltens) bezweckt, ist der Zweck der Selbstevaluation vorrangig die Optimierung des Lehrhandelns.

Assessment und Selbstevaluation können sich ergänzen, sie können sich aber auch gegenseitig stören: Wenn Studierende sich in einer riskanten Prüfungssituation befinden (oder darin wähnen), werden sie evtl. mit Hinweisen auf Schwächen und Optimierungsnotwendigkeiten der Lehre zurückhaltend sein. Die Ergebnisse mögen daher als Gradmesser für ‚gute Lehre' oder Quelle für Verbesserungsansätze nicht immer geeignet sein. Auch wenn die gleichzeitige Nutzung von Daten für Assessment und Selbstevaluation oft als ein Zeit und Aufwand sparender Weg erscheint, sollte genau abgewogen werden, ob, in welchem Umfang und wie Assessment und Selbstevaluation kombiniert werden. In jedem Fall sollte gegenüber den Studierenden offen kommuniziert werden, in welcher Weise und zu welchem Zweck welche Daten verwendet werden.

1.3   Verschränkung von Lehrhandeln und Untersuchen

Selbstevaluation der Lehre ist im Unterschied zu den anderen Evaluationsarten niemals reine Untersuchungstätigkeit. Sie ist immer auch gleichzeitig praktisches Lehrhandeln und empirisch fundiertes, suchendes Optimieren der eigenen Lehre. Maja Heiner nannte diesen Typ der Evaluation daher „experimentierend" im Sinne von ausprobierend (Heiner, 1998).

Den Lehrenden ist die Handlungslogik von Planung der Lehre, deren Realisation, der Reflexion darüber bis zur Nutzung der Erfahrungen für eine neue Planung geläufig, wenn auch vielfach eher implizit, je nach Ausprägung ihrer hochschuldidaktischen Kompetenzen. Neu erwerben sie mit dem Ansatz der Selbstevaluation einen logisch und empirisch basierten Zugang zur systematischen Reflexion und Weiterentwicklung ihrer Lehre. Damit werden didaktische Kompetenzen verstärkt und unterstützt.

Um Selbstevaluation alltagstauglich zu machen, wird sie von Anfang an bei der didaktisch-methodischen Lehrveranstaltungsplanung mit bedacht. Dies bedeutet, dass von Beginn an Lehren und Untersuchung parallel geplant werden, und dass sich im weiteren Verlauf der Selbstevaluation die beiden Handlungsstränge der pädagogischen Praxis (Lehre) und der Beschreibung und Bewertung dieser Praxis (empirische Untersuchung) immer wieder verschränken (siehe Abb. 4).

Diese beiden Handlungsstränge zu verschränken ist herausfordernd. Denn während in der Fremd-, Inhouse- und Peer-Evaluation die Grenzen zwischen Evaluation und Verantwortung für den Evaluationsgegenstand weitgehend eingehalten werden, müssen Selbstevaluierende immer wieder – gezielt und bewusst – die Seiten wechseln und auf beiden Seiten agieren. Ein und dieselbe Person ist für beide Handlungsstränge zuständig. Die Lehrperson wechselt immer wieder die Rolle: Sie ist einmal Konzeptentwicklerin und Umsetzerin der Lehre, dann ist sie Evaluationsplanerin, erhebt Daten und wertet diese aus, bewertet, formuliert ‚gezogene Lehren', konkretisiert Optimierungsschritte für die nächste Lehrveranstaltung, verfasst ggf. einen Bericht.

Die Verschränkung und gegenseitige Beeinflussung von Praxis und Untersuchung zeigt sich nicht erst am Ende der Untersuchung, wenn Evaluationsergebnisse vorliegen und in die Praxis zurückfliessen. Sie erfolgt bereits am Anfang, bei der Planung der Untersuchung, indem die Überlegungen dazu, was untersucht werden und wie dies geschehen soll, die bewusste Planung der Praxis unterstützen.

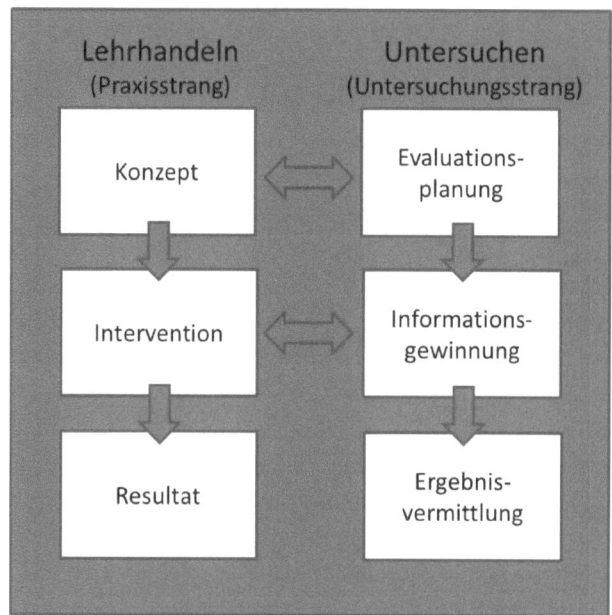

Abb. 4:   Zwei verschränkte Handlungsstränge der Selbstevaluation

Beim ‚Praxisstrang' (dem Lehrhandeln) steht, wie bereits bei der Programmlogik in Kapitel 1.2 beschrieben, das Konzept mit den Zielen und der Planung der darauf hin-führenden Interventionen am Anfang. Gleichzeitig mit dem Konzept der Lehre soll auch die Planung der Evaluation erfolgen. Dabei ist die Festlegung der Evaluations-fragestellung zentral: Damit die Integration von Lehrhandeln und Untersuchen ge-lingen kann, soll die Selbstevaluation auf eine möglichst eng umgrenzte Fragestel-lung fokussiert sein (vgl. Kapitel 2.5). So wie die Lernziele die Lehrinterventionen leiten, so leiten die Evaluationsfragestellungen die weiteren Untersuchungsschritte. Es muss überlegt werden, welche empirisch zu erhebenden Daten es ermöglichen, die Fragestellung zu beantworten. Diese Messbarmachung wird als „Operationalisie-rung" bezeichnet.

Das Problem der Messbarmachung soll anhand eines Beispiels einer auf ein Lernziel fokussierten Fragestellung erläutert werden: Es ist zwar eine gängige und im Kollegenkreis allseits akzeptierte Formulierung, sich das Ziel zu setzen, dass Studierende „Literatur kritisch hinterfragen" können. Doch was genau heisst dies? Soll die Evaluation ausweisen, inwieweit es gelungen ist, dieses Lernziel zu errei-chen, wird man nicht umhin kommen, das didaktisch Entworfene so weit zu konkre-tisieren, dass es zumindest in seinen relevantesten Aspekten mit einfachen Mitteln messbar wird. Dies erfordert, dass die Lehrperson klärt, was genau sie bei den Studierenden auslösen möchte. Zum Beispiel kann „Literatur kritisch hinterfragen" bedeuten, dass die Studierenden Schwachstellen der Argumentationslinie aufdecken, Mängel in der Empirie benennen können, andere theoretische Ansätze vergleichend gegenüberstellen können und/oder in der Lage sind, die Entstehung der Texte im zeitgeschichtlichen Kontext zu deuten.

Es wird deutlich, dass Überlegungen zur Operationalisierung nicht nur die Messung selbst ermöglichen, sondern dass sie auch dabei helfen, die Lernziele zu konkretisieren. Konkrete Zieldefinitionen wiederum unterstützen die Lehrperson, die Lehrinterventionen spezifisch auf diese Ziele auszurichten. Dann kann auch geklärt werden, welche Annahmen über das Lehren und Lernen die Lehrpersonen veranlassen, genau diese Lehrintervention zu wählen. Sie expliziert dabei ihre meist impliziten didaktischen Kenntnisse, ihre persönlichen, handlungsleitenden Absichten und Wertvorstellungen sowie ihre Annahmen dazu, aufgrund welches Mechanismus' eine bestimmte Lehrintervention zu einem bestimmten Outcome führt. Die Zielbeschreibung wird um das dahinter liegende „didaktische Modell" erweitert, und die bis dahin unausgesprochen wirkenden Annahmen werden sichtbar und bei Bedarf präziser.

Bildlich gesprochen erfordert Selbstevaluation im gesamten Verlauf einen kritischen, von sich selbst distanzierten Blick in den Spiegel. Der Spiegel zeigt das professionelle Lehrhandeln (wie zum Beispiel das schriftlich festgehaltene Konzept einer Lehrveranstaltung, die Art und Weise wie die Lehrperson einen Vortrag hält, Arbeitsanweisungen gibt usw.), die Reaktionen der Studierenden und das was sie – ausgelöst durch das Lehrhandeln – als Folge der Arbeitsanleitungen miteinander austauschen, was sie dazulernen oder was sie beim Hinausgehen über Form oder Inhalt der zurückliegende Stunde sagen. Die Metapher des Spiegels erinnert daran, dass es zentral ist für gelingendes Lehren und Lernen, dieses ,sichtbar' zu machen. Feedback im Sinne des (gegenseitigen) Spiegelns von Beobachtungen, Eindrücken und Empfindungen zwischen den am Lehr-Lernprozess beteiligten Personen (Bastian/Combe/Langer, 2007) ist ein ausschlaggebender Faktor für den Lernerfolg. Dies ist durch die Bildungsforschung gut abgesichert und gilt ebenfalls für die systematische Selbstevaluation von Lehrenden (vgl. Hattie, 2009; Hattie/Timperley, 2007).

Um nächste Schritte zu planen, die Lehr- und Lernprozesse zu verbessern und die Zielerreichung zu fördern, muss sich der Blick dann wieder vom Spiegel lösen und auf die Lehrwirklichkeit richten. Hier können Überlegungen dazu angestellt werden, welches Stärken der Lehrperson sind, welche Ressourcen der Studierenden intensiver angesprochen werden und welche Schwächen der Lehrveranstaltung durch neue Lösungen kompensiert werden sollen.

1.4   Voraussetzungen für Selbstevaluation

Damit sich Selbstevaluation als wertgeschätzter Regelbestandteil der Lehre etablieren kann, sind auf Seiten der Organisation (Hochschule, Fakultäten und Institute) und auf Seiten der selbstevaluierenden Lehrperson bestimmte Voraussetzungen erforderlich. Nachfolgend wird ein Rahmen für nützliche und glaubwürdige Selbstevaluation skizziert.

Zu den Voraussetzungen gehören:

- „Freiheit der Lehre"
- positive Anreize
- Weiterbildungsangebot
- fehlerfreundliche Lernkultur
- Evaluationsvermögen und -kultur der Organisation

Hochschulen bieten mit der *„Freiheit der Lehre"* und den damit verbundenen Gestaltungsspielräumen gute institutionelle Voraussetzungen für die Selbstevaluation. In neuerer Zeit scheinen manche Gestaltungsspielräume durch Controlling oder Benchmarking bedroht, die für Aufgaben wie z.B. die Studienadministration geeignet, für die Qualitätsentwicklung der Lehre aber nur bedingt anwendbar sind. Produktive und innovative Lehre muss die Lehrenden in die Verantwortung nehmen und im Gegenzug Freiräume zur Ausgestaltung der Lehre garantieren. Evaluation teilt aus ihrer Geschichte und ihren disziplinären Hintergründen diese Grundüberzeugung zum Gelingen von Lehre und ist mit Professionalität und Ethik von Hochschullehre kompatibel.

Konkret bedeutet dies, dass die Steuerungshoheit – beginnend beim Festlegen des Evaluationsgegenstandes bis zum Ziehen von Schlussfolgerungen und Festlegung der notwendigen Optimierungsschritte – bei den Selbstevaluierenden liegt. Es ist hilfreich, dies in lehrrelevanten Reglementen oder Richtlinien der Bildungsorganisation festzuschreiben. Es ist sinnvoll, dass insbesondere junge Lehrpersonen hierbei durch Erfahrene unterstützt werden. Diese Beziehung sollte in einem kollegialen Geist und als Mentoringbeziehung ausgestaltet werden.

Unklarheiten können auftreten, wenn Nachwuchslehrende eine ganze Lehrveranstaltung oder Elemente daraus ‚für' eine Professorin oder einen Professor übernehmen. Wenn sie die von ihnen verantworteten, selbständig gestaltbaren Elemente selbstevaluieren, muss im Voraus vereinbart werden, wer ein Recht auf Zugang zu den erzeugten Daten (Datenhoheit) und den Ergebnissen hat.

Selbstevaluationen können auf Initiative der Lehrperson zustande kommen oder durch die Institution delegiert bzw. in Auftrag gegeben werden. Auch im letzteren Fall sollte in Bezug auf Themen- und Methodenwahl grösstmöglicher Freiraum bestehen. Es kann z.B. angemessen sein, eine Wahloption zwischen fokussierter Selbstevaluation, breiter angelegter Konzeptbeschreibung oder schriftlicher Reflexion der Ergebnisse aus der standardisierten Studierendenbefragung zu eröffnen. Eine Verpflichtung zu Selbstevaluation kann kontraproduktiv wirken, insofern Aufwand getrieben und letztlich lediglich eine Qualitätsfassade errichtet wird.

Hilfreich ist, wenn *positive Anreize* für Selbstevaluationen bestehen, sei es, indem dies in einem Leitbild des Instituts oder der Fakultät ausgedrückt wird, oder auch indem abgeschlossene Selbstevaluationsberichte als interne Publikationsleistungen ,gezählt' werden.

Bei jeder Art der ,delegierten' Selbstevaluation ist die Institution in besonderem Masse verpflichtet, geeignete Voraussetzungen für Selbstevaluationen zu schaffen und insbesondere für ein entsprechendes *Weiterbildungsangebot* zu sorgen, Anlaufstellen für methodische Fragen oder auch für die Nutzung der erforderlichen Technologien zu schaffen (bspw. bieten die internet-basierten Lernplattformen Tools für die Datenerhebung). Wissen, Fähigkeiten und Fertigkeiten zu Evaluation sind teils aus benachbarten Feldern vorhanden, müssen teils gezielt aufgebaut werden.

Für eine erfolgreiche Selbstevaluation ist anzustreben, dass die Selbstevaluierenden über folgende Evaluationskompetenzen verfügen (vergleiche zum Folgenden ausführlich DeGEval, 2004, S. 49): Sie ...

- unterscheiden und definieren Evaluationsarten, -zwecke, -funktionen.
- unterscheiden und definieren die Elemente der Selbstevaluation, ordnen sie dem „Praxisstrang" bzw. dem „Untersuchungsstrang" zu.
- können Evaluationsaufgaben so zuschneiden, dass sie mit vorhandenen Ressourcen in überschaubarer Frist sicher bearbeitbar sind.
- erstellen fokussierte Evaluationspläne, formulieren beantwortbare Fragestellungen, wählen geeignete Methoden und legen Bewertungskriterien fest.
- wenden empirische Basismethoden (der Befragung, der Beobachtung sowie der Erfassung vorhandener Erzeugnisse und Verhaltensspuren) an, konstruieren einfache, kurze Erhebungsinstrumente (Rückmeldebogen, Beobachtungs- und Erfassungsschemata), erproben sie und setzen sie ein.
- werten erhobene Daten aus, bewerten die Ergebnisse und formulieren Schlussfolgerungen.

Oft wird Selbstevaluation mit dem Ziel verbunden, die Lehrenden didaktisch weiter zu qualifizieren (Qualifizierungsfunktion der Selbstevaluation). Neben einer in die hochschuldidaktische Ausbildung integrierten Weiterbildung in Selbstevaluation – am besten verbunden mit der Durchführung eines ersten eigenen Projektes – sind Beratungsmöglichkeiten eine wichtige Ressource. Diese können durch die Hochschuldidaktik oder die interne Evaluationsstelle angeboten werden. In späteren Phasen können in Selbstevaluation geübte Mentorinnen und Mentoren diese Begleitaufgabe übernehmen. Der Austausch in kleinen Lerngruppen hat sich als produktiv erwiesen, ist jedoch im hochschulischen Umfeld – im Unterschied zu geleiteten Schulen – oft schwer organisierbar. In vielen Fällen ist eine Beratung per E-Mail geeignet, in der Selbstevaluationspläne oder Erhebungsinstrumente kommentiert und Anregungen für Interventionen oder Instrumente gegeben werden. Beratung unterstützt die Selbstevaluierenden dabei, einen distanzierten Blick auf ihre Lehrpraxis zu gewinnen („Sie reicht ihnen den Spiegel'). Gerade in den Disziplinen, in denen keine eigenen methodischen Beratungskonzepte vorhanden sind, ergeben sich hieraus Anknüpfungspunkte für die empirisch-methodische Weiterqualifizierung der Wissenschaftlerinnen und Wissenschaftler, die über den Weg ihrer Lehre wiederum den Studierenden zugutekommen.

Alle Beteiligten müssen sich bewusst sein, dass Selbstevaluation nicht aus sich heraus Vertrauen schafft. Hingegen ist eine *fehlerfreundliche organisationale Lernkultur* Voraussetzung für nützliche und gewinnbringende Selbstevaluationen. Es ist unabdingbar, die Anforderungen an Selbstevaluation und die Regeln zum Umgang mit Daten und Ergebnissen zu klären und zu kommunizieren. Selbstevaluationen und ihre Ergebnisse können für die Bildungsorganisation dann besonders nützlich sein, wenn sie intern kommuniziert werden, Interventionen und Datenerhebungsinstrumente verbreitet werden und sie Diskurse über die Lehre mit Erfahrungen und Empirie unterlegen. Auch eine einmal pro Jahr oder pro Semester durchgeführte fakultätsoffene Veranstaltung der Lehrdekanin/des Lehrdekans, die Gelegenheit zum Erfahrungsaustausch über Selbstevaluationen gibt, kann dies unterstützen.

Gleichzeitig gebührt den berechtigten und schützenswerten Interessen der Lehrpersonen hohe Aufmerksamkeit. Hier gilt es, beständig an der Weiterentwicklung einer *Evaluationskultur* zu arbeiten und das *Evaluationsvermögen (evaluation capacity)* der Bildungsorganisation auszubauen. Eine gute Evaluationskultur zeichnet sich dadurch aus, dass die Beteiligten und Betroffenen, also diejenigen, die Fragestellungen eingebracht bzw. die Daten bereitgestellt haben, den Evaluationsprozess verfolgen, bereit sind selbst mitzuwirken und auch andere dazu zu ermuntern. Gelingt es, dies auszulösen, spricht man auch von einem Commitment für die Evaluation. Die Lehreinheit hat Vorsorgemassnahmen zu treffen, dass mit Selbstevaluationsergebnissen vertrauensvoll und fair umgegangen wird. Eine schrittweise Einführung von Selbstevaluation, anfangs auf freiwilliger Basis, ist einer schon von Beginn an flächendeckenden und verbindlichen Einführung in aller Regel vorzuziehen.

Es sollte in der Bildungsorganisation auch dazu informiert und kommuniziert werden, welche Zwecke, Rollen und Funktionen andere Evaluationsarten wie Inhouse-, Peer- oder Fremdevaluation neben der Selbstevaluation erfüllen. Isolierte Selbstevaluationen reichen nicht hin, um die Qualität der Lehre auf organisationaler Ebene zu verbessern. Hierzu bedarf es der Ergänzung durch andere Evaluationsarten und darüber hinaus Rahmensetzungen und Ergänzungen durch ein angemessen dosiertes Bildungs- und Qualitätsmanagement (Beywl et al., 2007).

2 Schritte der Selbstevaluation

Wie in Kapitel 1.3 dargestellt, verschränken sich in der Selbstevaluation mehrfach lehrpraktisches Handeln sowie empirisches Untersuchen von Prozessen und Resultaten des Lehrens. Um die Systematik dieser integrierenden Vorgehensweise zu erschliessen und zu vermitteln, werden in diesem Kapitel die verschiedenen Elemente der Selbstevaluation schrittweise aufeinander folgend vorgestellt. Wie diese in der Selbstevaluation zusammengeführt werden, kann in den Praxisbeispielen des Kapitels 3 nachgelesen werden.

Die Abb. 5 veranschaulicht die Abfolge der Schritte von der (1) Klärung des Zwecks und des Anlasses für die Evaluation über die (2) Bestimmung des Evaluationsgegenstandes, die (3) Festlegung der Detailziele für das Lehren, die (4) Planung der Lehrintervention, die (5) Formulierung der Evaluationsfragestellungen, die (6) Planung der Datenerhebung, die (7) Erhebung und Auswertung der Daten sowie die Bewertung bis zum (8) Rückmelden und Berichten der Ergebnisse mit anschliessender Nutzung.

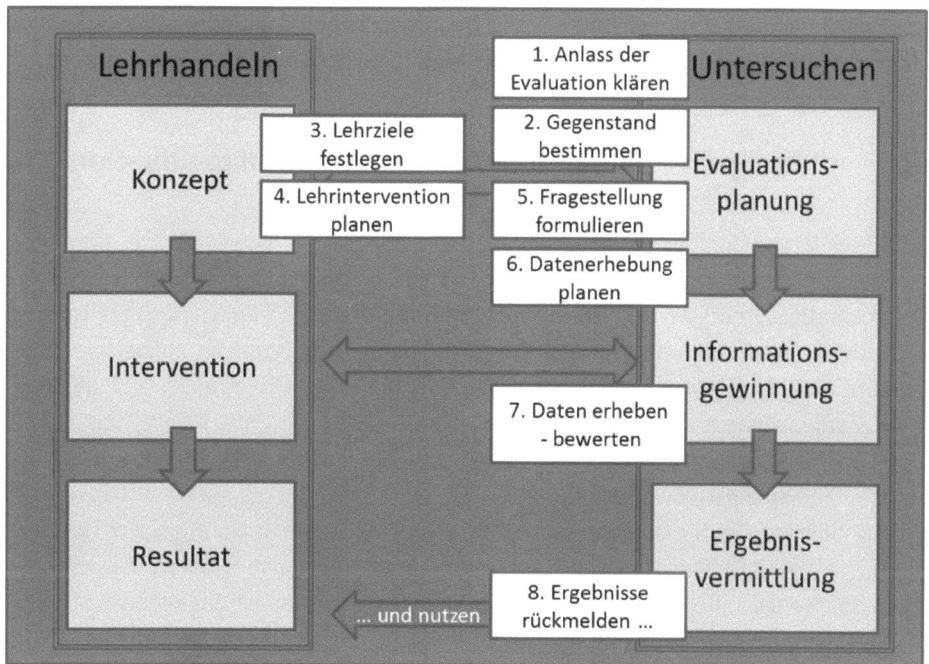

Abb. 5:   Acht Schritte der Selbstevaluation in der Lehre

Auf der rechten Seite, im „Untersuchungsstrang" befinden sich die sechs Untersuchungsschritte, im linken, dem „Praxisstrang" die beiden Praxisschritte. Es wird deutlich, dass sich mit den Schritten 1 bis 6 die Mehrzahl auf die Selbstevaluationsplanung bezieht. Dies verweist darauf, dass es wichtig ist, diese Phase intensiv zu bearbeiten. Dies trägt auch dazu bei, dass der Aufwand bei der Datenerhebung und -auswertung verringert wird.

Zu Beginn derjenigen Schritte, die sich auf die Untersuchung im Rahmen der Selbstevaluation beziehen (1 und 2 sowie 5 bis 8), werden die jeweils relevanten Standards für Selbstevaluation zitiert (DeGEval, 2004). Diese 25 Standards sind Sollbestimmungen für anzustrebende Eigenschaften einer Evaluation. Sie sind in die vier Gruppen „Nützlichkeit", „Fairness", „Durchführbarkeit" und „Genauigkeit" gegliedert. Für dieses Lehrbuch sind 14 ausgewählt und kurz kommentiert (*kursive Schrift*). Evaluationsstandards fungieren als Orientierungsrahmen, um gute Qualität von Evaluationen in den genannten vier Dimensionen zu gewährleisten. Kaum eine Evaluation wird alle Standards vollständig erfüllen (vgl. DeGEval, 2008). Für jede Selbstevaluation ist wichtig zu prüfen, ob und in welchem Masse die Standards anwendbar sind. Sie orientieren das Untersuchungshandeln und ermöglichen, die eigene Selbstevaluation zu reflektieren. Die Standards geben Anregungen für Selbstevaluationen, die über die verdichtete Darstellung in diesem Lehrbuch hinausweisen.

2.1 Klärung von Zweck und Anlass der Selbstevaluation

N2 – Klärung der Evaluationszwecke
Es soll definiert sein, welche Zwecke mit der Selbstevaluation verfolgt werden, sodass die Beteiligten und Betroffenen Stellung beziehen können. Das Selbstevaluations-Team soll im gesetzten Rahmen seinen Arbeitsauftrag präzisieren und darin den Stellenwert von Qualitätsentwicklung des Programms und eigener Weiterqualifizierung klären.

N5 – Transparenz von Werten
Das Selbstevaluations-Team soll offen legen, an welchen Sichtweisen, Gedankengängen (ggf. Theorien und Hypothesen) und an welchen Kriterien es sich orientiert, so dass die Grundlagen der Werturteile ersichtlich sind. Unterschiedliche Auffassungen sollen explizit dargestellt werden.

G3 – Beschreibung von Zwecken und Vorgehen
Zwecke, Fragestellungen und Vorgehen der Evaluation sollen ausgehandelt und

dokumentiert werden, sodass diese nachvollzogen werden können.

In diesem ersten Schritt der Selbstevaluation sind drei Standards besonders handlungsrelevant: Die beiden Nützlichkeitsstandards N2 und N5 sowie der Genauigkeitsstandard G3. Anlass, gesetzter Zweck und zugrundeliegende Werte sind prägend für alle nachfolgenden Schritte der Selbstevaluation. Wenn diese Aspekte – am besten schriftlich – geklärt sind, erhält die Selbstevaluation eine klare Ausrichtung und eine sichere konzeptionelle Basis. Dritte, denen über die Selbstevaluation berichtet wird, können die Relevanz der Selbstevaluation und ihre Verträglichkeit mit den Zielen und Werten der Bildungsorganisation nachvollziehen.

Wie in Kapitel 1.1 beschrieben, geht es bei der Selbstevaluation der Lehre in der Regel darum, den Evaluationsgegenstand auf Basis der gewonnenen Evaluationsergebnisse zu optimieren, d.h. *Zweck der Evaluation* ist die Verbesserung der Lehre. Es kann verschiedene Anlässe geben, diesen Zweck zu verfolgen. Eine erste grobe Unterscheidung lässt sich danach treffen, ob der Impuls von der Lehrperson selbst kommt (intrinsischer Evaluationsanlass) oder ob er aus der Bildungsorganisation bzw. deren Umwelt kommt (extrinsischer Evaluationsanlass). Oft mischen sich beide Quellen oder es kommt zu einer Verschiebung im Verlauf einer Selbstevaluation.

Intrinsische Auslöser sind z.B. Neugier dazu, welche der bisherigen oder neuen Lehrinterventionen bei den Studierenden effektives Lernen auslösen; erlebte Situationen, Bedingungen oder Ereignisse, die den Lehr-/Lernprozess immer wieder aufhalten, stören, auf Nebengleise bringen („Knacknüsse", s. u.); oder der professionelle Anspruch, gute Hochschullehre anzubieten und sich fortlaufend zu verbessern.

Extrinsische Auslöser sind z.B. negative Beurteilungen aus Standardfeedbackbögen, Kritik Vorgesetzter, konkrete Wünsche von ‚Abnehmenden' (z.B. Lehrenden der nächstfolgenden Ausbildungsstufe oder Praktikern), Anregungen aus der Studierendenvertretung oder die Tatsache, dass dokumentierte Selbstevaluationen im Bewerbungsdossier wichtig sind für das berufliche Fortkommen.

Erfahrungen aus der Begleitung von Lehrenden zeigen, dass es besonders für die ersten Selbstevaluationen angeraten ist, eine konkrete „didaktische Knacknuss" (Tribelhorn, 2010) zum Anlass für eine Selbstevaluation zu nehmen. Didaktische Knacknüsse sind die wiederkehrenden Situationen in der Lehre, welche die Lehrperson stören, sie am Lehrerfolg zweifeln lassen, die den Unterricht oder Lernprozess blockieren, verzögern, erschweren etc., und von der sich die Lehrperson vorstellen kann, sie mit gezielten Interventionen ‚aufzubrechen'. Tribelhorn hat Knacknüsse für die Hochschuldidaktik identifiziert und kategorisiert, um sie im Weiterbildungs-studiengang Hochschuldidaktik als „Ausgangsmaterial [...] für die Erarbeitung der [didaktischen] Theorien und Modellen" zu nutzen (2007, S. 57).

Es ist häufig schwierig, sich über den Evaluationsanlass klar zu werden, denn emotionale Beweggründe, die untrennbar mit Lehre verknüpft sind – Hoffnungen, Begeisterung, Euphorie, Ärger, Enttäuschungen, Frustration – mischen sich mit rationalen Überlegungen wie z.B. welche Lehrleistungen mit gegebenen Ressourcen und angesichts vielfältiger anderer Anforderungen in Forschung, Dienstleistung und Hochschulentwicklung erstellbar ist. Man sollte gründlich abwägen, ob der Anlass wichtig genug ist, um durch den nachfolgenden Prozess der Selbstevaluation zu tragen. Dies erfordert meist wenig Zeit, dafür intensives Reflektieren und Konzentration auf die eigenen Wünsche und Ziele. Wenn der Anlass lohnend ist, dann wird der anschliessende Handlungs- und Untersuchungsprozess mit hoher Sicherheit viel Nutzen für die Lehre erbringen, das heisst, dass die Evaluation ihren Zweck erfüllt. Ein deutlich konturierter Anlass kann die Selbstevaluation ‚speisen‘, nachhaltig Motivation und Energie liefern, um den kognitiv sowie emotional anspruchsvollen, phasenweise verunsichernden Prozess erfolgreich zum Abschluss zu bringen.

Der Anlass der Selbstevaluation sollte schriftlich festgehalten und mit dem Zweck der Evaluation verbunden werden. Stösst man bei diesen Überlegungen auf mehrere Knacknüsse, sollte man sich für die wichtigsten entscheiden und die verbleibenden in eine kleine „Sammelliste meiner Knacknüsse" (siehe auch „Sammelliste für Knacknüsse" am Ende des Buches) aufnehmen, die man fortlaufend ergänzt.

2.2   Bestimmung des Evaluationsgegenstandes

G1 – Beschreibung des Evaluationsgegenstandes
Der Evaluationsgegenstand, insbesondere einzelne Aspekte, die als klärungs- oder verbesserungswürdig angesehen werden, soll dokumentiert und beschrieben werden. In der Selbstevaluation sind das praktische Handeln des Selbstevaluations-Teams, zugrunde gelegte Ziele und Werte sowie die Handlungskonsequenzen als die zentralen Elemente des Evaluationsgegenstandes in den Mittelpunkt zu stellen.

N4 – Auswahl und Umfang der Informationen
Das Selbstevaluations-Team soll über Auswahl und Umfang des Evaluationsge-

genstandes sowie über die zu gewinnenden Informationen unter Berücksichtigung der unterschiedlichen Perspektiven der Beteiligten und der zeitlichen und finanziellen Vorgaben entscheiden. Vorhaben sollten eher fokussiert als zu umfangreich gewählt werden.

Im zweiten Schritt der Selbstevaluation sind diese Standards aus den beiden Standardgruppen Genauigkeit und Nützlichkeit besonders relevant. Den Lehrenden ist oft implizit klar, was beschrieben und bewertet werden soll. Aufschreiben unterstützt die Selbstklärung, ermöglicht es, sich in Fortgang der Selbstevaluation immer wieder zu vergewissern und erleichtert es, Dritten zu kommunizieren, um was es geht (besonders, wenn man sich in deren Perspektive versetzt). Die Breite und Tiefe dessen, was man untersuchen will, soll so gesetzt sein, dass das Vorhaben relevant und sicher umsetzbar ist.

Ein geklärter wichtiger Evaluationsanlass leitet meist dazu an, den Evaluationsgegenstand genauer zu bestimmen: Sind bspw. die Studierendenfeedbacks auf eine bestimmte Vorlesung regelmässig nicht befriedigend, so liegt es nahe, diese Vorlesung zum Gegenstand der Evaluation zu machen.

Wie in Kapitel 1.2 ausgeführt, sind die Gegenstände der Selbstevaluation von Lehre in der Regel curricular respektive didaktisch geplante bzw. umgesetzte Programme unterschiedlicher Grössenordnung, zu denen im Optimalfall schriftliche Konzepte vorliegen. Um zu prüfen, welche Gegenstände sich für eine Selbstevaluation eignen, kann folgende Positivliste Hinweise geben. Danach eignen sich Lehrveranstaltungen oder Elemente von Lehrveranstaltungen (Lehrmaterial, didaktisch-methodischer Aufbau, Prüfungsformen), wenn sie möglichst viele der folgenden Merkmale aufweisen (vgl. auch Checkliste „Gegenstand bestimmen" im Anhang 5.3):

- Die Lehrperson verfügt über ein genügend breites Fundament von Fach- und Methodenkompetenz für die Veranstaltung/das Thema und kann auf Unterrichtsmaterialien und Erfahrungen zurückgreifen. (Wenn eine Lehrperson erstmalig ein Thema unterrichtet, wäre eine gleichzeitige Selbstevaluation evtl. eine Überforderung, oder die Lehrperson sollte einen sehr engen Fokus setzen.)
- Die Veranstaltung, in der die Selbstevaluation stattfindet (ihr Stellenwert im Studiengang, die Veranstaltungsform ...) ist aktuell frei von fundamentaler Kritik, trifft also auf grundsätzliche Akzeptanz. (Wird in Frage gestellt, ob das Thema überhaupt weiter gelehrt werden soll, lässt man sich besser coa-

chen, um eine klare Position zu finden, anstatt Energie in eine Selbstevaluation zu investieren.)

- Die Veranstaltung bietet der Lehrperson genügend Freiraum und Entscheidungsspielraum, um sie inhaltlich oder didaktisch-methodisch weiter zu entwickeln.
- Die Erreichung der Ziele, die mit der Lehrintervention verfolgt werden, ist genügend wahrscheinlich. (Aber: Vorhaben, bei denen sich der Erfolg mit 100%iger Sicherheit ,von selbst' einstellt, sind ungeeignet, da wenig verbessert und gelernt werden kann.)
- Die Ressourcen für die Evaluation sind ausreichend; Störquellen und Hindernisse sind evtl. vorhanden (Knacknüsse), jedoch in Summe und Stärke nicht so ausgeprägt, dass sie einen Erfolg der Selbstevaluation unwahrscheinlich machen.
- Die Veranstaltung wiederholt sich voraussichtlich von der Zielgruppe und/oder von der Methodik und/oder von anderen Merkmalen her, sodass Selbstevaluationsergebnisse erneut genutzt werden können. Veranstaltungen, die nur einmal oder für kurze Zeit z.B. in Vertretung oder als Überbrückung durchgeführt werden, eignen sich weniger.

Lohnend für eine Optimierung sind auch Veranstaltungen oder Veranstaltungselemente, die prägend sind für die Studierkultur in einem Fachgebiet, aus denen die Studierenden Lerntechniken, Lernhaltungen, Wissen und Können usw. in andere Lernsettings mitnehmen bzw. transferieren oder Veranstaltungen, in denen exemplarische Lerninhalte vermittelt werden, die typisch sind für ein Themengebiet, an denen sich z.B. wichtige Fachmethoden erproben lassen oder von denen es viele Verbindungen gibt zu anderen Veranstaltungen oder Studienthemen.

Die Beantwortung der folgenden Fragen kann die Entscheidung zum Gegenstand eines Vorhabens weiter absichern:

- Für welches Vorhaben lässt sich am meisten Energie sammeln? Gibt es einen Auftrag oder Anreiz, eine bestimmte Fragestellung durch eine Selbstevaluation zu bearbeiten z.B. durch das Leitbild oder ein Strategiepapier der Fakultät oder durch die Empfehlung einer kürzlich abgeschlossenen Peer-Evaluation (vgl. auch Kapitel 2.1), welche zur eigenen Knacknuss hinzukommen?
- Wenn immer noch mehrere zur Auswahl stehen: Welches ist das Selbstevaluationsvorhaben, das mit dem wenigsten Aufwand verbunden und das fokussierteste ist?

Das Bearbeiten der beiden Listen zusammen mit der Sammelliste möglicher Knacknüsse vor Beginn eines Semesters kann frühzeitig auf kommende Chancen und Herausforderungen aufmerksam machen und gibt Anregungen, zu welchem Aspekt man
ein Selbstevaluationsvorhaben angehen könnte.

Den Abschluss dieses ersten Schrittes der Gegenstandsbestimmung bildet eine kurze, auch für Aussenstehende nachvollziehbare (evtl. stichwortartige) *Beschreibung*
der zu evaluierenden Veranstaltung, bzw. des Elementes, das evaluiert werden soll.
Diese wird am besten in Tabellenform dargestellt (vgl. Punkt 2 im Arbeitsblatt 5.6).
Die Beschreibung sollte folgende Punkte behandeln:

Tab. 1:   Checkliste zur Beschreibung des Evaluationsgegenstandes

☐	Name und Thema der Lehrveranstaltung, kurze Einordnung in den/die Studiengänge, zu denen die Lehrveranstaltung gehört
☐	Art der Lehrveranstaltung (Vorlesung, Seminar, Praktikum usw.)
☐	Form der Lehrveranstaltung (z.B. Anteile Präsenz- und selbstgesteuertes Lernen, blended learning etc.)
☐	wichtige Ziele der Veranstaltung
☐	wesentliche Inhalte der Veranstaltung
☐	relevante didaktische und methodische Elemente (Vorträge der Dozierenden, der Studierenden, begleitete und unbegleitete schriftliche Arbeiten, verschiedene Prüfungsformen …)
☐	Umfang des Lehrangebots (Beginn und Ende, Kontaktstunden, Workload in ECTS-Punkten)
☐	Zielgruppe, Besonderheiten, evtl. Untergruppen, (voraussichtliche) Anzahl der Teilnehmenden
☐	ggf. Angaben zum Element, das durch die Selbstevaluation fokussiert wird
☐	„History" (Veränderungen bezüglich Zielen und Inhalten usw. in den letzten Semestern, auch: Wechsel bezüglich der Dozierenden …)

Bereits in dieser Phase ist zu überlegen, ob es – ausser der evaluierenden Lehrperson
selbst – weitere Adressierte gibt, für die die Evaluationsergebnisse von Belang sein
könnten. Teilnehmende, Kolleginnen und Kollegen sowie Instituts-, Programm- und
Studienleitung sind möglicherweise zu adressieren, wenn es um die kritische Reflexion und Weiterentwicklung des Studienangebotes geht. Falls diesen (oder anderen)
Personengruppen die Evaluationsergebnisse zugänglich gemacht werden sollen, ist
zu überlegen, zu welchem Zeitpunkt und in welcher Form dies geschehen soll (vgl.
ausführlich Kapitel 2.8).

   Evaluationsgegenstände können auf verschiedene Arten gegliedert werden. Eine
Gliederungssystematik ist z.B. die nach „Konzept", „Intervention" und „Resultate"

(vgl. Abb. 7). Eine andere ist die nach den drei Grundelementen von Lehre und Studium: Lehrhandeln, Lernhandeln und Lernresultate. In den nachfolgenden Kapiteln werden immer wieder die drei zentralen Hauptbestandteile von Lehre und Studium aufgenommen:

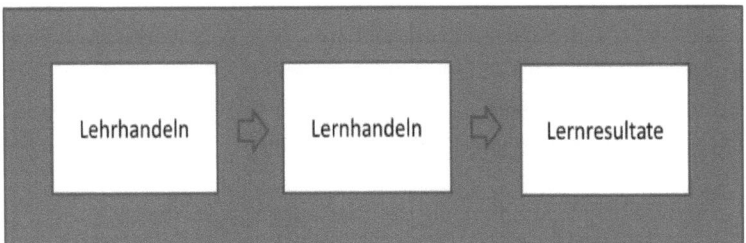

Abb. 6:   Grundelemente von Lehre und Studium

Lehrziele (Kapitel 2.3) können sich auf jedes dieser drei Elemente richten. Die Evaluationsfragestellungen halten fest, welches Element des Evaluationsgegenstandes fokussiert wird (Kapitel 2.5). Die Auswahl der Methoden und die Entwicklung der Instrumente (Kapitel 2.6) wird von diesen beeinflusst.

2.3 Festlegung der Lehrziele

Die selbst gesetzten Ziele der Lehre haben einen zentralen Stellenwert in der Selbstevaluation und orientieren in zweifacher Hinsicht: Zum Ersten richten sie die didaktischen Interventionen aus: Wie muss ich in der Lehre handeln, um diese Ziele zu erreichen? Zum Zweiten leiten sie die Evaluation: Was muss ich wie untersuchen, um die Zielerreichung zu messen und zu bewerten (vgl. auch Kapitel 2.5 „Formulierung der Evaluationsfragestellung")? Daher kommt der sorgfältigen Zielformulierung besondere Bedeutung zu.

Unter Lehrzielen werden solche künftige Zustände verstanden, die sich auf erwünschte Merkmale des Lehrhandelns (der Interventionen) oder des Lernhandelns bzw. der Lernresultate der Studierenden (Outcomes; vgl. Kapitel 1.2) richten. Diese drei Elemente von Lehre und Studium können auch als logisch und chronologisch aufeinander aufbauend betrachtet werden: Gutes Lehrhandeln löst gutes Lernhandeln aus, führt zu guten Lernresultaten (Abb. 6). Auf welcher dieser drei Ebenen Ziele formuliert werden, hängt zentral davon ab, wo die die Selbstevaluation auslösende Knacknuss verortet wird (vgl. Kapitel 2.1) und welche Ursachen für diese vermutet werden.

Hierfür ein Beispiel: Knacknuss ist ein sehr geringes Interaktions- und Kommunikationsniveau der Studierenden im Seminar. Wenige beteiligen sich mit Wortbeiträgen oder stellen Fragen. Auf direkte Fragen an die Studierenden erhält die Dozentin meist ausweichende Antworten oder Rückfragen. Woran könnte dies liegen? Ergebnisse einer Problemanalyse mittels ‚Brainstormings der Dozentin mit sich selbst' (schnelle Problemanalyse):

- Studierende fühlen sich überfordert; ihnen gelingt keine Verbindung zu ihrem Vorwissen.
- Das Thema ist für die Studierenden uninteressant, zu abstrakt, Inhalte erscheinen ihnen unverbunden; sie meinen, nichts Relevantes lernen zu können.
- Studierende haben sich nicht/zu wenig vorbereitet, haben die vorab zu lesenden Materialien/Texte nicht oder zu oberflächlich durchgearbeitet.
- Inhalte erscheinen Studierenden nicht relevant für anstehende Prüfungen.
- Studierende haben Angst davor, falsche oder unvollständige Antworten zu geben und dafür durch die Dozentin/die Lerngruppe sanktioniert zu werden.
- Studierende haben bereits mehrere Veranstaltungen an diesem Tag besucht, sind müde, können nur noch wenig aufnehmen.
- Studierende verstehen die Fragen der Dozentin nicht. Sie trifft nicht das richtige Sprachniveau, ist zu unklar in Bezug auf die Art der Antwort, die sie erwartet.
- Dozentin ist zu ungeduldig, kann Schweigen und Passagen der Stille kaum ertragen, übernimmt allein die Verantwortung, dass es zu Kommunikation kommt.

Die Knacknuss liegt in diesem Falle offensichtlich auf der Ebene des Lernhandelns. Es könnte also ein Ziel gesetzt werden, das einen Zustand beschreibt, in dem sich die Studierenden aktiv beteiligen. Je nach dem, ob die Dozierende die Ursachen stärker in ihrem Lehrhandeln (z.B. Ungeduld) oder bei den Studierenden sieht (z.B. müde) und wo sie eine grössere Hebelwirkung und Erfolgsaussicht für (letztlich) gute Lernresultate sieht, wird sie sich ihr nächstes Lehrziel setzen, z.B.:

- „Mir gelingt es bei ausbleibenden Nachfragen/Redebeiträgen Studierender mindestens zweimal pro Veranstaltung auf eine von mir gestellte, (noch) nicht erwiderte Frage zwei Minuten zu schweigen, danach die Frage zu wiederholen und nochmals eine Minute zu schweigen."
- „In den kommenden drei Lehrveranstaltungen zusammen genommen stellen deutlich mehr (statt bisher dieselben 5 von 20: mindestens 11) Studierende

eine Klärungs- oder weiterführende Frage zu einem Inhalt der jeweiligen Veranstaltung oder des Seminars insgesamt."

Hieraus resultieren ganz offensichtlich auch unterschiedliche Interventionen (vgl. das nachfolgende Kapitel 2.4): Im ersten Fall richtet sich die Intervention auf das eigene Handeln („Ausführen einer Atemübung", „Notieren von Memos zum bisherigen Unterrichtsverlauf mit Schwerpunkt bei Gelungenem"). Im zweiten Fall richtet sich die Intervention auf das Vorbereitungs- oder Teilnahmehandeln der Studierenden (hierzu finden sich in den Praxisbeispielen des Kapitels 3 mehrere Vorschläge.)

Einmal angenommen, die Dozentin hätte in zwei fokussierten Selbstevaluationen (erster Zyklus zur eigenen Beharrlichkeit und Geduld, zweiter Zyklus zur Beteiligungsbreite und -intensität der Teilnehmenden) beide Ziele erreicht, könnte eine neue Knacknuss auftauchen: Lernen die Studierenden denn zumindest gleich viel oder sogar mehr als in den bisherigen ‚Schweigeseminaren'? Im dritten Selbstevaluationszyklus müsste dann evtl. ein Lehrziel auf der Ebene der Lernresultate der Studierenden gesetzt werden, also ein Lernziel.

Um die Erreichung der Ziele evaluierbar (messbar und bewertbar) zu machen, kommt ihrer sprachlichen Formulierung besondere Bedeutung zu. In den beiden Beispielzielen ist dies umgesetzt und soll nun expliziert werden:
Ziele für die Selbstevaluation sollen

(1) als Detailziele formuliert sein
(2) die s.m.a.r.t.-Merkmale erfüllen
(3) Kriterienpunkte beinhalten
(4) ausgewählte Regeln der deutschen Grammatik berücksichtigen

In der Selbstevaluation müssen die Ziele, die das Lehrhandeln leiten und deren Erreichen überprüft werden soll, als Detailziele formuliert sein. Ziele auf höheren Zielebenen übersteigen die Reichweite der Selbstevaluation und erfordern eine der anderen drei Evaluationsarten (vgl. Kapitel 1.1).

(1) Die Detailziele bilden die konkreteste Stufe eines dreigegliederten Zielsystems (Beywl/Schepp-Winter, 1999). Sie sind abgeleitet aus den Mittlerzielen, die sich wiederum an den Leitzielen orientieren. Diese drei Zielebenen können folgendermassen beschrieben werden:

- Die *Leitziele* stehen auf der obersten Stufe des Zielsystems und geben die Grundausrichtung der Lehre einer Hochschule, einer Fakultät oder eines Studiengangs etc. an. Sie drücken zugrunde liegende Werte und Normen aus und geben die Richtung vor, in welche die Aktivitäten der Hochschule, des Studiengangs usw. führen sollen. Leitziele können auch Teil eines Leitbildes, der Philosophie einer Bildungsorganisation oder eines Lehrfaches sein. Sie sind eher allgemeinsprachlich formuliert und gelten lang- und längerfristig. Ein Leitziel kann beispielsweise lauten: „Wir fördern die berufliche und persönliche Entwicklung der Teilnehmerinnen und Teilnehmer unserer Studiengänge, Kurse, Veranstaltungen und Alumni-Netzwerke" (ZUW, 2010).

- Die *Mittlerziele* setzen mittelfristig Schwerpunkte in dem Raum, der durch die Leitziele aufgespannt wird, und bilden vom Leitziel aus gesehen den nächsten Schritt der Konkretisierung. Sie können sich z.B. auf Stoff-, Themen- oder Kompetenzbereiche eines Studiengangs beziehen. Mittlerziele können für die wichtigsten Teilfächer eines Studiengangs angegeben sein. Ein Beispiel für ein Mittlerziel ist: „Die Teilnehmenden erwerben ein grundlegendes Verständnis für den Zusammenhang zwischen Evaluationszweck, Fragestellungen, Evaluationsmodellen und empirischen Methoden." (Koordinationsstelle für Weiterbildung, 2007). Dieses Ziel ist im Weiterbildungsangebot der Universität ein Mittlerziel. Beginnt man jedoch auf der Ebene des Studiengangs mit der Zielklärung, dann kann man es auch als Leitziel des Studiengangs ansehen. Auch ein einzelner Kurs kann über ein oder mehrere Leitziele sowie Mittlerziele verfügen. Die Ziele auf den verschiedenen Ebenen einer (grossen) Bildungseinrichtung sind kaskadenartig verbunden: Was auf einer tieferen Ebene ein Leitziel ist, kann auf einer höheren ein Mittlerziel sein usw.

- Die *Detailziele* konkretisieren die Mittlerziele und beschreiben einen spezifischen Zustand oder Prozess bei Lehrenden oder (dies häufiger) bei den Studierenden, der in der Zukunft durch bestimmte Lehrinterventionen ausgelöst sein soll. Beispiele sind: „Die Dozentin setzt den „Informierenden Unterrichtseinstieg" nach dem vorgegebenen Ablauf in fünf bis acht der Veranstaltungen eines Semesters um" (Lehrhandeln); „Mindestens 80 Prozent der Teilnehmenden sollen den Vorbereitungstext zur jeweiligen Veranstaltung mindestens zur Hälfte gelesen haben" oder „Mindestens 90 Prozent der Teilnehmenden nehmen mindestens einmal pro Lektion mit einer Wortmeldung – Frage oder Antwort oder Stellungnahme – an der Diskussion teil" (beides Lernhandeln); „Mindestens 75 Prozent der Teilnehmenden können in der vorletzten Semestersitzung mindestens 15 der 20 im Seminar behandelten zentralen Begriffe mit eigenen Worten fachlich zutreffend erklären" (Lernresultat).

(2) Die fünf wünschbaren Attribute, die mit den Akronym „s.m.a.r.t." bezeichnet werden, leiten die Formulierung der Detailziele konkret an (diese Lesart von s.m.a.r.t geht zurück auf Heiner, 1998; siehe auch Beywl/Kehr/Mäder/Niestroj, 2007):

s   spezifisch: Spezifische Ziele definieren eingrenzend und abgrenzend, was gemeint ist (z.B. einen genau bezeichneten Ausschnitt des Themenfeldes eines Faches).

m   messbar: Messbare Ziele geben für Objekte, Sachverhalte oder Situationen Merkmale an, die beobachtet, abgefragt, gezählt, geordnet werden können.

a   akzeptabel: Ziele sollen annehmbar für die Teilnehmenden, die Lehrperson und deren Vorgesetzte sein sowie vereinbar mit den Anforderungen des Studienganges, des an der Fakultät geteilten Wissenschaftsverständnisses bzw. dem Forschungsstand.

r   realistisch: Realistische Ziele sind solche, von denen angenommen werden kann, dass sie mit hoher Wahrscheinlichkeit erreicht werden.

t   terminiert: Terminierte Ziele sind mit einem Zeitpunkt versehen, zu dem sie erreicht sein sollen.

An folgendem Beispiel sollen die s.m.a.r.t.-Attribute verdeutlicht werden: Das Ziel „Studierende interessieren sich für das Thema und fehlen selten" ist nicht *spezifisch*, sondern eher allgemein und vage (Auf welche Studierenden und welches Thema bezieht es sich?). Die *Messbarkeit* ist in Teilen gegeben: Sicher kann man beobachten, wie oft die Teilnehmenden fehlen. Aber wie genau würde sich erkennen lassen, ob sie ‚interessiert' sind? Hier müsste eine Übersetzung in empirisch erhebbare Daten (Operationalisierung) geleistet werden. Dazu ist es hilfreich sich zu überlegen, was man sehen oder hören könnte, das das Vorliegen eines bestimmten Sachverhalts anzeigt. Derartige Anzeiger, die stellvertretend für einen umfassenden Sachverhalt stehen, nennt man auch „Indikatoren". Ob das Ziel *akzeptabel* ist, wäre im spezifischen Fall zu prüfen: möglicherweise ist es für Studierende, die einer Erwerbsbeschäftigung nachgehen müssen, nicht akzeptabel, an allen Vorlesungsterminen anwesend zu sein. Akzeptabel erfordert nicht unbedingt ‚bereits akzeptiert' und auch nicht unbedingt ‚von allen'; es hält also ein Verhandlungsspielraum offen (siehe „Freiheit der Lehre" Kapitel 1.4). Auch das Attribut „*realistisch*" wäre im konkreten Fall zu prüfen: Um welche Inhalte geht es? In welchem Mass kann erwartet werden, dass sich die Studierenden für die Inhalte einer Pflichtveranstaltung interessieren? Schliesslich wäre – um das Attribut „*terminiert*" einzulösen – zu überlegen, wann welche Aspekte des Ziels erreicht sein sollen (Möglicherweise soll es gelingen, mit der Einführung ins Thema am ersten Vorlesungstermin das Interesse zu wecken).

(3) Mit dem Merkmal „realistisch" sind auch die *Kriterienpunkte* angesprochen, die festgelegt werden, um zu bestimmen, wann ein Ziel als erreicht gilt. Im oben genannten Beispiel muss man sich fragen: Was genau bedeutet „selten"? Und kann wirklich bei 100 Prozent der Studierenden das Interesse geweckt werden? Mit einem bereits in die Zielformulierung aufgenommenen Kriterienpunkt (z.B. „mindestens 90 Prozent der in der Abschlussveranstaltung anwesenden Studierenden") wird im Vorhinein bestimmt, was als Minimal-Erfolgspunkt gelten soll, also als niedrigster Schwellenpunkt, ab dem von erfolgreicher Zielerreichung gesprochen werden kann. Die Kriterienpunkte sollen realistisch, aber auch herausfordernd gewählt werden: Zu hoch gesetzte Kriterienpunkte sind unbefriedigend, weil sie unrealistisch und nicht erreichbar sind. Zu niedrig gesetzte Kriterienpunkte bieten nicht genügend Anreiz für eine Weiterentwicklung der Lehre. Um zu bestimmen, was genügend herausfordernd und gleichzeitig nicht unrealistisch ist, ist Lehrerfahrung und ggf. der Austausch mit Kolleginnen und Kollegen erforderlich. Weitere Anregungen für angemessene Kriterienpunkte können z.B. aus Forschungsergebnissen oder Ergebnissen vorangegangener Evaluationen entnommen werden (Beispiele für Kriterienpunkte finden sich in der Tab. 18 im Kapitel 2.7.3).

Zentral für die Selbstevaluation ist, dass die Kriterienpunkte im Vorhinein zusammen mit der Formulierung der Detailziele festgelegt werden.

(4) Die Beachtung folgender grammatikalischer Regeln unterstützt bei der Formulierung evaluierbarer Ziele.

-   *Einfach und leicht verständlich formulieren:* Ein Ziel soll in einem klaren Satz, das heisst mit einem Hauptsatz und maximal einem Nebensatz formuliert sein.
-   *Positiv formulieren:* Ziele müssen positiv als Anstrebungsziel formuliert sein, also auf zu Realisierendes (nicht auf ,Fehlendes' bzw. zu Vermeidendes) hinweisen. Es soll nicht heissen: „Höchstens 10 Prozent der Teilnehmenden erklären höchstens einen Begriff fachlich unzutreffend." Oder in obigem Beispiel dürfte es nicht heissen „fehlen selten". Die positive Formulierung zeigt, was sein soll, nicht, was nicht sein soll. Sie zeigt, was alles möglich sein kann und erleichtert den Übergang zur Messung, indem deutlich wird, welches Verhalten angestrebt wird und beobachtet werden soll. Z.B. „90 Prozent der Teilnehmenden können von drei ihnen vorgelegten Begriffen mindestens zwei fachlich zutreffend erläutern" oder eine Angabe wie oft Studierende anwesend sein sollen.
-   *Aktiv formulieren:* Das Beispiel oben hat ein operationales transitives Verb – es wird gesagt, was die handelnden Personen beobachtbar tun. „Sie erläu-

tern …". Stünde im Unterschied dazu ein intransitives Verb (wie zum Beispiel „sie erinnern sich" oder ein nicht-operationales transitives Verb („sie
kennen") bliebe im Unklaren, was genau bei den Studierenden ausgelöst
sein soll und wie das gemessen werden kann. Für die Formulierung von
Zielen, die sich auf kognitive Lernprozesse oder Lernziele beziehen, bietet
die Verbenliste für herausfordernde und s.m.a.r.t.e Lernziele im Anhang Hilfestellung (Anhang 5.5).

-   *Gegenwartsform wählen:* Die Wendung „äussert sich" ist in der Gegen-
    wartsform formuliert. Damit wird es einfacher, sich konkret in die ange-
    strebte Situation zu versetzen und sich das, was erreicht sein soll, als erleb-
    bare Situation zu vergegenwärtigen. Man kann davor setzen: „Zum Zeit-
    punkt X soll erreicht sein …", um den Zielcharakter (das noch Uneingelös-
    te) zu betonen.

-   *Achtung bei Vergleichen!* Die Erreichung eines Ziels, das einen Vergleich
    (z.B. besser, mehr, öfter) beinhaltet, kann nur dann überprüft werden, wenn
    auch die Vergleichsdaten vorliegen. Setzt man sich bspw. zum Ziel, dass „es
    den Studierenden mit dem neuen Reader besser gelingt, die relevanten The-
    orien in Beziehung zueinander zu setzen", dann ist es für die Überprüfung
    der *relativen* Zielerreichung notwendig, dass Daten über die Güte oder An-
    zahl der formulierten Zusammenhänge für zwei Gruppen von Studierenden
    vorliegen: für diejenige Gruppe, die mit dem neuen Reader gelernt hat, und
    für diejenige Gruppe, die ohne den neuen Reader gelernt hat. Solch ein Ver-
    gleichsgruppen-Design ist in Selbstevaluationen kaum zu leisten.

2.4   Didaktisch-methodische Planung der Lehrinterventionen

Sind die Ziele bestimmt und damit das, was (Lehrhandeln oder Lernhandeln) wann
(Zeitpunkt) in welchem Ausmass (Kriterienpunkte) erreicht sein soll (vergleiche Kapitel 1.3 und 2.3), folgt als nächster Schritt die Planung der Lehrinterventionen, welche die Erreichung der Lehrziele auslösen sollen. Wie im Kapitel 2.3 dargestellt,
können auch die Lehrinterventionen selbst, mit denen ein verändertes Lehrverhalten
gezeigt werden soll, das Element des Evaluationsgegenstandes sein, welches fokussiert wird.

Die Lehrinterventionen sind im Praxisstrang der (mehr oder weniger kurze) He-
bel, mit dem die Lehrenden Lernen anleiten und begleiten, sodass die Studierenden
Lernresultate erreichen können. In der Planung der Selbstevaluation ist darauf zu
achten, dass die Interventionen zwei Bedingungen gleichzeitig erfüllen: Zum Ersten

sollen auf der Basis didaktisch-methodischer Überlegungen besonders zielführende und effiziente Lehrinterventionen identifiziert und vorbereitet werden. Zum Zweiten soll die Durchführung der Lehrinterventionen mit dem nachfolgenden Schritt 7 (der Datenerhebung) des Untersuchungsstrangs möglichst eng verkoppelt werden. Gelingt diese Verschränkung zu einer „lehrintegrierten Selbstevaluation", entstehen Synergien zwischen Lehrhandeln und Untersuchung, die guten Lehrerfolg mit einem minimalem Zusatzaufwand für das Erheben und Auswerten ermöglichen.

Um für die didaktisch-methodisch begründete Auswahl von Interventionen in der Vielzahl von Fachpublikationen und Methodensammlungen der Erwachsenenbildung zu orientieren (vergleiche auch Anregungen in Kapitel 5.1), konzentriert sich die folgende Darstellung auf Grundannahmen über das Lernen von Erwachsenen sowie hochschuldidaktische Zugänge, die unmittelbar an die Logik der Selbstevaluation anschliessen. Abschliessend werden zwei Systematiken vorgestellt, die dabei helfen, Interventionen zu finden oder auszuwählen bzw. zu konstruieren oder an die konkrete Lehrsituation anzupassen.

Lehrinterventionen, die sich auf konstruktivistische Annahmen über Wissenserwerb abstützen, rücken den Gegenstand der Selbstevaluation – Planung und Durchführung des Lehrhandelns – in den Vordergrund. Einen Zugang bietet die andragogische Theorie der Erwachsenenpädagogik von Knowles und anderen (2007). In ihrem Prozessmodell des Lehrens werden Lernenden Ressourcen und Verfahren bereitgestellt, um sie beim Erwerb von Informationen und Fertigkeiten zu unterstützen (ebenda S. 103). Seine Grundannahmen sind, dass Lernende – insbesondere erwachsene Lernende – effektiver lernen, je besser sie mit ihren Lernaktivitäten an ihre Erfahrung und vorhandenes Wissen anknüpfen können und je besser es ihnen dadurch gelingt, das zu Lernende mit einem subjektiven Sinn zu verbinden und damit für sich einen Nutzen zu erkennen. Je stärker die Lernenden sich als selbstgesteuert und selbstbestimmt handelnd wahrnehmen, desto mehr erleben sie ihre Wünsche nach Kompetenzerfahrung und Autonomie als erfüllt. Diese Lernerfahrung, zusammen mit dem Erleben sozialer Eingebundenheit, erhöht ihre Lernbereitschaft und ihr Interesse am Stoff. Wissenserwerb wird in der konstruktivistischen Lerntheorie als ein individueller „Prozess des aktiven geistigen Erforschens und nicht als passives Aufnehmen von Lehrinhalten" betrachtet (ebenda S. 33). Neues Wissen wird an die vorhandenen individuellen Konstrukte angeschlossen, bestehendes wird erweitert.

Den Lehrenden kommt die Aufgabe zu, den Lernenden vielfältige Wege anzubieten, damit sie aktiv werden und ihre eigenen, oft unvorhersehbaren Lernwege einschlagen können. „Der Lehrer soll nicht nur Anbieter von Wissen sein, sondern Angebote an den Lernenden weitergeben, die ihm das Lernen erleichtern und aktiv am Wissenserwerb beteiligen lassen. Er soll Situationen schaffen, in denen der Ler-

ner zum Hinterfragen angeregt wird und somit ein Interesse am Lernstoff entsteht"
(Stangl, 2010). Dabei muss die Vorstellung, es gäbe einen einzigen richtigen oder
den für alle besten Lernweg für alle Lernenden, verworfen werden. Im Gegenteil:
Die Lehrperson wird aufgefordert, mit didaktisch-methodischen Interventionen Lehre so vielfältig zu gestalten, dass die Lernenden die für die angestrebten Lernresultate individuell geeigneten Lernpfade einschlagen. Die Auswahl und der Zuschnitt von
Lehrarrangements auf das Prozessziel, zielgerichtetes selbstgesteuertes Lernen auszulösen, stellt hohe Ansprüche an Fachwissen, Methodenkönnen, Lehrerfahrung und
Improvisationsvermögen der Lehrperson (vgl.Wrana, 2009). Selbstevaluation stützt
sich auf diese fachlichen und didaktischen Ressourcen. Die systematisch geplante
Lehrpraxis und deren Untersuchung ermöglichen Reflexion und Weiterentwicklung
der Lehrkompetenzen.

Die Lehr-Lernforschung bietet eine Vielzahl von Systematiken an, die sich als
Ausgangspunkt zur Planung von Lehre eignen (vgl. u.a. Ertel, 2008; Tribelhorn,
2007). Da, wie im Kapitel 1.2 über Programmlogik beschrieben, die Lernausgangslage für die Festlegung von Lehrzielen und Planung methodischer Lehrinterventionen berücksichtigt wird, sind Systematiken hilfreich, die es erlauben, diese Lernaus-
gangslagen zu bestimmen. Als eine Systematik hierfür bietet sich Kaisers (2005b)
Analyseschema an, das die Aufmerksamkeit auf die Kompetenzniveaus der Lernenden richtet. Unter Kompetenz wird hier die erfolgreiche Bewältigung einer bestimmten Situation oder einer bestimmten Klasse von Situationen mittels Mobilisierung
einer spezifischen Kombination von bestimmten Kenntnissen, Fähigkeiten und Haltungen (Kaiser, 2005a) verstanden. Es werden fünf aufeinander aufbauende Kompetenzniveaus unterschieden, die von der Stufe „Anfängerinnen und Anfänger" bis zu
„Expertinnen und Experten" reichen. Abhängig vom jeweiligen Kompetenzniveau
der Studierenden muss die Lehrperson unterschiedliche Rollen einnehmen und die
Studierenden mehr oder weniger eng führen und verschiedene Arten von Interventionen planen:

Unterrichten auf der ersten Kompetenzstufe erfordert klare Beschreibung, De-
monstration oder schrittweise Anleitung durch die Lehrenden. *Anfänger und Anfän-*
gerinnen benötigen genügend Interventionen, die ihnen deklaratives Wissen, ‚Re-
zepte' und Standardlösungen anbieten. Die Lehrperson stellt selbst das Vorbild dar
und demonstriert das Handeln, das für die zu erwerbende Kompetenz steht. Oder sie
zeichnet einen modellartigen Weg vor und beurteilt, ob die Bewältigung der Situation durch die Lernenden richtig ist und dem Vorbild entspricht. In der Hochschullehre sollte für dieses Kompetenzniveau geprüft werden, ob es bereits auf der vorangegangenen Bildungsstufe erworben wurde, um unproduktive Redundanzen zu vermeiden. Vielfach ist Lehre auf dieser Stufe erforderlich, z.B. bez. motorischer Kom-

petenzen im Labor oder an Geräten oder kognitiver Kompetenzen etwa zur Basisbe-
grifflichkeit eines Teilfaches.

Auf den nächsthöheren Kompetenzniveaus nimmt die Vorbildfunktion der Lehrperson Schritt für Schritt zugunsten einer beratenden Funktion ab. Lernende auf dem
zweiten Kompetenzniveau der *fortgeschrittenen Anfängerinnen und Anfänger* konn-
ten bereits situatives Wissen in der (z.B. Literaturauswertungs-) Praxis erwerben und
mussten mit Standardsituationen (z.B. Begriffsverständnis extrahieren) umgehen.
Sie benötigen Lernsettings, in denen sie Erlerntes auf ähnliche Situationen übertragen müssen. Die Interventionen zielen darauf ab, Umsetzungsprobleme der Lernenden zu entdecken und sie beim Bearbeiten der Lernaufgabe zu begleiten, Feedback
zu diesem Prozess zu geben und sie darin zu unterstützen, ihre Lernerfahrungen aus
verschiedenen Situationen miteinander zu verbinden.

Lernende auf dem dritten Niveau, *Kompetente*, haben bereits viel situatives Wissen für viele Situationen erworben und planen zielgerichtet, bewusst und analytisch.
Interventionen unterstützen die Lernenden dabei, strukturelle Ähnlichkeiten und Unterschiede zwischen Situationen zu erkennen, Urteilsvermögen für das Wesentliche
zu entwickeln, eigenständig nach neuen Lösungswegen zu suchen. (Das im Kapitel
4.7 vorgestellte Erhebungsinstrument ist für solche Settings geeignet.)

Lernende auf dem vierten Niveau, *Erfahrene*, bewältigen Aufgaben zunehmend
mit situativem Wissen aufgrund früherer Erfahrungen und werden nicht mehr analytisch bei der Bewältigung von Aufgaben geleitet. Interventionen für solche Lernende
bieten viele Möglichkeiten zu Reflexion und Erfahrungsaustausch. Sie sollten darin
unterstützt werden, selbständig erworbenes Wissen zu explizieren und damit der
selbstgesteuerten Überprüfung und Weiterentwicklung zugänglich zu machen.

Auf dem fünften Kompetenzniveau, dem der *Expertinnen und Experten*, unterstützen Interventionen vor allem dabei, Kompetenzen zu reflektieren (Kaiser,
2005b). In einem breiten Spektrum von geforderten Kompetenzen werden sie angeregt, dieses Niveau zu erreichen bzw. auszubauen. Beispiele sind „metakognitive
Techniken" wie z.B. Selbstbefragung, paarweises Problemlösen, Lerntagebuch oder
Portfolio (vgl. Kaiser/Kaiser, 2006). Auch eigenständige Problemlösungswege werden expliziert und damit der dialogischen Reflexion in der Gemeinschaft der Lernenden zugänglich gemacht.

Diese Systematik eignet sich dafür, die passenden Arten von Lehrinterventionen
zu finden, je nach dem ob man Erstsemester oder fortgeschrittene Studierende höherer Semester unterrichtet (vgl. Kapitel 3.1 Fall 1).

Eine zweite Systematik, um Interventionen zielgerecht zu wählen bzw. zuzuschnei-
den, bietet der Ansatz von Gagné, Golas, und Keller (2005). Im Unterschied zu der

von Kaiser, die hierarchisch gestuft ist, enthält diese qualitativ unterschiedliche, prinzipiell gleich wichtige oder wertvolle Kategorien von Kompetenzen. Diese Kategorien unterstützen Lehrpersonen darin, genau darauf zu achten, auf welche Ebene von Lernresultaten ihre Intervention abzielt. Dafür unterscheiden die Autoren fünf Kategorien: deklaratives Wissen, intellektuelle Fähigkeiten, kognitive Strategien, affektive Haltungen/Einstellungen und motorische Fähigkeiten. Deren Vermittlung und/oder Überprüfung erfordert unterschiedliche Sets instruktionaler Vorgehensweisen der Lehrenden. Didaktisch-methodisches Lehrhandeln ist nach dieser Systematik die absichts- und planvolle Unterstützung von Lernenden, damit diese die vorab festgelegten „educational outcomes" erreichen können (Gagné/Wager/Golas/Keller, 2005).

Zum *deklarativem Wissen* gehören Kenntnisse, die als Information wiedergegeben werden können, wie die Namen von Städten, Autorinnen und Autoren, ‚Schulen' des Studienfaches; grammatikalische Bezeichnungen, mathematische Formeln, historische Abfolgen usw., also Begriffswissen („knowing *that* something exists" ebd. S. 49). Diese Kenntnisse gelten als notwendige Voraussetzung, um z.B. intellektuelle Fähigkeiten zu erwerben, auszubauen und Regeln und Vorgehensweisen überdenken zu können. Interventionen, bei denen die Studierenden deklaratives Wissen erwerben, sind z.B. Instruktionen wie Vorträge oder solche, welche die Aufmerksamkeit steuern und auf zentrale Inhalte lenken oder solche, sich Sachverhalte einzuprägen und zu memorieren (Mnemotechniken, Erinnerungshilfen, Eselsbrücken) oder Abfragen von Begriffsdefinitionen (vgl. z.B. Instrument fokussiertes Auflisten im Kapitel 4.6).

Zu den *intellektuellen Fähigkeiten* („intellectual skills") oder auch „procedural knowledge" zählen Unterscheiden und Kategorisieren können, das Anwenden von Regeln und Prinzipien und – als komplexeste Fähigkeit – das Lösen von Problemen. Sie reichen von solchen elementaren Fähigkeiten wie Sprachbeherrschung (z.B. nach den Regeln der Grammatik einen Satz zu bilden) bis zu fortgeschrittenen technischen Aufgaben im Bereich des Ingenieurwesens (z.B. das Identifizieren und Berechnen von Spannungen in einer Brücke) oder der Ökonomie (z.B. die Vorhersage von möglichen Effekten einer Währungsabwertung). Im Gegensatz zum deklarativem Wissen zeigen sich intellectual skills darin, dass man weiss wie man etwas tun muss („knowing *how* to do" ebd., S. 50). Interventionen, die den Lernenden die Gelegenheit geben, schrittweise und aufeinander aufbauend Vorgehensweisen zu üben, wie z.B. das Einüben systematischer Verfahrensweisen zum Erarbeiten wissenschaftlicher Texte (vgl. Kapitel 3.4, Fall 4), fördern deren Erwerb. Interventionen, die die Denkrichtung steuern, die „hinweisende" oder „suggerierende" Funktionen haben, unterstützen problemlösendes Lernen (Knowles/Holton/Swanson/Jäger,

2007, S. 75). Intellectual skills lassen sich beobachten, indem man z.B. Lernende auffordert, mit Hilfe verschiedener Definitionsmethoden zu erläutern, was eine Metapher ist.

Kognitive Strategien (oder auch „self-management behaviors" ebd., S. 50) sind diejenigen Fähigkeiten, die das Lernen, Erinnern und Denken des Individuums steuern. Geeignete kognitive Strategien z.B. beim Rezipieren von Texten sind unerlässliche Voraussetzung für selbstgesteuertes Lernen. Ein Beispiel für eine kognitive Strategie beim Fremdsprachenerwerb ist die Nutzung von Bildern, die mit zu erlernenden Vokabeln assoziiert werden. Diese Strategien werden über längere Zeiträume in der Auseinandersetzung mit (eigenen) Lernprozessen erworben. Es wird angenommen, dass die meisten kognitiven Strategien domänenspezifisch sind. Metakognition, also die „Kognition der Kognition" oder das „Nachdenken über das Denken" bzw. Reflexion über Problemlösungs- und Lernstrategien, ist ein spezieller Typus kognitiver Strategien.

Um *Haltungen und Einstellungen,* also positive oder negative Reaktionen eines Individuums gegenüber einer Person, einer Sache oder einer Situation zu beeinflussen, sind Interventionen notwendig, die dazu beitragen, dass eigene Interpretationen des Lernstoffes überdacht und die Auseinandersetzung mit Fehlannahmen und die Konstruktion neuen Wissens und neuer Überzeugungen gefördert werden. Dies können z.B. Übungen (oder gar Leistungskontrollen) sein, in denen eigene Haltungen, Einstellungen und Urteile expliziert, auf der Basis von Lehrinhalten begründet und abgewogen werden müssen, wie z.B. in Form von Rollenspielen oder Debatten nach der Art einer politischen Talkrunde.

Die fünfte Kategorie umfasst *motorische Fähigkeiten*, die in Interaktion mit der Umwelt erworben werden. Mit schrittweiser Anleitung, unmittelbarer Hilfestellung, durch modellhaftes Vormachen, Aufforderung zum Nachvollziehen evtl. in einzelnen Schritten und sequentielles Feedback und durch das Explizieren und Anwenden von Regeln lernen Individuen bspw. Körperpflege sachgerecht durchzuführen, eine Versuchsanordnung sachgerecht aufzubauen oder ein Präsentations-Flipchart korrekt zu layouten und zu beschriften usw.

Tribelhorn (2007) bemerkt kritisch zum deklarativen Wissen, dass dieses – wenn anspruchsvolle kompetenzorientierte Ziele erreicht werden sollen – nicht „träges", d.h. mit Anwendung nicht verbundenes und schwer verbindbares Wissen bleiben darf. Damit Wissen in der späteren z.B. wissenschaftlichen Handlungspraxis handlungswirksam werden kann, stellt er Lehrinterventionen in den Mittelpunkt, die Formen des situierten bzw. problemorientierten Lernens nutzen, wie fallbasiertes Lernen und gezielte Arbeit in Gruppen, die den Transfer des Gelernten in die vorgesehenen Anwendungssituationen vorbereiten, fördern und begleiten. Achermann

(2007) betont, dass diese Lehrinterventionen dann besonders wirksam sind, wenn die Aufgaben einen erkennbaren Bezug zur professionellen Alltagswelt der Lernenden haben. Dieser Bezug trägt dazu bei, Lerninhalte für ein Individuum bedeutungsvoll zu machen: „In authentischen Situationen kann Wissen für die Schülerinnen und Schüler bedeutungsvoll werden, weil Ziele, Inhalte und Lernarrangements aufeinander abgestimmt sind, die Lernaufgaben einen echten Bezug zur Alltagswelt der Lernenden haben und Wissenserwerb und Anwendungsmöglichkeiten zusammenfallen" (Achermann, 2007, S. 18).

Über die hier referierten Systematiken und Anregungen hinaus existieren zahlreiche Fachpublikationen zu Andragogik und Erwachsenenbildung und auch „Methodensammlungen". Diese geben konkrete Anleitungen zur didaktisch-methodischen Gestaltung von erwachsenengerechten Lehrinterventionen, ohne dass die Lehrpersonen in „Animationsdidaktik" verfallen oder „vermittlungsrelevante Inhalte" (Schüßler, 2005) vernachlässigen müssen. Eine Auswahl von Büchern, die die Hochschuldidaktik an der Universität Bern empfiehlt bzw. in denen die Autorinnen und der Autor für ihre eigene Lehre anregende Hilfen gefunden haben, findet sich im Anhang.

Neben diesen didaktisch-methodischen Überlegungen, nach denen Interventionen ausgewählt werden, ist zu berücksichtigen, dass diese in der Selbstevaluation zugleich die Funktion des Datenerhebungsinstruments erfüllen. Optimalerweise lassen sich Instrumente im Rahmen der Lehre ohne oder mit nur geringem zusätzlichem Zeitaufwand doppelt nutzen: sowohl zwecks Intervention als auch zwecks Datenerhebung (vergleiche auch Kapitel 2.6). Eine Art von Interventionen liegt sehr nahe am Datenerhebungsinstrument: Es sind die klassischen Seminarfeedbackmethoden, die Lehrende zur Optimierung von Unterrichts- und Lehrpraxis bei Zwischen- und Schlussauswertungen einsetzen (vergleiche Bastian/Combe/Langer, 2007; Geissler, 2005). Oft bedarf es lediglich geringer Anpassungen solcher Feedbackverfahren, um die für eine Selbstevaluation erforderlichen Daten zu erheben. In vielen Fällen müssen die Interventionen bzw. Methoden lediglich um die Dokumentation der gewonnenen Daten erweitert werden, um die angestrebte Doppelfunktion zu ermöglichen. Im Kapitel 4 werden im „Taschenset konvivialer Erhebungsinstrumente" eine Reihe solcher auf didaktisch-methodischen Interventionen basierender Instrumente vorgestellt, welche die Autorinnen und der Autor bzw. Teilnehmende ihrer Weiterbildungsseminare erfolgreich angewendet haben.

2.5 Formulierung der Evaluationsfragestellung

D3 – Effizienz von Evaluation
Der Wert von Informationen und der Nutzen von Selbstevaluationen soll die eingesetzten Mittel im Hinblick auf die Bedeutung der anstehenden Verbesserungen oder Entscheidungen rechtfertigen.

F3 – Vollständige und faire Überprüfung
Selbstevaluationen sollen in der Überprüfung und in der Darstellung der Stärken und Schwächen derjenigen Evaluationsgegenstände, auf die man sich geeinigt hat, soweit vollständig und fair sein, dass die Stärken weiter ausgebaut und die Problemfelder behandelt werden können.

Diese Standards aus den beiden Standardgruppen der Durchführbarkeit und der Fairness ergänzen die Überlegungen zur Formulierung der Fragestellung, fordern dazu auf zu überprüfen, ob die Selbstevaluation wirklich auf ihren Zweck (in der Regel Verbesserung) hinarbeitet und ob die Fragestellung die Perspektive anderer Beteiligter, namentlich der Studierenden, berücksichtigt. Die Standards unterstützen die Lehrperson darin, ihr Vorhaben nochmals daraufhin zu überprüfen, ob sie mit Hilfe der Evaluationsergebnisse Verbesserungen einleiten und Stärken weiter ausbauen kann.

Während sich die beiden vorangegangenen Kapitel zur Zielformulierung und zur Lehrintervention auf dem „Praxisstrang" bewegen, kehrt man mit der Formulierung der Evaluationsfragestellung auf den „Untersuchungsstrang" zurück. Wenn klar ist, was evaluiert werden soll (Evaluationsgegenstand, Kapitel 2.2), welche Ziele mit der Lehre angestrebt werden (Kapitel 2.3) und wie diese erreicht werden sollen (Kapitel 2.4), gilt es als nächstes, die Evaluationsfragestellung festzulegen.

Die Fragestellung ist ein Fragesatz, der festhält, was man mit der Evaluation über den Evaluationsgegenstand herausfinden will. Sie konkretisiert den Informationsbedarf, den die Evaluation decken soll. Die Fragestellung richtet sich auf den Evaluationsgegenstand, während sich eine „Frage" – z.B. in einem Fragebogen – an Auskunftspersonen, z.B. Teilnehmende einer Lehrveranstaltung, richtet. In der Evaluation haben Fragestellungen eine ähnliche Rolle wie Hypothesen in der Forschung: Beide – Hypothesen und Fragestellungen – leiten den Prozess der Datenerhebung und -auswertung und sind daher zentral für den weiteren Fortgang und das Gelingen der Untersuchung. Allerdings sind Fragestellungen offen bzw. öffnend als

Fragesatz formuliert, während Hypothesen geschlossen als Aussagesätze formuliert sind, welche die spezifischen in der Regel bereits forschungsbasierten Annahmen über ein denkbares Ergebnis enthalten. Abb. 7 zeigt, dass die Fragestellung der Anfangs- und Endpunkt der Untersuchung ist: Aus der Fragestellung ergibt sich, welche Daten erhoben werden müssen, deren Auswertung und Verdichtung zu Ergebnissen wiederum die Beantwortung der Fragestellung erlaubt und evtl. zu neuen Fragestellungen führt.

In der Selbstevaluation legt die für Lehre und Untersuchung zugleich zuständige Lehrperson die Fragestellung fest. Sie kann dabei auch Informationsinteressen anderer Stakeholder berücksichtigen, also derjenigen, die je nach dem, wie Lehre und Studium gelingen, gewinnen oder verlieren. Dies sind z.B. Gastreferierende, Vorgesetzte, Lehrende anschliessender Veranstaltungen, Praxispartner, schliesslich die aktuellen und künftigen Studierenden. Im Unterschied zu den anderen Evaluationsarten ist dies in der Selbstevaluation eine (eher selten gewählte) Option, wogegen es z.B. in der Fremdevaluation zentral ist.

Abb. 7:   Die Fragestellung als Anfangs- und Endpunkt der Untersuchung.

Ob Fragestellungen gut formuliert sind, lässt sich durch folgendes Gedankenexperiment prüfen: Eröffnen sich beim Lesen der Fragestellung mögliche methodische Vorgehensweisen? Wo oder bei wem können ‚antwortende‘ Daten erhoben werden? Wie könnten diese ausgewertet werden und was könnte dabei herauskommen? Wenn dieses Ergebnis vorläge: Wäre dadurch meine Fragestellung beantwortet? Der abschliessende Schritt im Gedankenexperiment beginnt mit folgender Frage: Würde ein solches Ergebnis den Zweck erfüllen, den ich mit der Evaluation verfolge (vgl. Kapitel 2.1)?

Eine gute Fragestellung zu formulieren ist nicht ganz einfach und erfordert Übung. In folgendem Beispiel wird nach Zwecken gefragt: „Wir wollen darüber entscheiden, ob …“, „Ich will klären, wie meine Lehrveranstaltung noch besser werden kann“. Damit sind Zwecke (Entscheidungsfindung, Verbesserung, vgl. Kapitel 1.1) der Evaluation, jedoch keine Fragestellungen zum Untersuchungsgegenstand formuliert.

In folgenden Beispielen spricht die Fragestellung den Gegenstand an: „Welche Effekte zeigen sich bei den Teilnehmenden der Lehrveranstaltung?", „Von welcher Qualität ist der Unterricht?" oder „Bewährt sich die neue Form der Inhaltsvermittlung?" Allerdings sind diese Fragestellungen viel zu allgemein für eine fokussierte Selbstevaluation. Wenn nach Effekten, der Güte oder Qualität etc. gefragt wird, muss – bevor eine konkrete Messung und Beurteilung möglich ist – genau geklärt werden, welche Effekte angestrebt werden, was genau „gut" oder „schlecht" bedeuten würde bzw. was genau eine hohe Qualität ausmacht.

Analog zum Akronym „s.m.a.r.t." für die Formulierung von Detailzielen (vgl. Kapitel 2.3) sind gute Fragestellungen durch die sieben Eigenschaften gekennzeichnet, die mit dem Akronym „f.ö.r.d.e.r.n." zusammengefasst werden (vgl. auch Checkliste im Anhang 5.2). Die Buchstaben stehen dafür, dass Fragestellungen

f okussiert sind; d.h. es wird deutlich, auf welche Bestandteile des Evaluationsgegenstandes (also z.B. auf einen bestimmten Aspekt der Lehrveranstaltung) sie sich richten.

ö ffnend und gradierend sind. Es wird nicht danach gefragt, ob ein Sachverhalt vorliegt (dies wäre mit ja oder nein beantwortbar), sondern in welchem Masse, in welcher Ausprägung etc. etwas festgestellt werden kann.

r ealistisch sind, sich – in dem Fall, dass die Zielerreichung durch Interventionen untersucht werden soll –, auf Sachverhalte beziehen, die tatsächlich durch den Evaluationsgegenstand (zum Zeitpunkt der Überprüfung) ausgelöst sein können.

d eutlich formuliert sind. Sie sind verständlich und enthalten keine unklaren Begriffe (ggf. definieren und erläutern!).

e mpirisch beantwortbar sind. Es ist möglich, die Fragestellung mittels Daten zu beantworten. Die in der Fragestellung angesprochenen Sachverhalte sind ausreichend operationalisierbar.

r essourcenangepasst sind an vorhandene Finanz- und Zeitbudgets der Evaluation.

n ützlich sind, d.h. auf die Informationsinteressen der Personen bezogen, welche die Evaluationsergebnisse nutzen werden (meist: die Selbstevaluierenden).

Am leichtesten findet man Fragestellungen, die f.ö.r.d.e.r.n., wenn – wie in Kapitel 2.3 beschrieben – s.m.a.r.t.e Detailziele für die Lehre festgelegt worden sind, die dann als Fragestellung umformuliert werden. Die generische Fragestellung, die die Selbstevaluation beantworten soll, lautet damit also: „In welchem Masse werden die Lehrziele erreicht?" Dies soll anhand folgender Beispiel-Ziele gezeigt werden, die

sich auf (1) Lehrhandeln/Intervention, (2) Lernhandeln und (3) Lernresultate beziehen:

(1) Ziel: „Die Dozentin setzt den Informierenden Unterrichtseinstieg (IU) nach
     dem vorgegebenen Muster in fünf bis acht der Veranstaltungen eines Se-
     mesters um."
     Fragestellung: „In welchem Umfang hat die Dozentin den IU nach dem
     vorgegebenen Ablauf umgesetzt?"
(2) Ziel: „Mindestens 80 Prozent der Teilnehmenden sollen den Vorbereitungs-
     text zur jeweiligen Veranstaltung mindestens zur Hälfte gelesen haben."
     Fragestellung: „Wie viele Teilnehmende haben einen wie grossen Teil des
     Vorbereitungstextes mit welcher Intensität gelesen?"
(3) Ziel: „Mindestens 75 Prozent der Teilnehmenden können in der vorletzten
     Semestersitzung mindestens 15 der 20 im Seminar behandelten zentralen
     Begriffe mit eigenen Worten fachlich zutreffend erklären."
     Fragestellung: „Wie viele der behandelten Begriffe können die Teilneh-
     menden mit eigenen Worten erklären?"

Aus diesen Fragestellungen lassen sich in Kombination mit den Lehrzielen drei weitere wichtige Elemente der Selbstevaluation ableiten: A) Die Methode, mit der die
erforderlichen Daten beschafft werden können, bspw. Befragung oder Beobachtung,
B) die Datenquellen, bspw. die Personengruppe, die befragt werden soll und C) das
Kriterium, anhand dessen die Bewertung (Schritt 8) stattfinden soll. Für die oben
genannten drei Beispiele sei dies nachfolgend verdeutlicht:

-    Aus der Fragestellung „In welchem Umfang hat die Dozentin den Informie-
     renden Unterrichtseinstieg (IU) nach dem vorgegebenen Muster umge-
     setzt?" ergeben sich als Datenquelle die Dozentin oder ihre Aufzeichnungen
     zu ihren Lehrveranstaltungen. Als Methoden kommen in Frage: Erfassung
     und Auswertungen der Seminaraufzeichnungen, Auswertung der Aufnahme
     eines Audiorecorders (die meisten Smartphones leisten dies auch) – Mit-
     schnitt der ersten fünf Veranstaltungsminuten; Beobachtung durch eine drit-
     te Person (z.B. indem eine Person, die mit der Methode des IU vertraut ist,
     auf einem vorbereiteten Beobachtungsbogen die jeweils relevanten Verhal-
     tensweisen protokolliert) (vgl. auch Kapitel 3.5, Fall 5). Als Kriterien gel-
     ten, ob die für das Gelingen des IU relevanten Elemente erkennbar waren,
     ob sie im Ablauf die Rezeption durch die Teilnehmenden erleichternd ange-
     ordnet waren und ob sie von der Formulierung her klar waren. Die drei Me-
     thodenalternativen sind unterschiedlich aufwändig und stör- bzw. fehleran-

fällig. Dies sind sämtlich Aspekte, die bei der Auswahl der Methode einbezogen werden müssen.

- Aus der Fragestellung „Wie oft bringen sich die einzelnen Studierenden pro Stunde mit einer Wortmeldung in die Diskussion ein?" ergeben sich die Studierenden als Datenquellen. Als Methode bietet sich die Beobachtung an, z.B. indem die Dozentin auf einer vorbereiteten Namensliste pro Wortmeldung beim jeweiligen Namen eine Markierung setzt. Ein Audiomitschnitt wäre zu aufwändig, ebenfalls die Übergabe der Beobachtungsaufgabe an jemanden Dritten. Würde man die Aufgabe an Studierende übertragen, könnte dies deren Lernprozess stören; dies kommt jedoch auf das jeweilige Setting an. Als Kriterium gilt die Anzahl Wortmeldungen pro Studierendem. Aus der Fragestellung „Wie viele Studierende haben einen wie grossen Teil des Vorbereitungstextes mit welcher Intensität gelesen?" ergeben sich ebenfalls die Studierenden als Datenquelle. Als Methode eignet sich z.B. die „Aufstellungsbefragung" (vgl. die Kapitel 3.3 und 4.3). Werden Personen, z.B. Teilnehmende – wie in allen Formen der Befragung – aktiv, um Daten zu produzieren, bezeichnen wir sie als Datengebende.
- Aus der Fragestellung „Wie viele der erläuterten Begriffe kann jeder Teilnehmer mit eigenen Worten erklären?" ergibt sich zum einen die Datenquelle (die Teilnehmenden), und zum anderen die Methode: Es liegt nahe, die Teilnehmenden zu befragen (z.B. indem sie in einem schriftlichen Fragebogen gebeten werden, die dort aufgelisteten Begriffe in eigenen Worten zu erklären). Diese Methode ist jedoch sehr aufwändig; daher ist ein unterrichtsintegriertes Instrument wie das „Fokussierte Auflisten" oft besser geeignet (vgl. Kapitel 4.6). Schliesslich wird auch deutlich, was das Bewertungskriterium ist: nämlich die Anzahl der (richtig) erklärten Begriffe pro Teilnehmer.

Aus den drei Beispielen wird ersichtlich, dass die Fragestellungen in der Selbstevaluation oft eng mit den Lehrzielen zusammenhängen. Findet eine solche Ableitung stringent statt, sind die Ziele s.m.a.r.t und die Fragestellungen f.ö.r.d.e.r.n.d formuliert, ergeben sich Datenquellen, Methoden und Bewertungskriterien schlüssig.

2.6 Erhebung planen, Instrumente entwickeln

D1 – Angemessene Verfahren
Selbstevaluationsverfahren sollen so konzipiert werden, dass die benötigten In-

formationen aller Voraussicht nach beschafft und genutzt werden können. Dabei sollen die beteiligten und betroffenen Personen nur soweit notwendig belastet werden, knappe Ressourcen geschont und der Arbeitsprozess nach Möglichkeit unterstützt werden.

G5 – Valide und reliable Informationen
Es sollen solche Verfahren zur Gewinnung von Informationen ausgewählt oder entwickelt werden, die für eine Entscheidungsfindung und Praxisoptimierung nötig sind. Ggf. sollte eine Weiterbildung oder eine externe Methodenberatung in Anspruch genommen werden. Die Massstäbe für den Methodeneinsatz sollen sich an den Gütekriterien qualitativer und quantitativer Sozialforschung orientieren.

In der Phase der Informationsgewinnung sind die zwei Standards Durchführbarkeit D1 und Genauigkeit G5 besonders handlungsleitend. Es muss ausbalanciert werden, den wissenschaftlich-methodischen Ansprüchen an Erhebungsinstrumente zu genügen und Erhebungen so zu organisieren, dass die Praxis nicht überlastet wird, sondern vielmehr möglichst unmittelbar von den Erhebungen profitiert. Die Ansprüche können sich gegenseitig unterstützen sich aber auch z.B. wegen knapper Ressourcen und unvollständiger Evaluationskompetenzen als schwer vereinbar erweisen.

Mit der Planung der Erhebungen und der Entwicklung der dafür erforderlichen Erhebungsinstrumente beginnt die zweite Hauptphase im Untersuchungsstrang: die Informationsgewinnung. Sie beinhaltet ausserdem die Phasen der Erhebungen und Auswertungen und schliesst mit der Bewertung und der Ergebnisvermittlung ab.

Bei den Datenerhebungsinstrumenten bedient sich Selbstevaluation der Methoden und Techniken der qualitativen und quantitativen Sozialforschung. Die Auswahl der Erhebungsmethoden und Instrumente hängt vom Evaluationszweck, der zu beantwortenden Fragestellung und den verfügbaren Ressourcen ab. Zu klären ist auch, welche Datenquellen (Personen, Situationen, Objekte oder Verhaltensspuren, bei denen Daten gewonnen werden sollen) vorhanden und zugänglich sind. Ausserdem müssen organisationskulturelle Besonderheiten und die disziplinären Hintergründe der evaluationsverantwortlichen Lehrpersonen berücksichtigt werden. In der Selbstevaluation der Lehre müssen Methoden und Instrumente in besonderer Weise Rücksicht auf die knappen Zeitressourcen der Lehrenden nehmen. Sie sollen so wenig Zusatzaufwand wie möglich erfordern, nach Möglichkeit den Lehrprozess unmittelbar unterstützen und so im Idealfall einen Entlastungseffekt haben. Im Abschnitt 2.6.1 wird deswegen zunächst auf „konviviale" Instrumente eingegangen, die besonders gut für die Selbstevaluation durch Lehrende geeignet sind. In den Abschnitten 2.6.2 und 2.6.3 werden ausgewählte Grundlagen zu Datenerhebungsmethoden und Instrumentenentwicklung erörtert. Dabei werden diejenigen Aspekte betont, die für die Selbstevaluation besonders relevant sind. Für die Vertiefung allgemeiner sozialwissenschaftlicher methodischer Kenntnisse wird auf die umfangreiche Fachliteratur verwiesen (Bortz/Döring, 2006; Hussy/Schreier/Echterhoff, 2010; Kromrey, 2006). Obwohl in der Selbstevaluation der Lehre die Befragung einer grossen Gruppe anhand von Fragebogen eher selten vorkommt, schliesst dieses Kapitel mit einem vertiefenden SPECIAL zum Fragebogen (S. 71), einem immer wieder eingesetzten dabei sehr anspruchsvollem Erhebungsinstrument, zu dem in der Praxis häufig methodische Fragen gestellt werden.

2.6.1 „Konviviale" Erhebungsinstrumente

Selbstevaluation erfordert Methoden und Instrumente, die sich gut in das Lehrhandeln integrieren lassen. Optimalerweise unterstützen Datenerhebungsinstrumente in der Selbstevaluation den Lehr-Lernprozess direkt und generieren gleichzeitig nützliche Daten, welche die Evaluationsfragestellungen beantworten. Dabei müssen Instrumente so konzipiert sein, dass sie mit vertretbarem Aufwand gültige Ergebnisse erbringen. Sie werden so ausführlich wie unbedingt nötig und so knapp wie möglich gehalten.

Mit wenig Aufwand in das Lehrhandeln integrierbare Instrumente werden in Anlehnung an Illich „konvivial" genannt. Mit diesem Attribut bezeichnet Illich Werkzeuge aller Art, die dem „von technologischen Zwängen freien oder freieren Zusammenleben förderlich sind, wie z.B. die Stahlaxt, die Pumpe, das Fahrrad […], das [Münz-]Telefon. Wer etwas Kleingeld hat, kann anrufen, wen er will" (Illich, 1998, S. 43). Um im letztgenannten Beispiel zu bleiben: Ein solches konviviales Werkzeug kann genutzt werden, ohne dass die Nutzenden gezwungen sind, komplexe Zugangssysteme in Anspruch zu nehmen, die sie selbst nicht kontrollieren können (Online-Buchungssysteme, Kreditkarten, Mobiltelefone mit allen ihren Datenspuren). Bei der Nutzung sind die Kundinnen und Kunden nicht von Expertinnen/ Experten und deren komplexen hochvernetzten Systemen abhängig. Das Münztelefon war überdies billig, solange es flächendeckend als öffentliche Dienstleistung angeboten wurde.

Auf empirische Erhebungsinstrumente angewandt bedeutet dies, dass sie unabhängig von zentral gesteuerten Technologien funktionieren und – spätestens nach der

Einführungsphase – auf Fachleute mit Spezialwissen z.B. auf Gebieten wie Testent-
wicklung oder multivariaten Auswertungsverfahren verzichtet werden kann. Online-
Befragungen sind in diesem Sinne z.B. keine konvivialen Instrumente, sondern
Werkzeuge für Evaluationsspezialistinnen und -spezialisten.

Wendet man die Idee der Konvivialität in der Selbstevaluation an, verfügen optimale Instrumente über folgende Eigenschaften:

-   Sie sind leicht handhabbar und benötigen wenig zusätzlichen Aufwand, um
    in Unterrichtssituationen eingesetzt zu werden. Beispielsweise steht am
    Ausgang des Unterrichtsraums ein Flipchart, an dem alle vorbei gehen, um
    Bewertungspunkte in Zellen einer Matrix-Frage zu malen oder zu kleben.
-   Sie benötigen wenig zusätzliche Ressourcen (Zeit, Material, Konzentration).
-   Sie funktionieren transparent und sind leicht verstehbar; sie besitzen „face
    validity" (augenscheinliche Gültigkeit), d.h. es ist unmittelbar einsichtig,
    worauf das Instrument zielt. Die Verbindung des Instruments zu den Zielen
    der Lehrveranstaltung oder ihren Inhalten liegt auf der Hand. Die Relevanz
    der gestellten Fragen im Fragebogen für den Kurs oder für ihr Studium ist
    für die Studierenden unmittelbar einsichtig.
-   Sie sind gut kontrollierbar, z.B. bezogen auf ihre Rücklaufquote.
-   Sie ermöglichen schnelle Rückmeldung an die Beteiligten (Dozierende,
    Studierende).
-   Sie ermöglichen einfache Auswertungen oder ‚werten sich selbst aus', wie
    z.B. Fragebogen auf grossen Pinnwand-Plakaten, die durch Punkte-Kleben
    ‚ausgefüllt' werden und wo das Ergebnis auf einen Blick erfassbar ist.
-   Sie sind leicht konstruierbar; basales ‚Handwerkszeug' wie gängige Office-
    Anwendungen, Moderationsmaterialien etc. reicht aus.
-   Sie sind bei Bedarf leicht korrigierbar, d.h. das Instrument ist noch im Ein-
    satz veränderbar: Oft ist nicht genügend Zeit, mehrere Vortests durchzufüh-
    ren, um alle Fehler z.B. aus einem Fragebogen auszumerzen. Die Frage auf
    einem Flipchart kann man hingegen leicht korrigieren, notfalls indem man
    eine neue Seite nutzt.
-   Sie wirken prozessunterstützend, d.h. sie erzeugen einen Prozessnutzen: Die
    Studierenden lernen beim Ausfüllen oder Formulieren der Antworten, ent-
    decken Wissenslücken, werden auf Selbstlernstrategien aufmerksam etc.

Bei MacBeath (2006, S. 45ff), der die Idee konvivialer Werkzeuge für die Instrumente der Selbstevaluation in Schulen aufgreift, entfalten diese weitere Qualitäten:
Sie wirken anspornend, sie stärken die Entschlossenheit, nach Lösungen zu suchen
und tragen zu mehr Freude am Lehren und Lernen bei. Konviviale Varianten der häu-

figsten sozialwissenschaftlichen Erhebungsmethode „Befragung" sind z.B. Ampel-feedback, Blitzlicht, lebendiger Fragebogen/Aufstellungsbefragung, Plakate mit of-fenen Fragen oder Plakate mit Matrix-Fragen. Im Taschenset des Kapitels 4 werden diese Varianten einschliesslich einer Diskussion der Vor- und Nachteile vorgestellt.

2.6.2   Grundlagen zu Datenerhebungsmethoden

Für die Entwicklung von Datenerhebungsinstrumenten (also konkreten Hilfsmitteln für die Datenerhebung, wie z.B. Fragebogen) sind Grundkenntnisse über die Haupt-methoden der Datenerhebung wichtig. Im Folgenden werden die wichtigsten Daten-erhebungsmethoden in Grundzügen und angepasst an die Erfordernisse der Selbst-evaluation in der Lehre vorgestellt (für eine allgemeine Darstellung vgl. Bortz/Döring, 2006; Hussy/Schreier/Echterhoff, 2010; Kromrey, 2006):

- Erfassung vorhandener Erzeugnisse und Verhaltensspuren
- Beobachtung
- Befragung

Erfassung vorhandener Erzeugnisse und Verhaltensspuren: Generell sollte – bevor die Generierung neuer Daten erwogen wird – überlegt werden, inwiefern in der Ver-gangenheit bereits Objekte erzeugt oder Spuren hinterlassen wurden, bei denen Da-ten erhoben werden können. Erzeugnisse sind Resultate intentionalen Handelns, z.B. in Lehre und Studium Hergestelltes wie Unterrichtsmaterial, Klausuren oder Portfo-lios (gegliederte Sammlungen von Erzeugnissen) Lehrender oder Lernender. Auch bereits vorliegende Selbstberichte oder Berichte aus Inhouse-, Peer- oder Fremdeva-luation können zur Datenerhebung genutzt werden. Spuren entstehen als meist unab-sichtliche und evtl. unbemerkte Nebenfolge, wie z.B. vorschriftswidrig entsorgtes Labormaterial, Browserchroniken oder Gebrauchsmerkmale in und an Bibliotheks-büchern.

Einige Beispiele für die Datenerhebung bei Erzeugnissen und Spuren: (1) Bei Selbstevaluationen der Lehre ist es denkbar, schriftliche Leistungstests, Hausarbei-ten oder Prüfungsprotokolle auszuwerten, um zu beantworten, in welchem Ausmass die Studierenden ein bestimmtes Lernziel erreicht haben. (2) Ein schriftliches Kon-zept zusammen mit den Unterrichtsmaterialien für eine Vorlesung kann daraufhin analysiert werden, inwiefern Lernziele, Lehrintervention, Inhalt/Stoff und Leis-tungskontrolle aufeinander abgestimmt sind (Konzeptevaluation). (3) Die Beiträge in einem Online-Forum der elektronischen Lernplattform können ausgewertet wer-den, um Kompetenzlücken (Bedarfsanalyse) zu bestimmen oder (4) um das Ausmass der Beteiligung der Studierenden an den Diskussionen (selbstgesteuertes Lernen) zu erheben. (5) Die bereits vorliegenden Ergebnisse aus den Standard-Befragungen zur Lehrveranstaltungsevaluation können Hinweise darauf geben, welche Aspekte der Vorlesung die Teilnehmenden als verbesserungsbedürftig ansehen – dies muss nicht eigens mit einer neuen Befragung erhoben werden (vgl. Diskussion von Fall 5 im Kapitel 3.5).

Je nach Fragestellung und je nach Art der vorliegenden Daten und Materialien bieten sich unterschiedliche Auswertungsmethoden an. Während die Beispiele (1) bis (3) zunächst eine qualitative Inhaltsanalyse erfordern, reicht es bei den beiden anderen (4) und (5) evtl. aus, die Anzahl der Beiträge zu zählen oder die vorhandenen Befragungsdaten sekundär auszuzählen. Zu qualitativen und quantitativen Auswertungen (auch von per Befragung und Beobachtung gewonnenen Daten) gibt Kapitel 2.7.2 Hinweise.

Beobachtung: Beobachtungsverfahren richten sich auf Verhalten (das bspw. auf bestimmte Fertigkeiten schliessen lässt), auf Mimik, Gestik, Abläufe etc. Beispiele aus dem Bereich der Lehre sind die Interaktion im Unterricht, die Beteiligung der Lernenden in Arbeitsgruppen oder der Umgang mit einer Software. Die Beobachtung als Datenerhebungsmethode unterscheidet sich von der Alltagsbeobachtung dadurch, dass sie zielgerichtet und methodisch kontrolliert ist. Dabei gibt es auch hier eine Bandbreite von der freien, nicht standardisierten Beobachtung, bei der nur der grobe Beobachtungsbereich im Vorhinein feststeht und bei der die Abläufe und relevanten Einzelheiten möglichst umfassend dokumentiert werden, bis zur standardisierten Beobachtung, bei der in einem vorab entwickelten Beobachtungsplan genau festgelegt wird, was beobachtet werden soll und wie dies zu protokollieren ist (Bortz/Döring, 2006). Weitere Unterscheidungsmerkmale der Beobachtung sind:

- Verdeckte/offene Beobachtung: Ist die beobachtende Person als solche erkennbar oder erfolgt die Beobachtung nicht transparent?
- Teilnehmende/nicht-teilnehmende Beobachtung: Ist die beobachtende Person Teil der zu beobachtenden Situation oder befindet sie sich ausserhalb der Beobachtungssituation?
- Beobachtung in natürlichen/in künstlichen Situationen: Wurde die zu beobachtende Situation gezielt arrangiert („Laborsituation") oder wird eine ‚natürlich' stattfindende Gegebenheit zum Gegenstand der Betrachtung (z.B. Pausengespräch)?

Beobachtungen erfordern Übung, Sorgfalt und handhabbare Beobachtungspläne. Sie stellen eine gute Methode dar, um verbale und nonverbale Interaktionen zu untersuchen, sind jedoch in Planung und Durchführung eher anforderungsreich und aufwändig. Ein einfacher Beobachtungsbogen für eine standardisierte Beobachtung einer Plenumssitzung (Beispiel in Abb. 8) stellt bereits hohe Anforderung an die Konzentrationsfähigkeit der Beobachtenden. Soll beispielsweise zusätzlich erfasst werden, welche emotionale Ladung die Kommunikation hat (stark/leicht abwehrend – neutral – leicht/stark akzeptierend), muss der Beobachtungsbogen erweitert werden. Mittels Beispielen für die jeweiligen Verhaltensweisen muss im Voraus spezifiziert werden, was unter den jeweiligen Beobachtungskategorien und ihren Ausprägungen zu verstehen ist, so dass für die Beobachtenden möglichst wenig Interpretationsspielraum besteht (Bortz/Döring, 2006, S. 262-277; Faßnacht, 1995; Greve/Wentura/ Gräser, 1997).

Form der Kommunikation, die in der Plenumssitzung stattfindet, zu jeder dritten vollen Minute beobachtet:
- alle schweigen
- Moderator-/in spricht mit Referent/in
- Referent/in spricht zur Moderator-/in
- Moderator-/in spricht zum Publikum
- Moderator-/in spricht zu einem bestimmten Teilnehmer
- Referent/in spricht zum Publikum/einem bestimmten Teilnehmer
- Teilnehmende sprechen zum/zur Moderator-/in
- Teilnehmende sprechen zum/zur Referenten/Referentin
- ein Teilnehmer spricht zum Publikum/einem bestimmten Teilnehmer
- es sprechen mehrere Personen gleichzeitig, und zwar …
- Sonstige Kommunikationssituation (z.B.: Hausmeister kommt herein und spricht)

Abb. 8:   Beobachtungsbogen für eine Plenumssitzung

Quelle: (Beywl/Schepp-Winter, 2000, S. 46).

Befragung: Die Befragung ist die am weitesten verbreitete Erhebungsmethode. Sie ist geeignet, Meinungen und Einstellungen, aber auch Wissen oder Motive für ein bestimmtes Verhalten zu erfassen. Man unterscheidet zwischen mündlicher Befragung (Interview) und schriftlicher Befragung. Eine mündliche Befragung kann mit mehreren Personen (Gruppeninterview) oder mit einer einzelnen Person (Einzelinterview) durchgeführt werden und mehr oder weniger strukturiert und standardisiert sein. „Strukturiert" bedeutet, dass sich der Interviewer genau an die Reihenfolge der Fragen im Interviewleitfaden hält. Standardisierung bedeutet, dass darüber hinaus jede Frage identisch wortgetreu gestellt werden muss, samt Antwortanweisungen und Interviewerreaktionen auf eventuelle Rückfragen der Befragten. Die schriftliche Befragung kann ‚mit Papier und Bleistift' oder mit Online-Befragungssystemen durchgeführt werden und mehr oder weniger geschlossen sein (siehe unten: offene und geschlossene Fragen). Für die Selbstevaluation der Lehre sind verschiedene Va-

rianten und Mischformen aus schriftlicher und mündlicher, mehr oder weniger struk-
turierter bzw. standardisierter Einzel- und Gruppenbefragung möglich (siehe die im
Kapitel 4 vorgestellten Instrumente).

Schriftliche Befragungen mittels Fragebogen ermöglichen mit relativ wenig Aufwand die Befragung einer grossen Gruppe von Personen und stellen, wenn sie gut
konzipiert sind, gültiges und zuverlässiges Datenmaterial für die Evaluation bereit.

Die verschiedenen Erhebungsmethoden haben unterschiedliche Vor- und Nachteile.
So können Daten, die in direkter Interaktion mit den Datengebenden gewonnen werden, mehr oder weniger durch diese Interaktionssituation beeinflusst sein. Bspw.
können befragte oder beobachtete Personen auf die (vermuteten/unterstellten) Absichten des Fragenden oder des Beobachtenden reagieren und ihre Antworten oder
ihr Verhalten danach ausrichten. Diese Methoden nennt man daher „reaktiv". Die
Erfassung vorhandener Erzeugnisse und Verhaltensspuren weist diesen Nachteil na-
turgemäss nicht auf, man bezeichnet sie daher auch als „non-reaktiv".

Je nach „Gegenstandselement" eignet sich eine der Hauptmethoden besser als
eine andere. Gegebenenfalls ist daher zu prüfen, ob mehrere Methoden eingesetzt
werden können um die jeweiligen Vorteile und Potenziale der Methoden zu nutzen
und die Nachteile auszugleichen (Tab. 2). Mit einer bestimmten Methode können
immer nur bestimmte Aspekte eines Sachverhalts erfasst werden. Wenn es bspw. um
die Analyse von Kompetenzen geht, zu denen deklarative Faktenkenntnisse genauso
gehören wie motorische Fertigkeiten, wäre bspw. ein schriftlicher Test (als Variante
der Befragung) nicht geeignet, die gesamte Bandbreite der Kompetenzen zu erfassen. Die Lernenden könnten zusätzlich zur Befragung bei der Bewältigung einer
konkreten Aufgabe beobachtet werden.

Tab. 2:   Methodenwahl je nach Gegenstandselement

Methode	Element von Lehre und Studium		
	Lehrhandeln	Lernhandeln	Lernresultate
Erfassung H&V[0]	o	+	++
Beobachtung	++	++	+[1]
Befragung	+	o	+[2]

Skala: ++ zuerst prüfen, + zweitrangig, o drittrangig

[0] H&V = Handlungserzeugnisse und Verhaltensspuren

[1] motorische Fähigkeiten

[2] intellektuelle Fähigkeiten und kognitive Strategien (z.B. mittels Tests); affektive Haltungen/Einstellun-
gen (Interview, Gruppeninterview)

In jedem Falle leitet sich die Entscheidung für eine bestimmte Datenerhebungsmethode aus der Fragestellung ab, die mit der Evaluation beantwortet werden soll (vgl. auch Abb. 7). D.h. man muss klären: Welche Methode liefert welche Daten, die – wenn sie ausgewertet werden – die Evaluationsfragestellung beantworten können?

Eine a-priori-Festlegung auf eine Methode ist nicht sinnvoll und in ‚wirklichen Evaluationen', die von Zwecken und Fragestellungen her gesteuert werden, auch nicht zulässig (Stufflebeam/Shinkfield, 2007).

2.6.3   Entwicklung von Datenerhebungsinstrumenten

Hat man sich für eine Datenerhebungsmethode entschieden, so geht es als nächstes an die Entwicklung eines konkreten Datenerhebungsinstruments. Bei der schriftlichen Befragung ist dies ein Fragebogen (oder ein Test, der hier zu den Befragungsinstrumenten zählt), bei der mündlichen Befragung ein Interviewleitfaden und bei der Beobachtung in der Regel ein Beobachtungsbogen. Für die Erfassung vorhandener Erzeugnisse und Verhaltensspuren ist kein Erhebungsinstrument im engeren Sinne notwendig, da die Daten ja bereits vorliegen.

In der Regel muss für jede Selbstevaluation ein eigenes, passendes Erhebungsinstrument entwickelt werden, um der jeweiligen Evaluationsfragestellung gerecht zu werden. Dies sei am Beispiel einer der gegen Ende des Kapitels 2.5 aufgeführten Evaluationsfragestellungen erläutert (weitere Hinweise, speziell für Instrumente der Befragung, finden sich im SPECIAL #1#):

Für die Fragestellung „In welchem Umfang hat die Dozentin den Informierenden Unterrichtseinstieg (IU) nach dem vorgegebenen Muster umgesetzt?" ist als eine der möglichen Datenerhebungsmethoden die Beobachtung durch eine Kollegin/einen Kollegen identifiziert worden (vgl. das Beispiel 1 gegen Ende des Kapitels 2.5 zu den Evaluationsfragestellungen: Eine Person, die mit Zielsetzung und Ablauf eines IU vertraut ist, protokolliert auf einem vorbereiteten Beobachtungsbogen die jeweils relevanten Verhaltensweisen der Dozentin).

Wie wird dieses Instrument entwickelt? Da im Zusammenhang mit der Fragestellung bereits drei Kriterien für einen gelungenen IU formuliert sind, kann die Entwicklung des Instrumentes daran anschliessen:

Als Kriterien gelten, ob die für das Gelingen des IU (a) relevanten Elemente erkennbar waren, sie (b) im Ablauf die Rezeption unterstützend angeordnet waren und (c) ob sie von der Formulierung her klar waren. Der Beobachtungsbogen muss zu diesen drei Kriteriendimensionen mindestens je einen Indikator enthalten, der leicht beobachtbar ist und darauf hinweist, in welchem Masse das jeweilige Kriterium erfüllt ist. Nachfolgend einige Vorschläge:

(a) Auf einer Liste aller erforderlichen Elemente diejenigen ankreuzen, welche vorkommen.

(b) Ankreuzen, ob der Standardablauf (zuerst Überblick, dann Lernziele, dann Inhalte, dann didaktische Methoden; am Schluss Nachfrage nach Verständnisproblemen) (b1) eingehalten ist und (b2) ob für die einzelnen Elemente angemessen/zu wenig/zu viel Zeit aufgewandt wurde (Zeitvorgaben können vorab gesetzt werden).

(c) Ankreuzen (c1) bei wie vielen der fünf Hauptelemente des IU die Dozentin auf das Visualisierungsmedium hingewiesen hat, (c2) wie viele Sätze sie mit mehr als 20 Wörtern ohne Punkt gesprochen hat (je länger desto unklarer).

An diesen Vorschlägen für Operationalisierungen wird deutlich, dass die Indikatoren (a) bis (c2) lediglich einen Ausschnitt z.B. des Kriteriums „Klarheit der Formulierung" abdecken. Eine vollständige Abdeckung ist wegen der begrenzten Ressourcen in der Selbstevaluation nicht möglich. Wie die wenigen beobachtbaren Indikatoren gewählt werden, hängt zentral von der Knacknuss und den Lehrzielen ab. Das Beispiel verdeutlicht den Grundsatz, dass jede Selbstevaluation einzigartig ist und daher auch eigene, massgeschneiderte Instrumente erfordert.

Ein Vorteil dieses skizzierten Instrumentes für die Selbstevaluation des IU liegt in der Fremdbeobachtung, die zu vergleichsweise zuverlässigen Daten führt, da sich die Beobachterin auf diese Aufgabe konzentrieren kann. Ein offensichtlicher Nachteil liegt im Aufwand: Zumindest die ersten fünf bis zehn Minuten ist eine zweite Person erforderlich, welche die Beobachtung durchführt. Eventuell könnte die Dozentin eine Audio- oder Videoaufzeichnung vornehmen und später auswerten (ebenfalls recht aufwändig). In machen Settings mag es möglich sein, diese Aufgabe an Studierende zu übergeben und damit Ressourcen zu sparen und vielleicht sogar noch einen Lerneffekt bei den Beobachtenden auszulösen. Ob eine studentische Beobachtung sinnvoll und möglich, d.h. auch wenig störend ist, hängt vom jeweiligen Setting ab. Sollte sie aber realisierbar sein, ist ein konviviales Erhebungsinstrument gefunden, von denen im Kapitel 4 einige Prototypen vorgestellt werden.

Auch ad-hoc entwickelte oder unreflektiert übernommene Instrumente sind problematisch: Wenn vorher nicht eine klare Fragestellung formuliert wurde, ist die Gefahr gross, dass Daten produziert werden, die nicht nützlich für die Verbesserung der eigenen Lehre sind. Dagegen darf man sich bei der Instrumentenentwicklung von vorliegenden Instrumenten inspirieren lassen bzw. prüfen, ob sich standardmässig eingesetzte Instrumente – oder Teile von ihnen – für die Beantwortung der eigenen Fragestellung nutzen lassen. In der Inhouse-Evaluation der Lehre werden oft Standard-Instrumente angewendet, wie z.B. die Lehrevaluationsbogen von Rindermann (2001) Staufenbiel (2000) oder Braun (2007). Von Vorteil an diesen Instrumenten ist, dass sie in der Regel nach testtheoretischen Kriterien entwickelt und geprüft sind und auf pädagogischen Theorien und Konzepten über ‚gute Lehre' basieren. Durch ihren flächendeckenden Einsatz ermöglichen sie den Leitenden der Bildungsorganisation einen Quervergleich über Fächer, Veranstaltungen und über die Zeit. Die Verantwortlichen versprechen sich davon, kritische Abweichungen zu identifizieren und gezielt im Sinne der Qualitätssicherung einzugreifen (vgl. als Überblick Ernst, 2008).

Lehrpersonen empfinden gegenüber diesen ‚fremdgesteuerten' Lehrevaluationen vielfach Ambivalenzen: Einerseits sehen sie darin vielleicht eine Möglichkeit, gegenüber den autorisierten Stellen Rechenschaft über die Qualität der eigenen Lehre abzulegen. Andererseits sehen sie in den zentral gesteuerten Verfahren eventuell eine illegitime Beschneidung der Freiheit der Lehre, da standardisierte Instrumente den spezifischen Bedingungen und Herausforderungen ihren Faches, ihrer Zielgruppe usw. nicht gerecht werden könnten. Damit diese zentral gesteuerten standardisierten Lehrevaluationen zur Verbesserung der eigenen Lehre beitragen können, müssen sie auf Schwachstellen und Knacknüsse hinweisen. Dafür müssen sie jeweils mit lehrveranstaltungsspezifischen Fragen ergänzt werden. Die Kombination eigener Fragen mit Standard-Fragebogen kann ressourcensparend sein: Die Teilnehmenden müssen nicht mehrere Fragebogen (einen aus der Evaluationszentrale, einen vom Dozenten) ausfüllen, ihre Teilnahmebereitschaft wird nicht unnötig strapaziert. Die Dozierenden erhalten Datenerhebung und -auswertung als Service.

In jedem Fall müssen vorliegende Instrumente – auch und gerade wenn mit ihnen schon mehrere Male Daten erhoben wurden – vor jedem Einsatz daraufhin geprüft werden, ob sie (noch) auf die aktuellen Fragestellungen passen oder ggf. angepasst und/oder durch andere Methoden/Instrumente ergänzt oder ersetzt werden müssen.

Generell sollen Fragebogen, Tests, Beobachtungbogen und Ähnliches so sparsam konzipiert sein, dass kein „Datenüberschuss" entsteht – also Daten, deren Erhebung und Auswertung Zeit kostet, die aber zur Beantwortung der Fragestellung nicht notwendig sind. Dies gelingt, wenn der Evaluationsgegenstand (vgl. Kapitel 2.2) gut abgegrenzt und die Fragestellung fokussiert ist (vgl. Kapitel 2.5). Durch einen Vortest, dem jedes Instrument vor dem ersten Echteinsatz unterzogen werden soll, kann dieses auf seine Qualität überprüft und ggf. optimiert werden. Das Instrument kann zum Ersten auf Konsistenz und Güte geprüft werden (z.B. Verständlichkeit von Fragen im Fragebogen, Praktikabilität der Beobachtungskategorien). Zum Zweiten können die im Vortest erhobenen Daten probehalber zur Beantwortung der Evaluationsfragestellungen ausgewertet werden. So kann man einschätzen, ob die in der Haupterhebung noch zu erzeugenden Ergebnisse später genutzt werden können. (Zum Vortest von Fragebogen siehe Tab. 13.) Ein Vortest ermöglicht ausserdem, den

Aufwand für die Erhebung, Dokumentation und Auswertung der erhobenen Daten zu überschlagen. Eine frühe grobe Schätzung (inkl. Aufwand für Erstellung des Instruments) lässt erkennen, ob die Untersuchung im Rahmen der gegebenen Ressourcen sicher abgeschlossen werden kann.

Tab. 3:   Aufwand für Befragungsuntermethoden im Vergleich

Untermethoden	Wenig Aufwand für…						
	Erstellung des Instruments	Sicherung Rücklaufquote	Daten-erfassung	Datenaus-wertung	Rücklaufge-schwindig-keit	Flexibili-tät	Anzahl Teil-nehmende, ca.
Punktekleben auf Plakat	++	+[1]	++[2]	++	++	++	bis 40
Papier, Stift im Kurs	+	++	--	-	+	+	bis 80
Spezialpapier, Stift im Kurs, Scanner	--[3]	++	+	-	+	-	200–1000
Fragebogendatei per E-Mail	+	+	-	-	-	-	bis 200
Personalisiertes Online-Verfahren	--	+[4]	++	++	-[4]	+/-[5]	bis x Tau-send
Anonymisiertes Online-Verfahren	-	-	++	++	--[4]	+/-[5]	bis ∞

Skala: ++ günstig, + eher günstig, - eher ungünstig, -- ungünstig

[1] Es ist keine Dateneingabe erforderlich (für Dokumentation reicht ein Foto des Plakats).

[2] Wenn die Anonymität aufgehoben ist, werden evtl. nicht alle Personen teilnehmen. Evtl. verdeckt punkten lassen (vgl. Kapitel 4.5).

[3] Scanvorlage muss erstellt werden. Aufwand lohnt sich erst ab einer grossen Anzahl von Fragebogen; zahlt sich bei der Datenerfassung aus.

[4] Die persönliche Ansprache bei personalisieren Verfahren trägt in der Regel dazu bei, dass die Befragten in höherem Umfang und schneller teilnehmen als bei anonymisierten Verfahren.

[5] Je nach verwendetem System; professionelle Online-Software erlaubt Änderungen an Fragebogen während der laufenden Erhebung.

Für Befragungen kann der Erhebungs- und Auswertungsaufwand – je nach Untermethode und konkreter Ausgestaltung des Befragungsinstrumentes – sehr unterschiedlich sein. Tab. 3 enthält Hinweise zur Höhe des Aufwands für die Instrumentenerstellung, zur Sicherung einer hohen Rücklaufquote sowie zur Dateneingabe und -auswertung bei verschiedenen Untermethoden. Ausserdem ist ersichtlich, wie günstig die jeweilige Befragungsuntermethode in Bezug auf Rücklaufgeschwindigkeit und Flexibilität (Anpassbarkeit des Instruments während der Datenerhebung) ist. Schliesslich ist angegeben, ab wie viel und bis wie viel zu befragenden Personen die jeweilige Befragungsuntermethode geeignet ist. Ein Lesebeispiel: Ein Fragebogen, der mit Stift und Papier vor Ort in der Lehrveranstaltung ausgefüllt wird, verursacht wenig Erstellungsaufwand. Er hat eine gewisse Flexibilität, weil bei Bedarf eine Frage erläutert oder gestrichen werden könnte. Die Sicherung des Rücklaufs ist wenig aufwändig und die Rücklaufgeschwindigkeit gut. Allerdings müssen die Antworten in geeigneter Weise erfasst (z.B. mit einem Textverarbeitungs- oder Tabellenkalkulationsprogramm) und dann ausgewertet werden, so dass hierfür ein gewisser Aufwand entsteht. Damit eignet sich dieses Verfahren für grosse Gruppen (z.B. Teilnehmende von Massenvorlesungen) weniger.

Zum Abschluss dieses Kapitels wird im folgenden SPECIAL #1# detailliert auf die Konstruktion von Fragebogen und Formulierung von Fragen eingegangen.

SPECIAL #1#   Entwicklung von Fragebogen

Unter einem Fragebogen wird eine Sequenz schriftlich vorliegender Fragen (ggf. mit vorangestellter Einleitung sowie Ausfüllanweisungen) verstanden, die den Befragten auf Papier oder – wenn alle Beteiligten den Umgang damit gewöhnt sind bzw. in kurzer Zeit lernen können – per webbasiertem Umfragesystem zur Beantwortung vorgelegt werden.

Zur Konstruktion von Fragebogen gibt es eine Reihe von Standardwerken (Bortz/Döring, 2006, S. 252-262; Kromrey, 2006, S. 358-395; Porst, 2008). Die nachfolgende Darstellung weicht von diesen Standardwerken in einigen Punkten ab, da sie auf die besonderen Erfordernisse der Selbstevaluation zugeschnitten ist (vgl. auch die Informationen zur Fragebogenkonstruktion in Beywl und Schepp-Winter, 2000). (1) Zunächst wird dargestellt, wie ein Fragebogen für die Selbstevaluation inhaltlich aufgebaut und gestaltet werden soll. (2) Anschliessend wird auf die beiden Grundformen der Frage – offen und geschlossen – sowie Variationen der geschlossenen Frage und Herausforderungen bei den Antwortvorgaben eingegangen. Es folgen (3) Hinweise zur Frageformulierung. Den Schluss bildet (4) eine kurze Checkliste für den Vortest, der vor jedem Ersteinsatz eines Fragebogens (wie auch anderer Instrumente) erfolgen sollte.

(1) Aufbau und Gestaltung von Fragebogen

Der *Inhalt des Fragebogens* ergibt sich aus den ausformulierten Evaluationsfragestellungen. In aller Regel behandelt ein Selbstevaluationsfragebogen zur Lehre ausschliesslich solche Themen, die in einem offensichtlichen, für die Studierenden nachvollziehbaren Bezug zur Lehrveranstaltung stehen, sodass die gestellten Fragen für alle Beteiligten „augenscheinliche Gültigkeit" haben. Solche Themen sind z.B. Lernziele, Vorwissen der Studierenden, didaktisches Handeln der Dozierenden, Unterrichtsmethoden, Unterrichtsmaterialien, Klima in der Lerngruppe, Lernprozess oder (selbsteingeschätzte) Lernresultate.

Hingegen gehören Angaben zu Geschlecht, angestrebtem Studienabschluss, Semesteranzahl etc. ausschliesslich dann in einen Fragebogen, wenn im didaktischen Konzept explizit darauf Bezug genommen wird oder diese Merkmale auf eine andere Art relevant für die Lehrveranstaltung oder die Interpretation der Ergebnisse sind. Solche „Angaben zur Person" sollten nicht standardmässig erhoben werden, sondern ausschliesslich dann, wenn Annahmen über Zusammenhänge in Bezug auf die erwarteten Evaluationsergebnisse bestehen. Ein Beispiel ist, dass man zwei Subgruppen bei den Teilnehmenden vermutet, in denen ein sehr unterschiedliches Studierverhalten und/oder stark unterschiedlich ausgeprägte Lernresultate vorliegen.

Nachfolgend wird als Beispiel für einen Fragebogen (Abb. 9) der Kurs-Feedbackbogen des Zentrums für universitäre Weiterbildung (ZUW) vorgestellt und erläutert. Dabei werden zentrale Begriffe der Selbstevaluation angesprochen. Die Darstellung kann also auch als Rekapitulation des bis hierhin Gelernten gelesen werden.

Universität Bern – Zentrum für universitäre Weiterbildung

(Vor- und Nachname – Angabe freigestellt)

Feedbackbogen zum Kurs «[Titel einfügen]»

Zu den Themen A, B, C11 & E erbitten wir Ihre bilanzierende Bewertung zum Kurs als Ganzes. Auch bei starken Differenzen bzgl. Dozierenden machen Sie bitte nur 1 ☒ pro Zeile; erläutern Sie bitte eventuelle Differenzen bei D bzw. auf der Rückseite mit Angabe der Fragenummer. Vielen Dank!

A Ziele, Inhalte, Lernarrangement	stimmt voll und ganz	stimmt	stimmt eher	stimmt eher nicht	stimmt gar nicht
1. Der Kurs verfolgt die in der Ausschreibung formulierten Ziele. (s. Rückseite)	☐	☐	☐	☐	☐
2. Meine thematischen Anliegen werden durch den Kurs bearbeitet.	☐	☐	☐	☐	☐
3. Die Strukturierung des Kurses unterstützt mein Lernen.	☐	☐	☐	☐	☐
4. Die ausgeteilten Kursunterlagen entsprechen meinen Anforderungen.	☐	☐	☐	☐	☐
5. Übungen/Gruppenarbeiten sind gut vorbereitet, angeleitet und ausgewertet.	☐	☐	☐	☐	☐
6. Es wird mir ermöglicht, mich aktiv zu beteiligen.	☐	☐	☐	☐	☐

B Wissenszuwachs und Stoffmenge	sehr gross	gross	eher gross	eher gering	(sehr) gering
7. Wie gross waren Ihre Vorkenntnisse zu den Inhalten dieses Kurses (bevor Sie die Vorbereitungsmaterialien bearbeitet haben)?	☐	☐	☐	☐	☐
8. Wie gross ist Ihr Zuwachs an theoretischem Wissen über Evaluation?	☐	☐	☐	☐	☐
9. Wie gross ist Ihr Zuwachs an Handlungswissen für praktische Evaluation?	☐	☐	☐	☐	☐

	zu gering	etwas zu gering	genau richtig	etwas zu gross	(viel) zu gross
10. Wie beurteilen Sie die Stoffmenge dieses Kurses?	☐	☐	☐	☐	☐

C Zufriedenheit mit Service und Dozierenden Wie zufrieden sind Sie mit …	sehr zu-frieden	zufrieden	eher zu-frieden	eher un-zufrieden	(sehr) un-zufrieden
11. …Administration, Organisation und Service durch das ZUW?	☐	☐	☐	☐	☐
12. …der Kursleitung von [Name einfügen]?	☐	☐	☐	☐	☐
13. …der Kursleitung von [Name einfügen]?	☐	☐	☐	☐	☐

D Stärken und Verbesserungshinweise (bitte in Blockschrift schreiben – vielen Dank!)

14. Was fanden Sie an diesem Kurs besonders gut?

15. Welche Verbesserungen wünschen Sie sich für diesen Kurs?

16. Weitere Anmerkungen zum Kurs und Anregungen an die Studienleitung:

E Gesamturteil

17. Würden Sie diesen Kurs weiter empfehlen? ☐ ja ☐ mit Vorbehalt* ☐ nein*

             Bitte auf der Rückseite erläutern.

Abb. 9: Beispiel für einen Kurs-Fragebogen

Seit 2006 setzt das Zentrum für universitäre Weiterbildung (ZUW) der Universität Bern den Kurs-Fragebogen ein (mehr zum Kontext in Beywl, 2007). Vorrangiger Evaluationszweck ist die Verbesserung der einzelnen Kurse sowie des Studiengangs insgesamt. Folgende Fragestellungen werden auf Basis der Datenquelle „Teilnehmende" bearbeitet:

- Für wie zielgerichtet, inhaltlich bedarfsgerecht und lernförderlich halten diese die didaktische Kursgestaltung?
- Wie schätzen sie den auf Theorie und Praxis gerichteten Lernzuwachs ein?
- Wie zufrieden sind sie mit dem Kurs insgesamt, mit dem Service des ZUW sowie mit den Dozierenden?
- Welche Stärken und Verbesserungsnotwendigkeiten sehen sie?

Für die Studienleitung, die den jeweiligen Kurs als Ganzes verantwortet, fungiert der Bogen als Datenerhebungsinstrument in der Selbstevaluation. Für die Referentinnen und Referenten – zumal wenn sie von ausserhalb des ZUW kommen – handelt es sich um eine Fremdevaluation mit Überschneidung zur Personenevaluation.

Bei der Operationalisierung der Fragestellungen mittels geschlossener Ratingfragen gab das damalige Leitbild des ZUW Hinweise. Das Leitbild fordert von Weiterbildungsangeboten u.a. das Anknüpfen an die Lernausgangslage, die Vorbereitung auf neue berufliche Aufgaben und die Vermittlung von Orientierungs- sowie von Handlungswissen; ausserdem die Gewährleistung von Servicequalität.

Der auf eine Druckseite beschränkte Fragebogen wurde mit Hilfe von Absolventinnen und Absolventen früherer Studiengänge ausführlich vorgetestet.

Er enthält elf fünffach abgestufte Ratingfragen, die sich auf den Kurs als ganzen beziehen. Unter Rating wird dabei die Abgabe von Einschätzungen (engl. Rating) durch eine zahlenmässig beschränkte Personengruppe zu einem bestimmten Aspekt eines Evaluationsgegenstandes oder einer Empfehlung verstanden. Die Antwortskala ist bewusst asymmetrisch, um eine grössere Streuung auf der positiven Seite zu erreichen. Dies generiert auch bei den meist gut bewerteten Kursen Hinweise auf Aspekte mit Verbesserungsbedarf. (Die Nutzbarkeit des Bogens für die Rechenschaftslegung ist damit einschränkt.)

Zwei Fragen fallen aus dem Muster der übrigen Ratingskalen: Frage 7 richtet sich auf die Lernausgangslage der Studierenden (also nicht auf einen unmittelbaren Kursbestandteil) und stützt die Interpretation der Ergebnisse zu Fragen 8 und 9. Frage 10 hat ihren Optimalwert ausnahmsweise nicht links, sondern in der Mitte und ermöglicht Schlussfolgerungen für die Stoffplanung.

Die Frage nach der Bereitschaft, den Kurs weiterzuempfehlen (drei Antwortvorgaben) ist ein Indikator für die Gesamtzufriedenheit.

Schliesslich wird für den Fall von mehr als einer Kursleitung für jeden Dozierenden ein fünffach abgestuftes Zufriedenheitsurteil eingeholt. Diese Differenzierungsmöglichkeit ad personam erleichtert es den Befragten, für die anderen Ratingfragen das erbetene, über alle Kursteile bilanzierende Urteil abzugeben.

Hinzu kommen für jeden Kurs drei offene Fragen: „Was fanden Sie an diesem Kurs besonders gut?", „Welche Verbesserungen wünschen Sie für diesen Kurs?" sowie „Weitere Anmerkungen zum Kurs und Anregungen an die Studienleitung". Hier können die Teilnehmenden auch Anmerkungen zu besonderen Stärken oder Verbesserungsnotwendigkeiten zu einzelnen Lehrpersonen machen. Für die formative Evaluation und die damit angestrebte Weiterentwicklung von Kurs und Studiengang sind die Antworten auf die offenen Fragen am bedeutsamsten.

Schliesslich können – neben diesen standardmässig eingesetzten geschlossenen und offenen Fragen – je nach Studienverlauf auf den je spezifischen Kurs zugeschnittene Fragen eingefügt werden, um anstehende Feinabstimmungen für die laufende Planung des Studiengangs vorzunehmen.

Aus Platzgründen wird darauf verzichtet, Einschätzungsfragen mit Fragen nach der Wichtigkeit des jeweiligen Aspektes zu kombinieren. Eine Kombination der Elemente „Bewertung" und „Beurteilung der Wichtigkeit" eines Gegenstandes ergibt deutliche Hinweise, welche Elemente als erstes optimiert werden sollen. Wenn z.B. ein Unterrichtselement von vielen Studierenden negativ eingeschätzt wird, es ihnen aber gar nicht wichtig ist, liegt hier evtl. kein vorrangiger Verbesserungsbedarf vor. (Im Rahmen von Inhouse-Evaluationen sollten diese Kombinationen erwogen werden (vgl. als Beispiel Beywl/Bestvater/Müller, 2011)).

Die einzelnen Fragen sind seit Anfang 2006 überwiegend stabil. Allerdings wurden einzelne kleine Änderungen sowohl in den Formulierungen wie in den Antwortvorgaben vorgenommen, da dadurch die Informationsgrundlage für den formativen Zweck verbessert wird. Dieses Instrument lernt wie jedes im Rahmen einer ‚wirklichen Evaluation' über die Zeit (auf Kosten eines denkbaren Zeitvergleichs, der für formative Evaluationen wie hier weniger relevant ist). Eine von Teilnehmenden angeregte Neuerung war, dass die Kursziele auf der Rückseite des Fragebogens abgedruckt werden, sodass diese beim Beantworten der Ratingfrage 1 nachgeschlagen werden können.

Neben dem Inhalt des Fragebogens soll die *Abfolge der Fragen* schlüssig sein und eine schnelle und flüssige Beantwortung sicherstellen. Ein Fragebogen, der über eine halbe Seite oder ein Dutzend Fragen hinausgeht, sollte durch Zwischenüberschriften gegliedert sein. Die thematische Gliederung kann sich an den Fragestellungen orientieren.

In der Regel ist in der Selbstevaluation keine Einleitungs- oder Aufwärmfrage erforderlich, sondern es werden sofort inhaltliche, aus den Evaluationsfragestellungen abgeleitete Fragen gestellt. Die erste oder die ersten Fragen sollten leicht beantwortbar sein. Dafür eignen sich besonders geschlossene Fragen mit Einfachauswahl („nur eine Antwort ankreuzen"). Im Fortschreiten können dann geschlossene Fragen mit Mehrfachauswahl und offene Fragen gestellt werden (siehe auch Tab. 7).

,Unangenehme' Fragen, die z.B. einen kritischen Blick auf das Verhalten der Studierenden werfen (könnten), sollten erst im hinteren Teil des Fragebogens gestellt werden. Ein Beispiel wäre die Frage danach, ob die Vorbereitungsliteratur gelesen wurde und falls nicht, welche Gründe dafür vorliegen. An solchen Stellen könnte es ansonsten frühzeitig zum Abbruch des Fragebogens kommen, zum anderen können solche Fragen spätere Fragen überstrahlen. Solche möglichen „Halo-Effekte" sind bezüglich der Anordnung aller Fragen zu bedenken.

Umfang und Ausfülldauer des Fragebogens werden in der Selbstevaluation knapp gehalten (eine oder zwei Seiten). Die vorgesehene Zeit zum Ausfüllen beträgt in der Regel fünf bis höchstens zehn Minuten. Diese kann überschritten werden, wenn auch das Erreichen von Lernzielen überprüft wird (wohlgemerkt um festzustellen, in welchem Masse die eigene Lehrveranstaltung erfolgreich ist, nicht, um Studierende zu benoten). Wird dies nicht ausschliesslich mit Multiple-Choice-Fragen, sondern auch mit Textaufgaben/frei zu formulierenden Lösungstexten angestrebt, kann die Ausfüllzeit auch 20 Minuten oder sogar mehr betragen.

Erläuterungen und Ausfüllanweisungen sollen auf das Nötigste beschränkt sein. Während Fragebogen im Rahmen von Fremdevaluationen oder Forschungsprojekten meist einen Begleitbrief, eine Einleitung und Ausfüllhinweise benötigen, ist dies in der Regel bei einem Fragebogen im Rahmen der Selbstevaluation nicht oder in geringerem Umfang erforderlich: Die Lehrperson kann im Rahmen der Lehrveranstaltung über die Zwecksetzung der Erhebung mündlich Auskunft geben und allfällige Ausfüllhinweise ebenfalls mündlich machen (evtl. unterstützt durch Notizen auf dem Flipchart oder an der Tafel). Falls es sich allerdings um eine Online-Befragung handelt bzw. der Fragebogen nicht in der Präsenz-Situation ausgefüllt werden kann, dann ist auch im Rahmen der Selbstevaluation darauf zu achten, dass die zu Befragenden über alle notwendigen Informationen schriftlich verfügen.

In jedem Fall sollte klar ersichtlich sein, was der Zweck der Befragung ist und welchen Beitrag die Ausfüllenden dazu leisten können. Diese sollten um ihre Mitarbeit gebeten werden und es sollte klargemacht werden, wie die Daten verwendet werden, ob die Auswertung anonym erfolgt, wie ggf. der Datenschutz gewährleistet wird und wie und wann die Ergebnisse zurückgemeldet werden. Falls der Fragebogen nicht selbsterklärend ist müssen die notwendigen Ausfüllhinweise gegeben werden.

Je nach Frage muss eine klare mündliche oder schriftliche Anweisung dazu erfolgen, wie die Frage zu beantworten ist. Beispiele hierfür, passend zu Fragetypen, finden sich in Tab. 4:

Tab. 4:   Antwortmöglichkeiten und Ausfüllanweisung

Fragetyp	Ausfüllanweisung
Dichotome	Kreuzen Sie das Zutreffende an.
/Einfachauswahl-/Rating	Machen Sie bitte ein Kreuz.
Mehrfachauswahl	Sie können eins oder mehrere Kreuze machen.
mit Obergrenze	Machen Sie bis zu 3 Kreuze.
mit Unter- und Obergrenze	Machen Sie bitte mindestens 2, höchstens 4 Kreuze.
Rangfrage	Wählen Sie aus den acht Antwortvorgaben die vier für Sie wichtigsten aus; vergeben Sie die ‚1' für den Punkt, der Ihnen am wichtigsten ist, die ‚2' für den zweitwichtigsten usw.

Wenn die Ausfüllanweisung fehlt ist unklar, ob die Frage mit lediglich einem oder beliebig vielen Kreuzen beantwortet werden darf, wie in folgendem Beispiel:

Tab. 5:   Beispielfrage mit fehlenden Vorgaben.

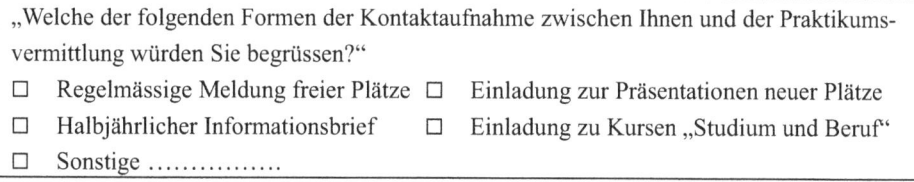

„Welche der folgenden Formen der Kontaktaufnahme zwischen Ihnen und der Praktikumsvermittlung würden Sie begrüssen?"
☐   Regelmässige Meldung freier Plätze   ☐   Einladung zur Präsentationen neuer Plätze
☐   Halbjährlicher Informationsbrief   ☐   Einladung zu Kursen „Studium und Beruf"
☐   Sonstige ....

Die *formale Gestaltung* ist wichtig, steht aber nicht im Vordergrund. Der Fragebogen sollte als zugehörig zur Lehrveranstaltung bzw. Lehreinheit gekennzeichnet und mit dem Namen der/des Lehrenden versehen sein. Selbstverständlich sollen Rechtschreibfehler vermieden werden. Um die Struktur des Fragebogens auf einen Blick zu erfassen, ist eine klarer Aufbau (in der Textverarbeitung am besten mit Tabellen arbeiten) und ein ruhiges Schriftbild erforderlich. Es sollte eine einzige Schrifttype eingesetzt werden. Die Schriftgrösse bei Fragebogen, die auf Papier abgegeben werden, kann bis zu zehn Punkt hinunter gehen (bei Anmerkungen bis zu acht Punkt). Es sollte auf eine gute visuelle Führung geachtet werden, welche die Befragten orientiert, in welcher Reihenfolge der Fragebogen gelesen und ausgefüllt werden soll.

Codierung: Um die Auswertung effizient zu gestalten und um Übertragungsfehler zu vermeiden, wird angeraten, die einzelnen Fragen durchzunummerieren und bei geschlossenen Fragen die Antwortvorgaben mit Codes zu versehen (vgl. als Beispiel Tab. 7).

Am *Schluss* sollte den Studierenden für deren Beteiligung an der Befragung gedankt werden.

(2) Zwei Grundformen der Frage

Die Fragen sind die Sinnträger des Fragebogens. Es sind gesprochene oder geschriebene Äusserungen, die beim Gegenüber eine Antwort zwecks Gewinnung von Informationen auslösen sollen. Sie müssen sorgfältig konzipiert werden, beginnend mit der Auswahl der geeigneten Frageform. Es lassen sich zwei Grundformen der Frage unterscheiden: Können und müssen die Befragten ihre Antworten in eigenen Worten formulieren, spricht man von „offenen" Fragen. Sie bieten keine Antwortvorgaben an. Sind hingegen die Antwortalternativen vorgegeben und durch die Befragten nicht erweiterbar, handelt es sich um „geschlossene" Fragen (Fragen „zum Ankreuzen") (Kromrey, 2006, S. 375-383). Die Befragten können nicht frei antworten.

Ziel einer *offenen Frage* ist, die Gesamtheit möglicher sinnvoller Antworten in ihrer Differenziertheit und Komplexität zu entdecken. Offene Fragen erschliessen explorativ alle möglichen, bei den Befragten vorhandenen Ausprägungen von Antworten (z.B. hinsichtlich Inhaltsdimensionen, Intensitäts-Abstufungen, kulturell-sozialen Färbungen, individuellen Bedeutungsrichtungen, emotionalen Ladungen etc.). Mit Hilfe offener Fragen soll ein Bild der zum aktuellen Zeitpunkt noch weitgehend unbekannten ‚Antwortenlandschaft' entstehen. Dabei können offene Fragen mehr oder weniger gerichtet sein. Ungerichtete Frageformulierungen bieten einen Anreiz, der darauf zielt, dass die Befragten aus einer möglichst breiten Palette inhaltlicher Aspekte selbst entscheiden, zu welchen sie etwas antworten. Gerichtete offene Fragen lenken die Aufmerksamkeit bereits auf einen Ausschnitt möglicher Inhalte (vgl. Kruse, 2008).

Ein Beispiel für eine *ungerichtete offene* Frage im Bereich des selbstgesteuerten Lernens ist:

„Was fällt Ihnen ein, wenn Sie an Situationen denken, in denen Sie allein für sich lernen? Schreiben Sie bitte einige Stichwörter auf."

Auf diese Frage kann alles Mögliche geantwortet werden, Positives wie Negatives, auf die Lernenden bezogen oder auf ihre Umwelt, etwas, was weit in der Vergangenheit liegt bis zu Aktuellstem usw. Die Frage exploriert unbekanntes Terrain, daher wird sie auch „Erschliessungsfrage" genannt.

Hingegen wird der Möglichkeitsraum für Antworten durch eine *offene gerichtete* Frage stark eingegrenzt:

> „Nennen Sie bitte zwei bis vier Ihrer Lernstrategien, die Sie in Ihrem Selbststudium als besonders wichtig zur Erreichung des zentralen Lernziels einschätzen."

Solche offenen gerichteten Fragen, die mit einem transitiven aktiven Verb beginnen (siehe Verbenliste im Anhang 5.5) und die Antwortenden zu einer konkreten verbalen Handlung auffordern, nennt man auch „Impulsfragen". Sie erleichtern das Antworten auch dadurch, dass sie einen Vorschlag für die Anzahl der zu nennenden Aspekte enthalten, z. B.: „zwei bis vier". Dieser Fragetyp eignet sich in der Selbstevaluation sowohl als Lehrintervention als auch für die Datenerhebung.

In der Selbstevaluation kommen gerichtete Fragen öfter vor, da der Praxisstrang mit Zielen und Interventionen klar konturiert und damit vorgeklärt ist, wozu im Untersuchungsstrang spezifisch Daten erhoben werden sollen.

Die Auswertung offener Fragen folgt den Regeln der qualitativen Inhaltsanalyse. Sie bleibt oft in der Nähe der ursprünglichen gesprochenen oder geschriebenen Texte und gibt ein „naturalistisches" Bild von den Äusserungen der Antwortenden wieder. Möglich sind auch quantitative Auswertungen, bspw. wie häufig bestimmte Sachverhalte genannt werden oder wie häufig eine positive oder negative Beurteilung zu einem bestimmten Aspekt formuliert wird (siehe auch Kapitel 2.7.1).

Mit *geschlossenen Fragen* wird ein schneller Überblick darüber möglich, wie die Antworten in der Gruppe der Befragten verteilt sind, d.h. wie viele Personen welche Antwort angekreuzt haben (Häufigkeitsverteilung). Je nach dem, welche Merkmale die Antwortvorgaben aufweisen, können unterschiedliche statistische Berechnungen für die Auswertung vorgenommen werden (siehe Absatz über Skalenniveaus und auch Kapitel 2.7.2).

Damit geschlossene Fragen sinnvoll formuliert werden können, müssen alle möglichen relevanten Antworten spätestens nach Abschluss des Vortests bekannt sein. Beispiele hierfür sind:

> „Geschlecht: ☐ weiblich ☐ männlich"

oder: „Wie oft finden pro Jahr Besprechungen durchschnittlich pro Doktorierender/Doktorierendem statt? (bitte eine Antwort ankreuzen)

> ☐ 6-mal und mehr
> ☐ 3- bis 5-mal
> ☐ 1- oder 2-mal
> ☐ es gibt keine Besprechungen"

Wegen des geringeren Auswertungsaufwandes werden häufig Fragebogen mit geschlossenen Fragen verwendet. Um konkrete Verbesserungshinweise zu erhalten, sollten auf geschlossene Fragen, die nach einer Bewertung bzw. (Un-)Zufriedenheit fragen, offene folgen, die Gründe für schlechte Bewertungen eruieren oder Verbesserungsvorschläge generieren. Dies öffnet die Perspektive und schafft Gelegenheit, dass auch Unerwartetes in den Blick kommt, das für die künftige Lehre oder bei späteren Selbstevaluationen berücksichtigt werden kann.

In Tab. 6 werden die Voraussetzungen zusammengefasst, die gegeben sein müssen, damit geschlossene bzw. offene Fragen zielführend eingesetzt werden können und es wird ersichtlich, welche Konsequenzen die Wahl für Erhebung und Auswertung haben kann.

Tab. 6:   Geschlossene und offene Fragen – Voraussetzungen/Konsequenzen

	Fragentyp					
	geschlossen		gemischt		offen	
Voraussetzungen Bekanntheit der möglichen Antworten	alle möglichen Antworten sind bekannt		fast alle möglichen Antworten sind bekannt	kleiner Teil möglicher Antworten (ibs. wiederkehrende) bekannt	Antworten sind teils bekannt bzw. vorstellbar und zum grösseren Teil unbekannt	ungewiss, was Befragte antworten werden
Beantwortbarkeit der Fragen durch Antwortende	von allen sinnvoll beantwortbar	einige können keine sinnvolle Antwort geben				
führt zu Fragen-Untertyp:	geschlossen mit Antwortvorgaben	plus Zusatzvorgabe „Antwort nicht möglich/sinnvoll"	geschlossen mit Zusatzvorgabe „Sonstiges" und Texteingabefeld	geschlossen plus offene Frage zum gleichen Thema	offen gerichtet (z.B. „Impulsfrage")	offen ungerichtet (z.B. „Erschliessungsfrage")
Konsequenzen Instrument	erfordert strengen Vortest, um Vollständigkeit zu sichern	wenn häufig angekreuzt dann Instrument überarbeiten	Antwortvorgabe „Sonstiges" zwingend, um Unmut bei Antwortenden zu vermeiden	diese Doppelspurigkeit in Erläuterungen offen legen	besonders geeignet, um Verbesserungshinweise zu erhalten	wenn gehäuft eingesetzt, überfordernd; Alternativen Gruppendiskussion/Interview prüfen
Auswertung	sehr schnell auswertbar	schnell auswertbar	nach Zwischenauswertung Umwandlung in geschlossene Frage	hoher Auswertungsaufwand	sehr hoher Auswertungsaufwand	Auswertungsaufwand übersteigt schnell Selbstevaluationsressourcen

Variationen der Antwortvorgaben bei geschlossenen Fragen: Bei der Konstruktion eines Fragebogens mit geschlossenen Fragen müssen Anwortvorgaben entwickelt werden. Dichotome Fragen erfordern zwei alternative Antwortmöglichkeiten (z.B. ja/nein; männlich/weiblich). Bieten Fragen dagegen mehrere Antwortmöglichkeiten, muss überlegt werden, ob nur eine Antwort möglich sein soll (Einfachauswahl-Frage) oder ob eine Mehrfachauswahl zulässig ist. Bei Wissensfragen in einem Test mit vorgegebenen Antwortalternativen (Multiple-Choice-Frage) kann auch eine Mischform gewählt werden („eine oder mehrere Antworten sind richtig"; dies muss in der Ausfüllanweisung entsprechend kommuniziert werden). Tab. 7 zeigt verschiedene Fragetypen und Beispiele.

Je nach „Skalenniveau" (vgl. z.B. Kromrey, 2006, S. 220-223) der Antwortvorgaben sind unterschiedliche statistische Operationen mit den gewonnenen Daten möglich. Nachfolgend eine kurze Übersicht über vier Skalenniveaus (oft werden das dritte und das vierte zusammengefasst):

- Nominalskalen bilden Verschiedenheit bzw. Gleichheit ab, z.B. Geschlecht, Studienfach.
- Ordinalskalen bilden eine Rangordnung ab, ohne das etwas über die Grösse der Differenzen zwischen den Rangplätzen gesagt werden kann, z.B. Rangposition in Bezug auf die Abgabe der Hausarbeit (als Erster, ..., als Letzter).
- Intervallskalen bilden die Grösse der zahlenmässigen Unterschiede zwischen zwei aufeinanderfolgenden Fällen ab, z.B. gleich grosse Abstände. Klassisches Beispiel ist die Celsius-Skala: Der Abstand zwischen 10 und 20 Grad ist gleich dem zwischen 20 und 30 Grad, aber 30 Grad ist nicht dreimal so warm wie 10 Grad. In der Selbstevaluation sind Ratingskalen auf Intervallniveau häufig. Streng genommen dürfte man bei ihnen keine Mittelwerte berechnen – dabei geben diese Anhaltspunkte für die Interpretation und sind insofern nützlich.
- Verhältnisskalen erlauben, aus dem Zahlenverhältnis (z.B. 2:1) auf die Verhältnisse zwischen den Merkmalsträgern zu schliessen. Sie haben einen natürlichen „absoluten" Nullpunkt (z.B. Alter in Lebensstunden oder Bruchteilen von Lebensjahren). Daten dieses Niveaus finden sich selten in der Selbstevaluation.

Ohne an dieser Stelle in die Tiefe zu gehen sei darauf hingewiesen, dass mit den Beispielen 1 bis 3 („Nominalniveau") in Tab. 7 lediglich Häufigkeitsverteilungen erzeugt und bspw. in einem Kreis- oder Balkendiagramm dargestellt werden können („Wie viele Personen haben welche Antwortalternative gewählt?"). Absolut- und Prozentwerte sind zulässig. Es ist unmittelbar ersichtlich, dass es bspw. keinen Sinn machen würde, für die Verteilungen zwischen „ja" (Code=1) und „nein" (=2) oder zwischen „E-Mail" (=1), „Chat" (=2) und „Internet-Telefonie" (=3) z.B. einen Mittelwert zu bilden, denn die Zuordnung der Codes zu den Antwortvorgaben ist völlig willkürlich und könnte auch ganz anders vorgenommen werden. Daten, die mit Ratingfragen gewonnen werden, werden demgegenüber üblicherweise auf „Intervallniveau" verortet. Dies erlaubt bspw. die Berechnung des arithmetischen Mittels (zur Datenauswertung vgl. Kapitel 2.7.2).

Tab. 7:   Typen von geschlossenen Fragen

Fragetyp	Auswahl	Beispiel
1 Dichotome Frage	zwei Vorgaben, Einfachauswahl	Stimmen Sie der Auffassung zu, dass Kopien zu Folienvorträgen immer vor Beginn des Vortrags verteilt werden müssen? $^1\square$ ja $^2\square$ nein
2 Einfachauswahlfrage	mehrere Vorgaben, Einfachauswahl	Wodurch haben Sie von diesem Kurs zuerst erfahren? (bitte nur eine Antwort) $^1\square$ aus dem gedruckten Vorlesungsverzeichnis $^2\square$ aus einem Online-Vorlesungsverzeichnis $^3\square$ durch Plakate/Aushänge $^4\square$ von (ehemaligen) Teilnehmern/-innen $^5\square$ Sonstiges, nämlich: ....
3 Mehrfachauswahlfrage	mehrere Vorgaben, Mehrfachauswahl	Für welche Arten von Kommunikation nutzen Sie Ihren Computer? (mehrere Antworten möglich) $^1\square$ E-Mail $^2\square$ Chat/Twitter etc. $^3\square$ Internet-Telefonie $^4\square$ Sonstiges: ....
4 Rangfrage	Zuordnung eines Ranges zu jedem vorgegebenen Element	Wie interessant fanden Sie die Themen der Tutorenfortbildung? (Geben Sie dem interessantesten Thema die Rangzahl 1, dem zweitinteressantesten die 2 usw. bis 5.) …Umgang mit Konflikten …Rekapitulationen einleiten …Lerngruppen aktivieren …authentische Rückmeldungen geben …Tipps zur Online-Lernplattform
5 Ratingfrage	mehrere Aussagen mit identischer Antwortskala, Einfachauswahl	Treffen die folgenden Aussagen A–F für dich zu oder nicht zu? (ein Kreuz pro Aussage) A In meiner Arbeitsgruppe habe ich mich wohl gefühlt $^1\square$ trifft zu $^2\square$ trifft eher zu $^3\square$ trifft eher nicht zu $^4\square$ trifft nicht zu

Herausforderungen bei Antwortvorgaben

Überschneidungsfreiheit/Trennschärfe: Die vorgegebenen Antwortkategorien dürfen sich inhaltlich nicht überschneiden, sie müssen trennscharf sein und dürfen keine Lücken lassen. Die Antwortabstufungen in folgendem Beispiel ermöglichen Personen, die genau 26 oder 30 Jahre alt sind, keine (eindeutige) Antwort: einerseits gibt es eine Überschneidung zwischen der zweiten und der dritten Antwortvorgabe; andererseits eine Lücke zwischen der dritten und der vierten.

$^1\square$ bis 23 Jahre $^2\square$ 24 bis 26 Jahre $^3\square$ 26 bis 29 Jahre $^4\square$ mehr als 30 Jahre

Folgende Antwortabstufungen erlauben hingegen eine eindeutige Zuordnung:

$^1\square$ unter 23 Jahre $^2\square$ 23 bis unter 27 Jahre

$^3\square$ 27 bis unter 30 Jahre $^4\square$ 30 Jahre und älter

Noch eine Anmerkung zum Skalenniveau: Während sich „Alter in Jahren" (mit möglichen Bruchteilangaben, z.B. 24,34 Jahre) auf metrischem Niveau befindet und damit alle mathematischen Operationen zulässig sind, würde es keinen Sinn machen, aus den vier Codes der Alterskategorien einen Mittelwert zu berechnen (Nominalniveau).

Passgenauigkeit: Wichtigstes Erfordernis ist, dass die Dimension der Antwortvorgaben zur Frage passt. Dazu zunächst ein Negativbeispiel:

„Wie beurteilen Sie den Praxisbezug der Veranstaltung?" (eine Antwort möglich)

$^1\square$ sehr zufrieden $^2\square$ (eher) zufrieden $^3\square$ (eher) unzufrieden $^4\square$ sehr unzufrieden

Hier passen die Vorgaben nicht zur Frage: Auf diese kann man nicht mit „(un)zufrieden" antworten. Wenn es um die Zufriedenheit mit dem Praxisbezug geht, dann sollte die Frage lauten: „Wie zufrieden sind Sie mit dem Praxisbezug der Veranstaltung"? Für diese Frage passen die Antwortvorgaben. Alternativ können die Antwortvorgaben angepasst werden:

$^1\square$ stark $^2\square$ (eher) stark $^3\square$ (eher) schwach $^4\square$ schwach

Tab. 8 gibt weitere Anregungen für den Wortgebrauch in Antwortvorgaben speziell bei Ratingfragen. Formulierungen sollen einfach und einheitlich sein (also z.B. nicht: „sehr schwierig – etwas mühsam – ziemlich klar – kein Problem" sondern: „sehr schwierig – eher schwierig – eher leicht – sehr leicht"). In der Regel soll die Skala symmetrisch sein, d.h. positive und negative Antwortvorgaben sind gleich oft vertreten (siehe aber auch Erläuterungen zum Kursfeedbackbogen in Abb. 9).

Tab. 8:   Anregungen für Antwortdimensionen bei Ratingfragen

Antwortdimension	Mögliche Bezeichnung der Skalenpunkte
Allgemeine Bewertung	sehr gut – gut – eher gut – eher schlecht – schlecht – sehr schlecht
(Un-)Zufriedenheit	sehr zufrieden – zufrieden – teilweise zufrieden – unzufrieden – sehr unzufrieden
Zustimmung/Ablehnung	stimme voll zu – stimme eher zu – stimme teils/teils nicht zu – stimme eher nicht zu – stimme nicht zu
(Un-)Angemessenheit	vollkommen angemessen – überwiegend angemessen – überwiegend unangemessen – vollkommen unangemessen
(Nicht-)Zutreffen	trifft voll zu – trifft eher zu – trifft eher nicht zu – trifft gar nicht zu
Häufigkeit*	immer – sehr häufig – häufig – selten – sehr selten – nie
Intensität	gar nicht – sehr schwach – schwach – stark – sehr stark
Wahrscheinlichkeit	keinesfalls – wahrscheinlich nicht – wahrscheinlich – sicher

*Evtl. können konkrete Häufigkeiten (z.B. 0-1mal in der Woche – 2-3mal in der Woche etc.) vorgegeben werden, denn bei „häufig" oder „selten" bleibt ein grosser Interpretationsspielraum.

Anzahl der Vorgaben auf einer Antwort-Skala: In formativen Selbstevaluationen wird eine gerade Anzahl von Antwortvorgaben bevorzugt, also eine Skala, die keine ‚Mitte' hat. Wenn sich die Befragten klar für eine ‚Seite' entscheiden müssen, dann fällt es leichter, die Prioritäten für die Verbesserung der Lehre zu ermitteln. In der Regel sollen vier Abstufungen vorgegeben werden, manchmal sind sechs angemessen, um einen höheren Differenzierungsgrad zu erreichen (bei kleinen Gruppen unter 40 macht dies jedoch kaum Sinn). Es kann helfen, den Studierenden die Differenzierungsabsicht vor dem Ausfüllen des Fragebogens z.B. mit folgendem Satz mitzuteilen: „Es geht mir darum, klare Hinweise zu erhalten, was ich im nächsten Semester verbessern soll und deshalb ist es mir wichtig, dass Sie unterscheiden und Prioritäten setzen: Was ist aus Ihrer Sicht gut, was ist aus Ihrer Sicht verbesserungsbedürftig?"

Bei einer ungeraden Anzahl von Antwortvorgaben (meist fünf, in Ausnahmefällen sieben oder drei) wird durch die Mittelposition manchmal – je nach Bezeichnung der Skalenpunkte – ein Unentschieden ermöglicht, das teils schwierig zu interpretieren ist. Je nach Evaluationszweck (z.B. für die Rechenschaftslegung) kann aber eine ungerade Anzahl sinnvoll sein (vgl. Diskussion Kursfeedbackbogen in Abb. 9).

Antwort „nicht beantwortbar", „weiss nicht" o. ä.: Eine Antwortmöglichkeit „nicht beantwortbar" findet sich oft in Standard-Instrumenten, z.B. bei organisationsweiten standardisierten Lehrevaluationen. Diese sind auf „Standardsituationen" wie das ‚typische' Universitätsseminar mit ca. 10 bis 40 Teilnehmenden zugeschnitten. Für atypische Veranstaltungen, z.B. Exkursionen oder eintägige Projektveranstaltungen, sind einige Fragen nicht gültig. Daher ist eine Antwortvorgabe „nicht beantwortbar" oder „nicht relevant" erforderlich. In der Selbstevaluation hingegen, in der die Evaluatorin das Fragen-Set für jede Veranstaltung präzise steuert, sollte dies nicht vorkommen. Fragen, die nicht für 90 oder 95 Prozent der Antwortenden sinnvoll beantwortbar sind, sollten entfernt werden, andernfalls leidet die augenscheinliche Gültigkeit.

Sind bestimmte Fragen ausschliesslich unter bestimmten, nicht bei allen Befragten gegebenen Bedingungen beantwortbar oder relevant, dann sollte es „Filterfragen" geben. Sie ermöglichen, je nach Antwort nachfolgende Fragen zu überspringen.

Es gibt Situationen, in denen Antwortende über zu wenige Informationen verfügen oder sich ihrer Antwort unsicher sind, z.B. wenn sie die fragliche Lehrveranstaltung nur teilweise besucht haben. Prinzipiell sollte daher im Fragebogen die Möglichkeit bestehen, diesen Sachverhalt auszudrücken, denn andernfalls ist unklar, weshalb eine Frage nicht beantwortet wurde. (Sollten viele Studierende die Veranstaltung sehr unregelmässig besucht haben, besteht evtl. ein konzeptionelles Problem, das im direkten Gespräch mit den Studierenden geklärt werden sollte.)

Beantwortungs- und Auswertungsfreundlichkeit: Um die Beantwortbarkeit der Fragen und die Datenauswertung bei einer Selbstevaluation zu gewährleisten bietet es sich an, die Fragen (oder Aussagen) so zu formulieren, dass immer dieselbe Antwortskala verwendet werden kann. Das Beispiel in Tab. 9 enthält zu viele Antwortvarianten und ist dadurch unübersichtlich.

Tab. 9:   Beispielfragen mit inhomogenen und zu vielen Antwortvarianten

Bitte kreuzen Sie die für Sie zutreffende Antwort an:				
a Der Kurs hat einen guten Überblick gegeben	ja	eher ja	geht so	eher nein	nein
b Die Lernziele waren formuliert	sehr klar	genau	teils/teils	unklar	nein
c Das Kursklima war	unerfreulich	angespannt	neutral	gut	ausgelassen

Die einzuschätzenden Aussagen in Tab. 9 können so umformuliert werden, dass einheitliche Antwortmöglichkeiten verwendet werden können (vgl. Tab. 10).

Tab. 10:   Beispielfragen korrigiert mit einheitlichen Antwortvorgaben

In welchem Masse stimmen Sie den folgenden Aussagen zu? (je Zeile 1 Kreuz)	1 stimme zu	2 stimme eher zu	3 stimme eher nicht zu	4 stimme nicht zu
a Der Kurs gab einen guten Überblick.				
b Die Lernziele sind klar formuliert.				
c Das Kursklima war angenehm.				

(3) Hinweise zur Frageformulierung

Folgende sieben Gütekriterien geben Orientierung für die Frageformulierung (angelehnt an Beywl/Schepp-Winter, 2000). Bei Interviews, in denen Schaffung und Aufrechterhaltung eines guten Gesprächsklimas wichtig ist, sind diese Kriterien oft weniger wichtig. In Tab. 12 sind die Gütekriterien zusammengefasst aufgelistet und um Beispiele ergänzt.

Nutzen und Sparsamkeit: Jede Frage muss zumindest einer Evaluationsfragestellung klar zugeordnet sein. Fragen die für die Untersuchenden lediglich ‚interessant' sind sollen unterbleiben, denn sie verlängern den Fragebogen unnötig und produzieren Daten, die für die Selbstevaluation irrelevant sind. Umgekehrt muss jede Evaluationsfragestellung durch mindestens eine Frage abgedeckt sein. Das Ergebnis der Frage muss klar interpretierbar sein. Im Beispiel A der Tab. 11 ist für diejenigen, welche (eher) nicht zustimmen unklar, ob die Anforderungen zu hoch oder zu niedrig waren. In der korrigierten Version B liegt der Optimal-Erfolgspunkt ausnahmsweise in der Mitte.

Tab. 11:   Einschätzungsfrage, die unklare Ergebnisse erzeugt (mit Korrektur)

A In welchem Masse stimmen Sie der folgenden Aussage zu? (1 Kreuz)	1 stimme zu	2 stimme eher zu	3 stimme eher nicht zu	4 stimme nicht zu	
Die fachlichen Leistungsforderungen des Kurses waren angemessen .	☐	☐	☐	☐	

B Wie waren für Sie die fachlichen Leistungsforderungen des Kurses?	1 zu hoch	2 eher zu hoch	3 genau richtig	4 eher zu niedrig	5 zu niedrig
	☐	☐	☐	☐	☐

Gültigkeit: Dies meint, dass die angeforderten Antworten mit dem zu beschreibenden Sachverhalt übereinstimmen. Dies gelingt leichter, wenn nach konkretem, beobachtbarem Verhalten (und nicht nach Einschätzungen) gefragt wird und die Frage somit weniger Interpretationsspielraum lässt. Soll bspw. erhoben werden, ob die Dozentin einen „Informierenden Unterrichtseinstieg" nach dem vorgegebenen Ablauf umgesetzt hat, dann wären zwei Fragen nach dem konkreten Verhalten der Dozentin („Hat die Dozentin dargestellt, welches die Ziele der heutigen Veranstaltung waren?", „Hat die Dozentin dargestellt, welches das geplante Vorgehen der heutigen Veranstaltung war?") einer Einschätzungsfrage (z.B. „Wie gut hat die Dozentin zu Beginn der Veranstaltung über die Veranstaltung informiert?") vorzuziehen. Ein anderes Beispiel ist die Frage nach der Motivation von Studierenden. Die unmittelbare Frage nach der Einschätzung, wie „motiviert" die Studierenden sind, wird wenig gültige Ergebnisse bringen. Hier ist es zielführend danach zu fragen, was die Studierenden getan haben, was auf Motivation schliessen lässt (bspw. gründliches Lesen der Vorbereitungslektüre).

Treffgenauigkeit: Es soll möglichst konkret angegeben sein, wozu eine Antwort erwünscht ist. Fragen sollen klar ausdrücken, wonach gefragt wird. Mit der Formulierung „Haben Sie die Möglichkeit im Rahmen Ihres Studiums …?" können mehrere Dimensionen gemeint sein, z.B.: (a) die Zeit, (b) die erforderlichen Vorkenntnisse, (c) die Wahlfreiheit im Rahmen des Studienplans. Ausserdem sollte es vermieden werden, nach zwei Sachverhalten oder zwei Aspekten in einer Frage zu fragen. Von dieser Regel darf in der Selbstevaluation gelegentlich abgewichen werden, insbesondere wenn man Gelegenheit hat nachzufragen; vgl. die Ratingfrage 5 im Kurs-Feedbackbogen in Abb. 9.

Neutralität: Es sollen faire und wertfreie Bezeichnungen genutzt werden, abwertende Vokabeln oder suggestive Formulierungen müssen vermieden werden.

Responsivität: Fragen sollen den Befragten ermöglichen, ihre Antwort zu entfalten. Daher sind fixierende Elemente in der Formulierung wie „immer", „in jedem Fall" zu vermeiden (in Antwortvorgaben sind sie zulässig). Vorsicht ist geboten im Umgang mit Ja/Nein-Antwortvorgaben, die keine Abstufung ermöglichen. In diesem Fall muss gesichert sein, dass eine Abstufung „dazwischen" nicht (oder sehr selten) vorkommt. Anderenfalls ist eine vierstufige Skala zu bevorzugen.

Verständlichkeit: Fragen sollen möglichst kurz gehalten werden (bis 20 Wörter) und lediglich einen Haupt- und einen Nebensatz enthalten. Lange Schachtel- oder Kettensätze sollten durch mehrere kurze Sätze ersetzt werden.

Präzision: Tatsachenbehauptungen, technische Benennungen, Fachbegriffe usw. müssen korrekt eingesetzt und ggf. erläutert werden.

Tab. 12:   Beispiele zu den Gütekriterien für Fragen

G-Kri-terium	nicht so …	… lieber so!
Nutzen	Personenbezogene Daten erfassen, die nicht ausgewertet werden, z.B. „männlich" – „weiblich".	Z.B. Geschlecht dann abfragen, wenn Genderaspekte im Lehrkonzept relevant sind und es dazu eine Fragestellung gibt.
Gültig-keit	Diffus und Einschätzung statt Beobachtbares: „Wie finden Sie den Kontakt zu Ihrer Dozentin?"	Nach Verhalten fragen: „Wie häufig sprechen Sie Ihre betreuende Dozentin pro Monat in der Vorlesungszeit?"
Treff-genau-igkeit	Zwei Merkmale in einer Frage, „Notieren Sie das wichtigste Gelernte aus dem Bewerbungstraining und dem Laborpraktikum!"	Je eine gesonderte Frage zu den beiden Massnahmen stellen.
Neutra-lität	Suggestive Formulierung: „Sind Sie für erhöhte Studiengebühren, um die Lehrqualität zu verbessern?"	Zu zwei Fragen machen: „Sind Sie für oder gegen erhöhte Studiengebühren?" „Denken Sie, erhöhte Studiengebühren führen zu besserer Lehrqualität?"
Re-sponsi-vität	Antwortraum zu klein: „Sind Sie mit der Diplomfeier zufrieden?" ☐ ja ☐ nein	Möglichkeiten zum Differenzieren geben: „Wie zufrieden sind Sie mit der Diplomfeier?" ☐ sehr zufrieden ☐ zufrieden ☐ unzufrieden ☐ sehr unzufrieden
Ver-ständ-lichkeit	Zu komplex: „Welche zentralen Begriffe Ihres ersten Fachsemesters sind Ihnen heute noch so geläufig, dass Sie diese zur Formulierung der Hauptfragestellungen Ihrer Semesterarbeit verwenden?" Doppelte Verneinung: „Ohne Meinungen bei Studierenden zu erfragen, kann eine Lehrveranstaltung nicht verbessert werden. ☐ stimme zu ☐ lehne ab"	Vereinfachen: „Vergegenwärtigen Sie sich die Hauptfragestellungen Ihrer Semesterarbeit. Welche der darin verwendeten Begriffe haben Sie in Ihrem ersten Fachsemester kennen gelernt?" Positiv formulieren: „Um eine Lehrveranstaltung zu verbessern, muss man die Einschätzungen der Studierenden kennen. ☐ stimme nicht zu ☐ stimme eher nicht zu ☐ stimme eher zu ☐ stimme zu"
Präzi-sion	„Wie viele Punkte haben Sie im letzten Semester erhalten?"	„Wie viele ECTS-Punkte wurden Ihnen für das Herbstsemester gutgeschrieben?"

(4) Checkliste für den Vortest

Vor dem Echteinsatz eines Fragebogens sollte mindestens ein Vortest stattfinden, der überprüft, ob das Instrument bereit für den Einsatz ist oder noch überarbeitet werden muss (vgl. Kirchhoff et al., 2010, S. 25-25). Dazu wird der Fragebogen zwei oder drei Personen vorgelegt. Diese sollten den Mitgliedern der Zielgruppe, die den Fragebogen später im „Echteinsatz" ausfüllen, möglichst ähnlich sein. Aber auch ein Testlauf mit einer Kollegin oder einem Kollegen hilft, die gröbsten Fehler auszumerzen.

Zu Beginn werden dem Gegenüber der Zweck und die Fragestellungen der geplanten Selbstevaluation erläutert. Es kann hilfreich, der Person die Punkte, auf die sie beim Ausfüllen achten soll, schriftlich abzugeben (vgl. Tab. 13). Danach kann die Erhebung (inkl. mündlicher Einleitung, sofern eine solche vorgesehen ist) wie im Echteinsatz durchgeführt werden.

Tab. 13:   Checkliste für den Vortest eines Fragebogens

- Sind alle Fragen verständlich, klar und eindeutig formuliert?
- Sind vorgegebene Antwortkategorien sinnvoll, erschöpfend und schliessen sich gegenseitig aus?
- Ist die Fragenabfolge thematisch schlüssig?
- Ist die Relevanz der gestellten Fragen für die zu evaluierende Lehrveranstaltung offensichtlich?
- Sind überflüssige Fragen enthalten?
- Fehlen relevante Fragen?
- Sind genügend knappe, dabei verständliche Anleitungen zum Ausfüllen gegeben?
- Können alle Befragten die Fragen sinnvoll beantworten? (Wenn nein, ist die Möglichkeit „nicht Zutreffendes streichen" o. ä. vorzusehen.)
- Sind Fragen und Antwortvorgaben insgesamt neutral formuliert, nicht-beeinflussend, nicht-tendenziös?
- Sind die Formulierungen erwachsenengerecht, wertschätzend, für das Arbeitsklima zwischen Lehrenden und Lernenden förderlich?

2.7   Erheben und Auswerten – Bewerten und Schlussfolgern

F2 – Schutz individueller Rechte
Selbstevaluationen sollen so geplant und durchgeführt werden, dass die Rechte der Beteiligten und Betroffenen respektiert und geschützt sind (z.B. Persönlichkeitsrechte, Arbeitnehmerrechte, Datenschutz). Die Zusammenarbeit in der Selbstevaluation soll so angelegt werden, dass die Kontakte zwischen den Beteiligten von gegenseitiger Achtung und Wertschätzung sowie von Respekt geprägt sind.

D2 – Diplomatisches Vorgehen
Selbstevaluationen sollen unter Berücksichtigung der unterschiedlichen Positionen und Bedarfe der verschiedenen Interessengruppen geplant und durchgeführt werden. Einwände und Bedenken sollen nach zuvor festgelegten Verfahrensweisen beachtet und berücksichtigt werden mit dem Ziel, einen möglichst breiten Konsens herzustellen.

G7 – Analyse qualitativer und quantitativer Informationen
Qualitative und quantitative Daten und Informationen einer Selbstevaluation sollen systematisch und ohne Ausschluss von Beteiligten analysiert werden, damit die Fragestellungen durch die Evaluation effektiv beantwortet werden können.

In dieser Phase sind die drei Standards Fairness F, Durchführbarkeit D2 und Genauigkeit G7 besonders zu beachten. Zum Aufbau einer Selbstevaluationskultur ist es auf der Beziehungsebene essentiell, dass die Datengebenden zuvorkommend behandelt und der ihnen zugesicherte Datenschutz unbedingt eingehalten wird. Diplomatisches Vorgehen bedeutet, dass Interessen und Bedenken der an der Selbstevaluation Beteiligten und von ihr Betroffenen ernst genommen werden, und unkalkulierbare Risiken ebenso wie Kränkungen durch ein abwägendes Vorgehen vermieden werden. Auf der Sachebene ist es zentral, dass die Auswertung der Daten und das Zustandekommen von Bewertungen und Schlussfolgerungen nachvollziehbar und transparent sind, insbesondere wenn diese weitergegeben werden.

Sind die Instrumente entwickelt und vorgetestet, folgen in der Hauptphase „Informationsgewinnung" des Untersuchungsstrangs die Datenerhebung und -auswertung sowie die Bewertung entlang der selbst gesetzten Kriterien. Eine gute Integration der

Selbstevaluation in die Lehre stellt sicher, dass Erhebungen und Auswertungen mit gegebenen Ressourcen sicher durchführbar und abschliessbar sind.

In den Erziehungs- und Sozialwissenschaften gibt es eine breite Palette einschlägiger Publikationen zu den Themen „Daten erheben und auswerten". Diese bilden eine Grundlage für alle auf den Untersuchungsstrang bezogenen Kapitel dieses Buches und können für die Vertiefung herangezogen werden. In diesem Kapitel werden diejenigen Aspekte behandelt, die in den Weiterbildungskursen zur Selbstevaluation regelmässig von Teilnehmenden nachgefragt werden: Dies gilt insbesondere für die Unterkapitel Datenerhebung und -auswertung (2.7.1 und 2.7.2), das SPECIAL #2# das sich der Auswertung qualitativer Textdaten mit der Text-Sortier-Technik widmet sowie Visualisierung von Ergebnissen (SPECIAL #3#). Für die Organisation der Datenerhebung und die Gewährleistung des Datenschutzes gibt es in der Selbstevaluation bei guter Integration der Untersuchung in die Lehre im Vergleich zur Fremdevaluation nahe liegende Lösungen. Den Abschluss bildet ein Abschnitt über das Ziehen von Schlussfolgerungen und das Bewerten des Gegenstandes, wobei der Bogen zu Evaluationszweck und Fragestellungen zurück geschlagen wird.

2.7.1 Daten erheben

Der folgende Abschnitt spricht zunächst einige für die jeweilige Hauptmethode (Erfassung vorhandener Erzeugnisse und Verhaltensspuren, Beobachtung und Befragung; vgl. Kapitel 2.6.2) spezifische Aspekte der Datenerhebung an. Im abschliessenden Teil dieses Kapitels wird auf drei Punkte eingegangen, die methodenübergreifend für das Gelingen von Erhebungen relevant sind: Gewährleistung von Datenschutz und Anonymität sowie die Datenprüfung. Die Ausführungen beschränken sich auf Aspekte, die für die Selbstevaluation von besonderer Bedeutung sind.

Grundsätzlich gilt wie im Kapitel 1.3 dargelegt: Die Datenerhebung sollte wann immer möglich integraler Bestandteil von Lehr- und Lernprozessen sein. Kombinierte Interventions-/Erhebungsinstrumente erfüllen die gewünschte Doppelfunktion: Sie leiten einerseits Lern- und Reflexionsprozesse bei den Studierenden an bzw. unterstützen diese und liefern andererseits die für die Beantwortung der Evaluationsfragestellung erforderlichen Daten. Wenn diese Verschränkung mit der pädagogischen Intervention nicht oder nur unvollständig möglich ist, soll gesichert sein, dass die Datenerhebung wenig Zusatzaufwand erfordert.

Die *Erfassung vorhandener Erzeugnisse und Verhaltensspuren* erfordert oft keine bis sehr geringe Erhebungsaktivitäten, denn das Datenmaterial ist bereits vorhanden: Die Studierenden haben Folienpräsentationen erstellt, in Einzel- oder Tandemarbeit Arbeitsblätter ausgefüllt, als Kleingruppen Plakate beschriftet, Aufzeichnungen zu durchgeführten Experimenten gemacht, aus einer Menge nach Wahl zu erläuternder Begriffskarten einige liegen lassen (vgl. hierzu das Praxisbeispiel 3.1). Um Verzerrungen zu vermeiden ist es meist wichtig, alle relevanten Erzeugnisse von allen zu erhalten. Um dies zu erreichen muss frühzeitig daran gedacht werden, den Studierenden die Untersuchungsabsicht und den Evaluationszweck „Verbesserung der eigenen Lehrveranstaltung" mitzuteilen und den Datenschutz zuzusichern (also explizit keine Verwendung für das Assessment/die Evaluation von Studierenden). Damit das Material genutzt werden kann, ist das Einverständnis der Studierenden erforderlich.

Digitalfotos sind häufig eine mit minimalem Aufwand verbundene Möglichkeit, Daten zu Erzeugnissen und Spuren zu erfassen. Man kann mit dem Smartphone z.B. von Studierenden erstellte Modelle, Versuchsaufbauten oder Plakate abfotografieren, und die Fotos via WLAN per E-Mail an sich selbst senden, um sie vom Computer aus in die Online-Lernplattform einzupflegen (anwendbar für die unter 4.4 bis 4.6. dargestellten Erhebungsinstrumente).

Beobachtungen erfordern – oft über längere Zeit – eine hohe Aufmerksamkeit bei den Beobachtenden. Es ist daher als erstes zu entscheiden, wer beobachten soll: die allein unterrichtende Lehrperson, weitere Lehrpersonen bzw. Assistierende oder die Studierenden? (Beobachten sie dann die Lehrperson oder sich gegenseitig?) Ist eine kollegiale Beobachtung möglich (vgl. Praxisbeispiel 3.5), kann der Beobachtungsbogen mehrere Dimensionen mit vorgegebenen Kategorien enthalten und zusätzlich noch Raum für offene Beobachtungen lassen. Ist dies aus personellen oder zeitlichen Gründen nicht möglich und muss die Dozentin selbst beobachten, muss der Beobachtungsfokus meist viel enger gezogen werden.

Will man eine Beobachtung durchführen, da nur diese die Fragestellung befriedigend beantworten kann, muss man eventuell die Fragestellung auf das Hochrelevante beschränken, oder das Lehrhandeln samt der Interventionen so umstellen, dass man die notwendige Zeit für die Beobachtungstätigkeiten gewinnt. Eine weitere Alternative besteht darin, die Beobachtungsaufgabe an Studierende zu übertragen, was weitgehend selbsterklärende Beobachtungsbogen und eine Einweisung erfordert.

Hierzu ein längeres Beispiel zu „Wissenschaftliches Präsentieren". Es verdeutlicht anspruchsvolle Perspektiven einer aktivierenden Selbstevaluation, in der Beobachtung eine tragende Rolle spielt: Es soll untersucht werden, in welchem Mass die fortgeschrittenen Studierenden die Kompetenz erwerben, Diagramme und erläuternde Texte wissenschaftlicher Studien aus verschiedenen Medienarten (wissenschaftlich/populär) kritisch zu vergleichen. Während zwei bis drei Veranstaltungsterminen erarbeitet die Dozentin mit den Lernenden auf der Basis von Literatur ein Kriterienraster, das die Gütekriterien wissenschaftlicher Darstellungsweisen von Diagrammen und erläuternden Texten in wissenschaftlichen Publikationen enthält. In diesem Raster werden z.B. fünf Kriterien (Genauigkeit, Nachvollziehbarkeit, …) kurz definiert und es werden aus Fundstellen besonders aussagekräftige Beispiele, sogenannte Ankerbeispiele, aufgeführt. Die Gruppe der Studierenden wird in Vortragende und Beobachtende (z.B. nach Zufall) aufgeteilt. Die Mitglieder der ersten Gruppe halten in der folgenden Veranstaltung Kurzvorträge (ca. drei bis vier Minuten), evtl. in zwei oder drei Teilplena parallel, in denen sie veröffentlichte Studienergebnisse aus verschiedenen Medientypen (z.B. Fachzeitschriften, populärwissenschaftliche Magazine) kritisch analysieren und auf den fünf Kriterien basierende Änderungen vorschlagen. Die Präsentationen und ihre Beobachtungen stellen für die Studierenden einen erkennbaren Bezug zu ihrer beruflichen Alltagswelt her (vgl. Kapitel 2.4).

Für die Beobachtung der Vorträge wird ein Beobachtungsbogen entwickelt (siehe auch Abb. 8). Die Lehrperson legt Erfolgspunkte fest, d.h. wie viele der Kriterien mindestens durch Kritik und/oder Änderungsvorschläge zutreffend angesprochen werden müssen. Während eines Vortrags halten die Erfassenden fest, welche Kriterien wie oft in welcher Klarheit im Vortrag explizit genannt und veranschaulicht werden. Im Anschluss an die Präsentationen erläutern die Erfassenden den Vortragenden in Paaren (drei mal fünf Minuten) ihre Beobachtungen und Einschätzungen und erstellen ein kurzes Gesprächsprotokoll (auf dem gleichen Blatt wie der Beobachtungsbogen).

Durch die Präsentation und die Beobachtungsbogen entsteht für beide Gruppen, die Vortragenden und die Erfassenden, eine Datenbasis, inwiefern sie Kriterien kennen/richtig anwenden. Die Dozentin kann prüfen, wie viele der eingesammelten kommentierten Beobachtungsbogen ihre für die Präsentationen gesetzten Erfolgspunkte erreichen oder übertreffen und wie kohärent die Beobachtungsergebnisse der verschiedenen Beobachter pro Präsentierendem sind. Diese Bogen wertet sie aus (damit wird Beobachtung als Methode mit der Erfassung von Erzeugnissen und Verhaltensspuren kombiniert) und gibt in der anschliessenden Veranstaltung eine Rückmeldung an die Studierenden.

Da nur eine Hälfte der Studierenden vorträgt, die andere beobachtet und Feedback gibt (alle lernen) ist glaubwürdig zu kommunizieren, dass es nicht um ein Assessment, sondern um die Selbstevaluation der Dozentin geht. Der Erhebungsaufwand wäre viel zu hoch, wenn nicht gleichzeitig – in einem Zug – relevante Kompetenzen erweitert würden. Es ist offensichtlich, dass eine solche Lehr-Studier-Untersuchungs-Kombination ausgeprägte didaktische Kompetenzen und Erfahrungen bei den Lehrenden erfordert und nicht gleich als einer der ersten Gehversuche in Selbstevaluation unternommen werden sollte.

Die *Befragung* wird vielfach als Erhebungsmethode bevorzugt: Dozierende haben sie in ihrer wissenschaftlichen Ausbildung kennengelernt, sie begegnen ihr fortlaufend in ihrem Alltag (z.B. Telefonbefragungen/Zufriedenheitsbefragungen von Dienstleistungsunternehmen) und an den Hochschulen finden regelmässig Studierenden- und Mitarbeitendenbefragungen statt. Online-Lernplattformen enthalten Befragungsmodule und im Internet ist kostenlos oder kostengünstig professionelle Umfragesoftware erhältlich. Die Allgegenwärtigkeit der Befragungsmethode täuscht darüber hinweg, dass ihre solide Umsetzung vorausschauende Planung, Zeit und nicht zuletzt Erfahrungswissen erfordert: Neben den im engeren Sinne methodischen Anforderungen (vgl. das SPECIAL #1#) kann der Erhebungsaufwand beträchtlich sein: Schriftliche Befragungen müssen layoutet und kopiert, ausgeteilt und eingesammelt werden, die Antworten müssen in einer Auswertungssoftware eingegeben werden usw. Will man Online-Befragungen durchführen, muss man sich in die Technologie einarbeiten, sicherstellen, dass alle zu Befragenden antworten können und vielleicht sogar Störungen telefonisch besprechen. Mündliche Befragungen sind vielleicht schnell durchgeführt, dagegen ist ihre Auswertung sehr aufwändig. Daher sollte man, bevor man sich für die Methode der Befragung entscheidet, prüfen, ob nicht doch Erzeugnisse oder Spuren erfasst werden können oder ob beobachtet werden kann (immer vorausgesetzt, dass die Erhebungen in das Unterrichten integriert werden können).

Will oder muss man dennoch eine Befragung durchführen, sollte man sie möglichst kurz halten (vgl. das SPECIAL #1#). Fragebogen in der Selbstevaluation sollten eine, maximal zwei Seiten lang sein, sodass sie auf die Vor- und Rückseite eines Blattes gedruckt werden können. Wenn immer möglich, sollte die Erhebung während der Zeit durchgeführt werden, zu der alle zu Befragenden anwesend sind. Dabei kann eine kurze Einführung gegeben werden und trotz Vortest unklar gebliebene Fragen können mündlich erläutert werden. Ausgefüllte Fragebogen können auf den Tischen liegen gelassen oder direkt abgegeben werden. Damit kann eine hohe Rücklaufquote gesichert werden, die kaum erreicht wird, wenn die Befragung online durchgeführt, Fragebogen nach Hause mitgenommen oder gar zugeschickt werden.

Es ist auch möglich, die Arbeit mit Befragungsinstrumenten in das Lernhandeln zu integrieren. Handelt es sich um schriftliche Befragungen, dann ähnelt dieses Vorgehen der Bearbeitung von Arbeitsaufgaben, die als „Erzeugnisse" erfasst und dann ausgewertet werden. Eine weitere Möglichkeit ist das gegenseitige Interviewen von Studierenden: Sie befragen sich gegenseitig auf der Basis eines Interviewleitfadens und protokollieren die Ergebnisse z.B. handschriftlich gut leserlich. Diese Interviewprotokolle werden dann an die Kursleitung abgegeben. Das Problem ist hier, dass diese keine Kontrolle über die Interaktion zwischen Interviewenden und Interviewten hat und zum Beispiel Verzerrungen aufgrund des Antwortens nach sozialer Erwünschtheit nicht ausgeschlossen werden können: Befragte geben die Antwort so, dass sie den vermuteten Wünschen der Fragenden entsprechen und nicht ihrer tatsächlichen Meinung oder der Faktenlage. Eine mit wenig Aufwand durchführbare sehr fokussierte Befragungsmethode ist das „Blitzlicht": Das mündliche Schlussfeedback am Ende einer Kurssequenz wird stichwortartig protokolliert und als Datenbasis zwecks Auswertung gesichert (vgl. Kapitel 4.2.).

Ein *kritischer Aspekt* bei Befragungen ist die *Rücklaufquote*. Unter der Rücklaufquote wird der Anteil der vollständig ausgefüllten Fragebogen verstanden, der von den ausgegebenen Bogen zurückkommt. Je höher die Rücklaufquote ist, desto grösser ist die Aussagekraft der Ergebnisse. Wenn man Vollerhebungen in der Lehrveranstaltung durchführt, wird man in der Regel 90–100 Prozent der Fragebogen zurückbekommen. Verteilt man hingegen in einem grossen Hörsaal einen Fragebogen an jede fünfte Person, wird die Rücklaufquote bereits niedriger liegen. In diesen Fällen muss die Evaluatorin sich fragen, wer nicht geantwortet hat. Sind es diejenigen, die sehr zufrieden sind und daher weder Kritik vorbringen noch Verbesserungsvorschläge oder sind es diejenigen, die sehr unzufrieden sind und nicht daran glauben, dass ihre Rückmeldung zu einer Verbesserung beitragen könnte?

Muss ein Fragebogen postalisch oder elektronisch an eine Zielgruppe versendet werden, z.B. an Absolventinnen und Absolventen oder an deren Arbeitgebende, müssen Zweck der Selbstevaluation und Nutzen der Ergebnisse (auch und gerade für die Ausfüllenden) sorgfältig formuliert und in geeigneter Form kommuniziert werden. Moderne Umfragesoftware bietet zahlreiche Möglichkeiten, über personalisierte Anschreiben und gezielte Erinnerungsmails die Rücklaufquote zu erhöhen.

Abschliessend zu diesem Kapitel sei auf drei Aspekte eingegangen, welche bei Erhebungen mit den verschiedenen Methoden eine Rolle spielen und beachtet werden müssen:

- Anonymität und Datenschutz
- Auswahlverfahren
- Datenprüfung

Anonymität und Datenschutz: Generell muss für Erhebungen und die Weiterverarbeitung von Daten schriftlich festgelegt und den Datengebenden eindeutig kommuniziert werden, ob die Daten anonym oder personalisiert weiterverarbeitet werden. Wann immer möglich sollte auf Personalisierung verzichtet werden. Dies entscheidet sich letztlich mit der Evaluationsfragestellung und der vorgesehenen Nutzung ihrer Ergebnisse. Auch die freiwillige Angabe eines Namens kann von den Datengebenden als De-Anonymisierung aufgefasst werden. Dies kommt jedoch immer auf das Setting an: So werden in einer Pflichtveranstaltung mit Leistungskontrolle die Interessen der Studierenden in Bezug auf Datenschutz in der Regel stärker sein als in Wahlveranstaltungen.

Im Fall personalisierter Auswertung ist die explizite Zustimmung der Datengebenden einzuholen. Im Rahmen von Selbstevaluationen kann dies zum Beispiel so erfolgen, dass in der Veranstaltung öffentlich gefragt wird, ob jemand ein Veto einlegt – eventuell kann dieses auch durch anonyme Abgabe eines Zettels in der Pause eingereicht werden. Die in anderen Evaluationsarten erforderliche schriftliche Zustimmung wird hier in der Regel nicht erforderlich sein. Plant man jedoch umfangreichere personalisierte Erhebungen und ist auf eine schriftliche Zustimmung angewiesen, sollte man diese ganz zu Beginn der Lehrveranstaltung einholen und eventuell bereits in der Ausschreibung ankündigen. Auch bei Zustimmung zur Verarbeitung personengebundener Daten muss strikt auf einen vertraulichen Umgang mit den gewonnenen Informationen geachtet werden. Ein unbefugter Zugriff auf personenbezogene Daten ist durch geeignete Sicherungsmechanismen auszuschliessen.

Wenn mit konvivialen Instrumenten gearbeitet wird, die mit den Lehrinterventionen verschränkt sind, kann der Datenschutz im Allgemeinen unaufwändig mit den Studierenden vereinbart werden. Sehr wichtig bleibt es, dass der Zweck der Selbstevaluation (Verbesserung der eigenen Lehre) klar kommuniziert ist und den Studierenden glaubwürdig versichert wird, dass mit den Erhebungen kein Assessment von ihnen verbunden ist.

Auswahlverfahren: Als erstes stellt sich die Frage, ob eine Vollerhebung durchgeführt wird oder eine Teilerhebung (Bilden einer Erhebungsmenge). Dies hängt in erster Linie vom Umfang der vorhandenen bzw. zugänglichen Datenquellen ab, also von der Anzahl der Teilnehmenden an der Veranstaltung, die befragt oder beobachtet werden sollen oder der Menge der vorhandenen Erzeugnisse bzw. Spuren. Ist die Datenmenge überschaubar bei Grundgesamtheiten von 20 bis 40 Teilnehmenden, ist sicher eine Vollerhebung angemessen. Besteht die Grundgesamtheit aus deutlich mehr Personen, z.B. 200 oder 300 Teilnehmenden einer grossen Vorlesung, sollte eine Erhebungsmenge gebildet werden (allein schon, um die anschliessende Auswertung zu bewältigen). Neben dem Umfang der Datenmenge kommt es auf die Fragestellung an, welches Vorgehen angemessen ist.

Oft kommt ein vereinfachtes Zufallsauswahlverfahren infrage, zum Beispiel indem jede vierte oder jede fünfte Person einen Fragebogen erhält. Eine Alternative besteht in diesem Fall darin, die Erhebungseinheit zu verändern: Statt einzelne Personen zu befragen, wird einen Fragebogen an drei oder vier Personen ausgegeben, die diesen gemeinsam bearbeiten.

Je nach Fragestellung kann auch ein „bewusstes" Auswahlverfahren angemessen sein, zum Beispiel indem man bei zwei Extremgruppen erhebt: die 20 Prozent der

Lerntagebücher mit dem meisten Text und die mit dem wenigsten Text; oder jeweils zehn Klausuren von weiblichen und von männlichen Teilnehmenden, obwohl die männlichen Teilnehmenden in der Grundgesamtheit nur 10 Prozent ausmachen. (Dies z.B. dann, wenn in der Fragestellung ein Aspekt enthalten ist, der nach Geschlechterdifferenzen in Bezug auf Lernhandeln oder Lernresultate fragt, etwa in einem Angebot im Bereich früher Bildung, das typischerweise von Männern seltener gewählt wird.) Vereinfachte Zufallsauswahlverfahren kommen auch für die Erfassung vorhandener Erzeugnisse und Verhaltensspuren in Betracht. In allen Fällen ist es wichtig, dass nachvollziehbar gemacht wird, auf welcher Datenbasis die Berechnungen beruhen. Es sollte also immer die Grösse der Erhebungsmenge angegeben sein.

Bei der *Datenprüfung* geht es darum sicherzustellen, ob die physisch erfassten Daten mit den erhobenen Daten übereinstimmen. Im Verlauf der Erhebung, insbesondere bei der Übertragung von quantitativen Daten in elektronische Form (Dateneingabe am Computer) können zahlreiche Fehler passieren. So können beispielsweise die Datensätze von zwei Teilgruppen von Studierenden miteinander vertauscht werden, mit dramatischen Folgen für die Ergebnisse. Nachfolgende Checkliste enthält einige Standardfragen für die Datenprüfung:

- Sind die Daten gemäss Plan eingegeben?
- Sind alle angefallenen Datensätze in der Datendatei enthalten?
- Sind Doppelerhebungen ausgeschlossen (z.B. dass die Daten einer Person doppelt erfasst sind)?
- Sind die elektronischen Datensätze den richtigen Erhebungseinheiten (oft Personen, aber auch Dokumente, …) zugeordnet?
- Gibt es offensichtlich in Häufigkeitsverteilungen, Kreuztabellen oder bei den berechneten Quoten leicht identifizierbare ungültige Einzeldaten? (z.B. Studierende im 31. Semester oder solche, die pro Semester 21 Leistungskontrollen absolviert haben).

In der Selbstevaluation werden häufig direkt Daten auf Erfassungsblätter übertragen (zum Beispiel beim Ampelfeedback, bei dem die Dozentin die grünen, gelben und roten Karten zählt). Hierbei können leicht Fehler passieren, da die Erheberin auch als Lehrende tätig ist und daher ihre Aufmerksamkeit auf diese beiden Rollen aufteilt. Wenn möglich sollte man einen Studierenden um eine Kontrollzählung bitten. Ähnliches gilt für das Zählen von Klebepunkten zum Beispiel bei der Matrixfrage oder das Festhalten der Ergebnisse bei der Aufstellungsbefragung. (Vergleiche zu diesen Instrumenten Kapitel 4.)

2.7.2   Daten auswerten

Unter Auswertung wird der Vorgang verstanden, Daten zu gliedern, zu ordnen, zusammenzufassen, zu verdichten und miteinander in Beziehung zu setzen. Als Daten werden in Anlehnung an Kleining (1995, S. 119) von der untersuchenden Person als solche angesehene oder von ihr veranlasste Abbildungen von sozialen Objekten – hier – im Kontext der Lehre angesehen. Es gibt zwei Hauptformen: qualitative Daten und quantitative Daten. Bevor die quantitative Auswertung beginnt, muss die qualitative abgeschlossen sein. In der qualitativen Auswertung werden als ähnlich wahrgenommene Daten einander zugeordnet und die entstehenden Kategorien und Unterkategorien werden gegliedert und benannt. In der quantitativen Auswertung wird gezählt, wie häufig (Unter-)Kategorien (z.B. die Antwortvorgaben einer geschlossenen Frage; siehe oben SPECIAL #1#) vorkommen. Gegebenenfalls werden die quantitativen Daten über die gebildeten Summenwerte mittels statistischer Operationen zu weiteren Masszahlen (z.B. Rangpositionen) verdichtet.

Nachfolgend wird zunächst die qualitative Auswertung vorgestellt – ergänzt durch das SPECIAL #2# zum computergestützten Verfahren der Text-Sortier-Technik. Anschliessend werden ausgewählte Aspekte der quantitativen Auswertung angesprochen. Schliesslich werden Möglichkeiten des kollaborativen Auswertens gemeinsam mit den Studierenden angesprochen.

(1) Auswertung qualitativer Daten:
Die Daten dieser ersten Hauptform zeichnen sich dadurch aus, dass sie mit konkreten Personen oder Situationen und einem bestimmten zeitlichen und räumlichen Kontext verbunden sind. Sie sind anschaulich und tragen komplexe Bedeutungen. „Qualitative data […] take us as readers, into the time and place of the observation so that we know what it was like to have been there" (Patton, 2002, S. 47). Diesem gegenüber den quantitativen Daten bestehenden ‚Gewinn' an Lebendigkeit und Nähe steht ein ‚Verlust' an Handhabbarkeit und Kommunizierbarkeit gegenüber. Qualitative Daten sind herausfordernd, insofern ihre Auswertung schnell zu einer zeitlichen Überforderung führen kann, und sie sind in der Selbstevaluation besonders wichtig, da mit ihnen konkrete Ansatzpunkte für die Verbesserung der Lehre gewonnen werden können. Die Potenziale der qualitativen Daten erschliessen und die Risiken mindern zu können ist Anliegen dieses Kapitels.

Die qualitative Auswertung entschlüsselt die Bedeutungen der qualitativen Rohdaten, situiert sie im Kontext des Evaluationsgegenstandes und bereitet sie so auf, dass sie für den je gesetzten Evaluationszweck genutzt werden können.

Qualitative Daten fallen in der Selbstevaluation meist als Textdaten an, im Rahmen von Erzeugnissen wie Arbeitsgruppenergebnissen oder Lerntagebüchern, in

Form von Sätzen oder Wörtern auf Feedback-Plakaten, als Erläuterungen und Kommentare in einem Beobachtungsbogen oder als Antworten auf offene Fragen. Es handelt sich häufig um grosse Textmengen und es stellt sich die Frage, wie diese ausgewertet werden können, so dass zwei Anforderungen erfüllt sind: 1. Wie kann man sich selbst und gegenüber Dritten nachvollziehbar machen, auf welchem Weg man von den Einzeldaten zu den Kategorien, deren Beschreibungen und schliesslich zu den Bewertungen und Schlussfolgerungen kommt? 2. Wie kann all dies mit vertretbarem Aufwand geschehen?

Das Grundprinzip einer induktiven (Kategorien bildenden) systematischen Auswertung besteht darin, dass in der Gesamtheit der Textdaten Gemeinsamkeiten identifiziert werden (bspw.: Wie viele Personen sprechen mit verschiedenen Wörtern und Wendungen welche ähnlichen Punkte an, wie der Aufbau des Seminars in Zukunft gestaltet sein sollte?). Diese Form der „zusammenfassenden Inhaltsanalyse" ist im Standardwerk von Mayring (2010, S. 83-94) sowie bei Kuckartz et al. (2007) ausführlich beschrieben.

Nachfolgend werden zunächst zentrale Begriffe der qualitativen Inhaltsanalyse erläutert und es wird der inhaltsanalytische Prozess von der Vorbereitung über das Bilden von Kategorien und Kategoriensystemen bis zu deren Prüfung dargestellt. Anschliessend werden verschiedene technische Verfahren vom Arbeiten mit Stift und Papier bis hin zur computergestützten qualitativen Analyse mit ihren Vor- und Nachteilen skizziert. Eines dieser Verfahren, welches sich in der Selbstevaluation bewährt hat, die Text-Sortier-Technik, wird mit ihren sechs Schritten – begleitet durch ein Anschauungsbeispiel – detailliert erläutert.

Vorbereitung: Bevor Daten per Hand oder EDV-gestützt ausgewertet werden, sollte eine systematische Aufbereitung erfolgen. Die Daten müssen so erfasst sein, dass jede Aussage bzw. jeder Textteil auf die Datenquelle bzw. die Auskunft gebende Person (Datengeberin) zurückgeführt werden kann. Das bedeutet bspw. bei Fragebogen mit offenen Fragen, bei Protokollen von Interviews oder bei Textdokumenten, dass diesen jeweils eine Nummer zugewiesen wird, mit der jeder Fragebogen, jedes Protokoll und jedes Dokument (jeder Fall) eindeutig identifizierbar ist. Bei Fragebogen ist dies der Fragebogencode. Dieser Code kann entfallen, wenn die Fälle ggf. nicht klar voneinander trennbar sind, z.B. bei schriftlichen Aussagen mehrerer Teilnehmender auf einem Flipchart. Bei der Übernahme der Textdaten in ein (Textverarbeitungs-) Programm muss die Fallnummer immer mit den Textdaten verbunden bleiben, auch wenn z.B. Absätze später zerlegt oder gedoppelt werden. Wie dies technisch in einer Textverarbeitung umgesetzt werden kann wird in den ersten beiden Schritten von SPECIAL #2# zur Text-Sortiertechnik beschrieben.

Zerlegung in Sinneinheiten: Anschliessend wird das gesamte Material sorgfältig mehrmals gelesen und es werden Notizen angefertigt, welche Aspekte mehrfach vorkommen, ähnlich sind, in eine Dimension eigeordnet werden können usw. Man beginnt parallel Sätze oder Absätze, die zwei oder mehr *nicht* zusammengehörende Aspekte betreffen, in entsprechend viele Sinneinheiten zu zerlegen. Eine einzige Sinneinheit liegt dann vor, wenn die Textpassage einen einzigen Aspekt oder mehrere sehr ähnliche Aspekte enthält. Auf diese Weise hergestellte kleinste sinntragende Textstücke können in einem weiteren Schritt nach Ähnlichkeit zusammengeordnet werden. Eine Menge von Sinneinheiten (wobei die kleinste Menge 1 sein kann) wird dann zu einer Kategorie zusammengefasst. Ein Beispiel aus dem Anschauungsbeispiel aus SPECIAL #2#: Die Antwort der Person mit dem Code 03 auf die Frage nach den wichtigsten Botschaften der Präsentation zur nutzungsfokussierten Evaluation

> „Dass Optimierung im Vordergrund steht [als Voraussetzung]; und ich zusammen mit Kursleitenden, den Mitarbeitenden und den Teilnehmenden massgeschneiderte Evaluationen konstruieren kann."

… wird in zwei Sinneinheiten zerlegt:

> „Dass Optimierung im Vordergrund steht [als Voraussetzung]"
>
> „ich zusammen mit Kursleitenden, den Mitarbeitenden und den Teilnehmenden massgeschneiderte Evaluationen konstruieren kann."

Kategorie: Im hier vorgestellten induktiven Verfahren ist dies eine Teilgruppe, die aus den als genügend ähnlich angesehenen Sinneinheiten gebildet wird. Kategorien müssen einen „Namen" erhalten. Diesen versucht man möglich nah am Inhalt und Vokabular der Sinneinheiten zu formulieren. Alle Kategorien werden zusammen mit ihren Namen und Codes in einer Legende, dem Kategorienschlüssel, übersichtlich zusammengestellt.

Kategoriensystem: Dies ist die Gesamtheit der im Rahmen einer Auswertung gebildeten und genutzten Kategorien. Die Menge der Kategorien allein, etwa alphabetisch geordnet nach Kategoriennamen, ist noch kein Kategoriensystem, sondern lediglich eine Kategoriensammlung. Die Anordnung der verschiedenen Kategorien zueinander, die Reihenfolge ihrer Anordnung oder auch die Unterscheidung nach Hauptkategorien und Unterkategorien muss durch inhaltliche Überlegungen begründet sein und einige Anforderungen an Kategoriensysteme erfüllen. Dabei sind diese in der Selbstevaluation massvoll anzulegen.

Prüfung des Kategoriensystems: Ein gutes Kategoriensystem liegt dann vor, wenn mehrere der folgenden Fragen positiv beantwortet werden können:

- Tragen die gebildeten Kategorien und ihre Anordnung zur Beantwortung der Evaluationsfragestellung bei?

- Sind die Kategorien trennscharf? Ist klar, wie die Kategorien voneinander abgegrenzt sind? Gibt es keine oder wenige Überschneidungen zwischen den Kategorien, sodass möglichst wenige Sinneinheiten in mehrere Kategorien eingeordnet werden müssen?
- Sind die Kategorien ggf. auch Untergruppen von ihnen logisch nachvollziehbar angeordnet?
- Ist das Kategoriensystem vollständig? Lassen sich alle Texte mindestens einer Kategorie zuordnen? Eine „Sonstiges"-Kategorie mit relevantem Text darf es nicht geben: Auch eine einzige übrig bleibende Sinneinheit erhält eine Kategorienüberschrift mit Namen.
- Ist die Anzahl der Kategorien in Bezug auf die Textmenge angemessen? Ist sie weder zu klein noch zu gross? Ist das Kategoriensystem genügend differenzierend und dabei auf einen Blick erfassbar?

Ein Kategoriensystem entsteht nicht mit einem ersten Wurf. Nachdem erstmalig alle Sinneinheiten Kategorien zugeordnet und diese in eine sinnvolle Ordnung gebracht sind, geht man das gesamte Kategoriensystem nochmals durch und prüft, ob es zur Beantwortung der Evaluationsfragestellung beiträgt, ob es sinnvoll geordnet ist, ob es die Gesamtheit der Sinneinheiten gut zusammenfasst usw. Im Idealfall übergibt man den Kategorienschlüssel mitsamt der ungeordneten Sinneinheiten an eine Person, welche den Text nicht kennt (aber mit den Inhalten vertraut ist) und lässt diese das Material erneut kategorisieren (dieses Mal deduktiv). Fällt dieses Zweitergebnis sehr verschieden aus, passt man das Kategoriensystem an. Dies macht man so lange, bis genügend Übereinstimmungen zwischen den Zuordnungen der verschiedenen Personen bestehen. Für die Selbstevaluation dürfte dies utopisch sein. Eine intersubjektive Überprüfung ist hier auch in der Regel nicht erforderlich, um zu nützlichen Ergebnissen für die Verbesserung der Lehre zu gelangen. Bereits die intensive Auseinandersetzung mit den Sinneinheiten und Kategorien auf dem Hintergrund der Evaluationsfragstellung löst metakognitives Lernen bei der Lehrperson aus, eröffnet neue Perspektiven auf die eigene Lehre und macht Verbesserungsmöglichkeiten bewusst.

Die folgende Liste enthält einige Tipps zur Entwicklung eines Kategoriensystems (die Zahlenangaben gelten für Auswertungen mit bis ca. 25 Fällen (Befragte/ Briefe, ...) mit je einem Textkorpus von maximal 1000 Zeichen).

- Völlig unklare, unverständliche Textpassagen, für die sich kein Zusammenhang zur Fragestellung herstellen lässt, dürfen aus dem inhaltlich zu analysierenden Textkorpus entfernt werden. Dies sollte erst am Schluss der Kategorienbildung geschehen und die ausgeschlossenen Textteile müssen unten am Ende der Dokumentation unter der Überschrift „aus der Analyse ausgeschlossen" archiviert werden.

- Dichotomien (gut vs. schlecht; vergangenheitsgerichtet vs. zukunftsgerichtet) sollten bei der Kategorienbildung vermieden werden, denn sie blockieren die Wahrnehmung für die Vielfältigkeit des Materials.

- Die Anzahl der einer Kategorie zugeordneten Sinneinheiten liegt – allerdings in Abhängigkeit von der Datenmenge – optimalerweise zwischen ‚einer Hand voll' und ca. 30. Bei deutlich mehr Sinneinheiten pro Kategorie ist zu prüfen, ob ggf. eine oder mehrere Unterkategorien gebildet werden können, um die Übersichtlichkeit und den angemessen Detaillierungsgrad zu erhöhen.

- Wenn ein erster Entwurf für das Kategoriensystem induktiv erstellt ist, sucht man nach impliziten Mustern. Im Zusammenhang mit der Selbstevaluation der Lehre können diese z.B. aus didaktischen Theorien gewonnen werden. Ein Beispiel: Lehrziele, Lernziele, Lehrhandeln, Lernhandeln, Lernresultate. Ein solcher deduktiver Kategorisierungsansatz sollte jedoch nachrangig erfolgen. Die qualitativen Daten sollten keinesfalls in ein vorgegebenes Raster gezwungen werden, denn dann hätte von vorneherein eine quantitative Erhebung durchgeführt werden können. Auf der anderen Seite macht die Evaluatorin sich damit klar, mit welchen impliziten Ordnungssystemen sie arbeitet. Sie kann kritisch prüfen, welche angemessener sind.

- Mit farblichen Markierungen (Schriftfarbe oder Texthervorhebungsfarbe) oder unterschiedlichen Schriftgrössen können zusätzliche Ordnungsmuster erzeugt werden, welche die nachfolgende Verdichtung und Interpretation unterstützen.

Technisches Vorgehen: Die Zuordnung der Daten zu den entstehenden Kategorien ist eine schrittweise zu erledigende Konstruktionsarbeit, bei der man den Überblick nicht verlieren darf. Dabei unterstützen verschiedene technische Verfahren, den roten Faden zu behalten. Der einfachste Weg ist (a) Textteile farblich zu markieren. Ein (b) klassisches Verfahren gab es bereits vor der Einführung des Kopierers: mit Bleistift übertragen und mit dem Radiergummi korrigieren; oder man nimmt (c) Schere und Klebstoff bzw. Pinnadeln. Deutlich mehr Text lässt sich – mit noch vertretbarem Einarbeitungsaufwand – mit (d) Textverarbeitungsprogrammen bewältigen, wovon die (e) Text-Sortier-Technik TST (siehe SPECIAL #2#) ein – immer noch konviviales – leistungsfähiges Verfahren darstellt. Eine (f) professionelle Auswertungssoftware ist für die Selbstevaluation weniger geeignet, wird hier jedoch aufgeführt, damit sie nicht unbedacht ausgewählt wird. Mit dieser Software zur qualitativen Datenanalyse (QDA) lassen sich zahlreiche andere Forschungs- und Lehraufgaben auf hohem Niveau erledigen. Im Folgenden werden diese Verfahren skizziert und in Tab. 14 werden ihre Vor- und Nachteile gegenübergestellt.

a) Textpassagen farbig markieren: Auf Papier (oder im Textdokument auf dem PC) werden diejenigen Textpassagen, welche derselben Kategorie zugeordnet werden, identisch markiert (mit transparenten Signalfarben; farbig unterstrichen; verschiedenfarbige Schriften etc.). Es wird eine Legende mit Farben und zugeordneten Kategoriennamen angelegt.

b) *Mit Bleistift übertragen – zum Korrigieren radieren:* Die Textpassagen – z.B. aus Bemerkungsfeldern zu offenen Fragen – werden mit Bleistift auf ein kariertes Din A3-Blatt („Kanzleipapier") samt Fallnummer übertragen und gleichzeitig nach Ähnlichkeit gruppiert. Kategoriennamen werden mit Bleistift darüber geschrieben. Umgruppierungen und Umbenennungen erfolgen durch Radieren und Neuschreiben.

c) Ordnen mit Schere und Kleber/Pinnadeln: Das Textdokument wird ausgedruckt. Textpassagen werden ausgeschnitten (Fallnummer auf den ‚Schnipseln' notieren!). Inhaltlich ähnliche Papierstreifen werden auf je ein Blatt geklebt, in dessen Kopf der Name der Kategorie vermerkt wird (Alternative: gruppiert auf eine packpapierbespannte Pinnwand geheftet; die Kategoriennamen auf Kärtchen über die jeweilige Gruppe gepinnt).

d) Per Textverarbeitung Absätze ordnen: Das elektronische Textdokument wird in Absätze zerlegt mit Angabe der Fallnummer am Ende. Ähnliche Absätze werden mit „Ausschneiden und Einfügen" (A&E) zusammen gruppiert. Über die Gruppen wird eine Überschrift (mittels Formatvorlage; eventuell mehrere Ebenen) eingefügt. Mit dem Befehl „Inhaltsverzeichnis einfügen" lässt sich die Legende erstellen.

e) Text-Sortier-Technik (TST): Der Fliesstext wird im Textverarbeitungsprogramm zu Tabellen umgewandelt: Eine Tabellenzeile enthält je eine Textpassage mit Fallnummer, (evtl.) Fragennummer und zugeordneter Kategoriennummer. Sonderzeichen ermöglichen „Suchen und Ersetzen" (zwecks Umcodieren). Der gesamte Textkorpus kann leicht sortiert werden. (Details siehe SPECIAL #2#).

f) Computergestützte qualitative Daten- und Textanalyse (QDA): Das Textdokument wird in ein QDA-Programm eingelesen und kann anschliessend bearbeitet werden, meist mit „Ziehen und Fallenlassen" (Drag & Drop). Das Markieren von Textteilen und das Zuweisen zu entstehenden Kategorien geschieht dynamisch und ist flexibel änderbar. Die Programme erstellen auch automatisch Legenden bzw. Schlüssel und Visualisierungen. Im deutschen Sprachraum sind Atlas ti und MAXQDA (praxisnahe Einführung: Kuckartz/Dresing/Rädiker/Stefer, 2007) verbreitet.

Tab. 14:   Technische Verfahren der zusammenfassenden Inhaltsanalyse

	Verfahren	Vorteile	Nachteile
a	Text-passagen farbig markieren	- kein Einarbeitungsaufwand - einfach handhabbar - anschaulich und übersichtlich	- für wenige Textseiten - Doppeln von Textpassagen schwierig - unübersichtlich, wenn Korrekturen notwendig - aufwändige Weiterarbeit
b	Mit Bleistift übertragen – radieren	- kein Einarbeitungsaufwand - ideal als erste Übung - intensive Textwahrnehmung	- für wenige Tausend Zeichen - nur für kurze Textpassagen - Änderungen sehr zeitaufwändig
c	Ordnen mit Schere und Kleber/ Pinnadeln	- kaum Einarbeitungsaufwand - Umcodierungen problemlos, wenn Schnipsel nicht aufgeklebt - erleichtert Kategorienbildung: visuell und haptisch; aktiv; konkret - in Kleingruppen bearbeitbar (evtl. mit grösseren Kärtchen) - > interaktiv/partizipativ	- nur bis mittlere Datenmengen - Doppeln aufwändig - schwer archivierbar/ austauschbar (bspw. per E-Mail) - man verliert schnell den Überblick (Tipp: auf Kopie des Ursprungstextes markieren, was zugeordnet)
d	Per Textverarbeitung Absätze ordnen	- kaum Einarbeitungsaufwand - Standardsoftware reicht aus - Textpassagen Doppeln leicht (A&E) - Umcodierungen problemlos	- nur bis kleine/mittlere Datenmengen geeignet - Überschaubarkeit geht schnell verloren
e	Text-Sortier-Technik (TST)	- für grössere Datenmengen geeignet - übersichtliche Strukturierung - Ergebnis als Datei weitergebbar - Textpassagen Doppeln leicht (A&E) - Umcodierungen problemlos - Sortierbarkeit Frage, Fragebogen, Kategorie - Auszählen durch Suchen&Ersetzen	- mittlerer Einarbeitungsaufwand - unübersichtlich bei vielen Fällen und zahlreichen Fragen - Zusatzauswertungen, z.B. nach Semesterzahl oder Pflicht-/Wahlveranstaltung sehr aufwändig
f	Computergestützte qualitative Daten- und Textanalyse (QDA)[1]	- für grösste Datenmengen - Automatisierbarkeit - hohe Flexibilität: Doppelcodierung, Veränderung von Baumstrukturen - mehrere Personen können den Text bearbeiten - leichtes Auszählen/Verbinden mit quantitativen Daten - grafische Aufbereitung leicht	- Anschaffungskosten (Shareware = begrenzt leistungsfähig) - hoher Einarbeitungsaufwand

---

[1]   Eine umfassende Einführung mit Übersicht zu zahlreichen Software-Paketen findet sich auf http://onlineqda.hud.ac.uk/Which_software [Stand 31. Juli 2011].

SPECIAL #2#   Text-Sortier-Technik (TST)

Dieses Verfahren zur Auswertung qualitativer Textdaten wurde Ende der 1980er Jahre von Wolfgang Beywl entwickelt und zusammen mit Ellen Schepp-Winter an die Selbstevaluation angepasst (Beywl/Schepp-Winter, 2000). Die TST basiert auf den oben bereits erläuterten methodologischen Grundsätzen der zusammenfassenden Inhaltsanalyse nach Mayring (2010, S. 67-94). Das Verfahren ist vielfach im Rahmen von Fremd- und Selbstevaluationen sowie in Abschlussarbeiten an Hochschulen angewendet worden und hat sich als konviviales Auswertungswerkzeug bewährt.

Die TST nutzt das Tabellentool eines konventionellen Textverarbeitungsprogramms (z.B. MS Word), wodurch die technische Seite der Auswertung effizient, flexibel und nachvollziehbar gestaltet werden kann. Die TST besteht aus sechs aufeinander aufbauenden Schritten der Textanalyse:

1. Erhebungsbogen und (soweit nicht schon erfolgt) Fragen mit Code versehen
2. Text aufnehmen in elektronisches Dokument
3. Zerlegen der Textpassagen in Sinneinheiten: ihrer Passung zur gestellten Frage prüfen
4. Kategorien induktiv entwickeln und codierte Sinneinheiten zuordnen
5. Dokumentation der aufbereiteten Textdaten anlegen
6. Kurzbeschreibung der Ergebnisse erstellen

Diese Schritte werden nachfolgend mit Daten eines Anschauungsbeispiels demonstriert: eine Selbstevaluation, die im Rahmen einer Präsentation des Leitfadens „KWB-Studiengänge begleiten und bewerten" (Beywl, 2007) durchgeführt wurde. Teilnehmende waren Studien- und Programmleitende der wissenschaftlichen Weiterbildung an der Universität Bern. Nach der ca. 60minütigen Präsentation füllten die 18 Anwesenden vor Eintritt in die Diskussion einen Feedbackbogen mit fünf Fragen aus. Dieser wurde in der Pause kopiert. Die Originale wurden zurückgegeben. Der Feedbackbogen war also gleichzeitig eine Einzelarbeits-Vorbereitung auf die anschliessende Diskussion (Praxisstrang) und ein Datenerhebungsinstrument (Untersuchungsstrang). Zu Schritt 1 bis 3 werden ausschnittweise Ergebnisse für acht Antwortende und die 1. und 2. Frage wiedergegeben. Diese lauten wie folgt:

1. Folgende 1 oder 2 zentrale „Botschaften" nehme ich aus der Präsentation mit:
2. Bedingungen/Voraussetzungen, um ein ähnliches Evaluationsverfahren auch in meinem Weiterbildungsstudiengang anzuwenden:

1. Schritt: Erhebungsbogen und Fragen codieren
Jeder ausgefüllte Fragebogen erhält eine Fallnummer (z.B. Fragebogen mit rotem Stift rechts oben je auf der ersten Seite nummerieren). Diese Nummer wird mit ei-

nem vorangestellten Sonderzeichen (§) zu einem Fragebogencode kombiniert. Bei weniger als zehn Fragebogen verwendet man das Sonderzeichen gefolgt von einem einstelligen Zahlencode, beginnend bei 1 (§1, §2, §3...); bei zehn bis 99 Fragebogen verwendet man zweistellige Zahlencodes – mit führender Null bei den ersten neun Codes – (§01, … §10, §11 …) usw.

Ebenso wird – soweit nicht bereits eingedruckt – jeder offenen Frage ein Code zugewiesen (Fragecode). Nach TST-Konvention setzt sich der Fragecode aus dem Sonderzeichen # und der fortlaufenden Nummerierung der Fragen zusammen, z.B. #01 für die erste offene Frage. (Dieser Schritt entfällt bei ungegliederten Texten, bspw. bei transkribierten narrativen Interviews.) Das Ergebnis des ersten Schrittes der Codierung ist in Abb. 10 dargestellt.

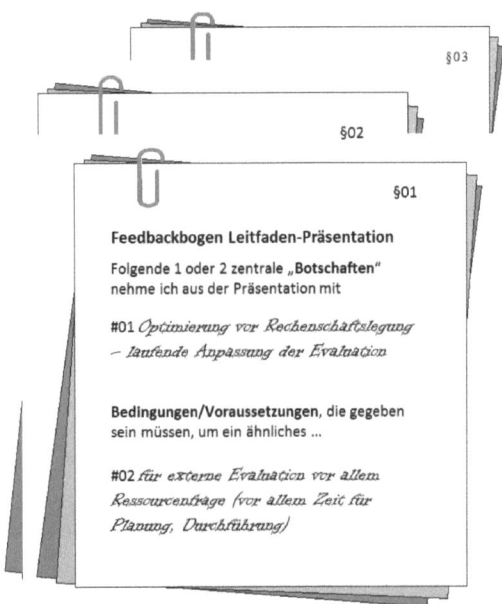

Abb. 10:   Beispiel für Codierung von Erhebungsbogen und Fragen

Die Sonderzeichen haben für die nachfolgenden Schritte in der elektronischen Textverarbeitung eine wichtige Funktion. Sowohl für Fragebogen (also Person bzw. Fall), als auch für die Frage und für die später gebildete Kategorie muss je ein eigenes Sonderzeichen reserviert und durchgängig genutzt werden:

Fragebogencode: §
Fragecode: #
Kategorie: %

Während diese Sonderzeichen in der Papierversion lediglich eine Gedächtnisstütze sind, sind sie in der ab Schritt 2 bestehenden elektronischen Version Pflicht.

2. Schritt: Text aufnehmen in elektronisches Dokument

Im diesem Schritt werden die Daten in ein Textdokument eingegeben. Um eine bessere Übersicht zu gewinnen, empfehlen sich als Seitenausrichtung für das Dokument das Querformat und eine schmale kleine Schriftart (z.B. Arial Narrow mit Zeichengrösse 6–8 Punkt). In der Textverarbeitung muss die Ansicht für die Formatierungszeichen eingeschaltet sein (man erkennt dies daran, dass die Absatzmarken ¶ sichtbar sind).

Die verbalen Daten (Antworten) werden wörtlich aus den Fragebogen (oder aus Notizen oder vom Plakat etc.) übernommen. Rechtschreibfehler dürfen korrigiert werden. Ergänzungen durch die Auswerterin werden in eckige Klammern gesetzt. Jede Textpassage wird mit der Enter-Taste abgeschlossen und die Absatzmarke ¶ dadurch gesetzt (immer ohne Leerzeichen davor!):

> Optimierung vor[rangig gegenüber] Rechenschaftslegung – für externe Evaluation vor allem Ressourcenfrage (vor allem Zeit für Planung, Durchführung)¶

Nach TST-Konvention steht zu Beginn des vollständigen Absatzes zuerst der Fragebogencode durch einen Tabulator (→) getrennt, als zweites der Fragecode (z.B. "§01→#01"). Danach folgt – durch einen weiteren Tabulator getrennt – die dazu zugehörige Textpassage. Es dürfen weder vor noch hinter den Tabulatoren Sonderzeichen oder Leerzeichen stehen.

> §01→#01→ Optimierung vor[rangig gegenüber] Rechenschaftslegung – für externe Evaluation vor allem Ressourcenfrage (vor allem Zeit für Planung, Durchführung)¶

Das Produkt dieses Schrittes ist in Abb. 11 zu erkennen:

```
§01  →  #01  →  Optimierung·vor[rangig·gegenüber]·Rechenschaftslegung;·laufende·Anpassung·der·Evaluation¶
§02  →  #01  →  Optimierung·steht·vor·Rechenschaft.·Einbezug·quantitativer·wie·qualitativer·Daten¶
§03  →  #01  →  Optimierung·geht·vor·Rechenschaft!¶
§04  →  #01  →  auf·welche·Ziele·ist·Evaluation·ausgerichtet;··Zielbestimmung·leitet·Verfahren¶
§01  →  #02  →  für·externe·Evaluation·vor·allem·Ressourcenfrage·(vor·allem·Zeit·für·Planung,·Durchführung)¶
§02  →  #02  →  Evaluation·der·einzelnen·Kursmodule·erfolgt·bereits;·klare·Strukturierung·der·periodischen·Evaluation·
                (teilweise·Verflechtung·verschiedener·Ebenen:·Programmleitung,·Studienleitung,·Dozierende)¶
§03  →  #02  →  Dass·Optimierung·im·Vordergrund·steht·[als·Voraussetzung];·und·ich·zusammen·mit·KL,·MA·und·TN·
                massgeschneiderte·Eval.·konstruieren·kann¶
§04  →  #02  →  klare·Strukturierung·der·Programmzeit·f.·E.;·angemessenes·Zeitvolumen·f.·E.¶
```

Abb. 11:		TST – codierter Text, geordnet nach Fragebogen und Frage
Legende: §Fragebogencode, #Fragecode

Auf den Fragecode kann verzichtet werden, wenn pro Frage jeweils ein eigenes Textdokument angelegt wird. Dies erschwert allerdings das Verschieben von Ant-

worten zu einer anderen Frage. Besonders häufig ist dies bei Transskripten aus offenen Interviews erforderlich, da Antworten oft schon gegeben werden, bevor die Frage gestellt wird oder erst später im Interviewverlauf auf eine frühere Frage geantwortet wird.

3. Schritt: Zerlegung der Textpassagen in „Sinneinheiten"

Um die spätere Sortierung der Aussagen nach inhaltlichen Kategorien zu ermöglichen, werden die Aussagen in Sinneinheiten aufgeteilt, sodass in jedem Absatz nur
noch ein inhaltlicher Aspekt angesprochen ist. Eine einzige Sinneinheit liegt dann
vor, wenn die Antwortpassage einen einzigen Aspekt oder mehrere sehr ähnliche
Aspekte enthält, die später einem Thema/einer Kategorie zugeordnet werden können. Beim Zerlegen werden die Zeichenfolgen beginnend beim § für den Fragebogencode inklusive dem Tabulator nach dem Fragecode kopiert und vor der neuen
Sinneinheit wieder eingefügt, sodass nun zwei oder mehrere Absätze identisch co-
diert sind. Bei der späteren Entwicklung des Kategoriensystems kann es auch erforderlich werden, Aussagen wieder zusammenzufassen oder nochmals zu unterteilen.

In Abb. 12 kann nachvollzogen werden, dass aus den acht Antworten nun elf
Sinneinheiten entstanden sind.

```
§01  →  #01  →  Optimierung·vor[rangig·gegenüber]·Rechenschaftslegung¶
§01  →  #01  →  laufende·Anpassung·der·Evaluation¶
§02  →  #01  →  Optimierung·steht·vor·Rechenschaft¶
§02  →  #01  →  Einbezug·quantitativer·wie·qualitativer·Daten¶
§03  →  #01  →  Optimierung·geht·vor·Rechenschaft!¶
§04  →  #01  →  auf·welche·Ziele·ist·Evaluation·ausgerichtet;··Zielbestimmung·leitet·Verfahren¶
§01  →  #02  →  für·externe·Evaluation·vor·allem·Ressourcenfrage·(vor·allem·Zeit·für·Planung,·Durchführung¶
§02  →  #02  →  Evaluation·der·einzelnen·Kursmodule·erfolgt·bereits;·klare·Strukturierung·der·periodischen·Evaluation·
                (teilweise·Verflechtung·verschiedener·Ebenen:·Programmleitung,·Studienleitung,·Dozierende)¶
§03  →  #02  →  dass·Optimierung·im·Vordergrund·steht·[als·Voraussetzung]¶
§03  →  #02  →  ...·und·ich·zusammen·mit·KL,·MA·und·TN·massgeschneiderte·Eval.·konstruieren·kann¶
§04  →  #02  →  klare·Strukturierung·der·Programmzeit·f.·E.;·angemessenes·Zeitvolumen·f.·E.¶
```

Abb. 12:   TST – codierter Text nach der Zerlegung in Sinneinheiten
Legende: §Fragebogencode, #Fragecode

4. Schritt: Kategoriensystem entwickeln – codierte Sinneinheiten zuordnen

Auf der Grundlage dieser Sinneinheiten werden die Kategorien gebildet. Jeder Sinneinheit wird ein Kategoriencode zugeordnet, der sich aus der für die Kategorie ver-
gebenen Nummer (vgl. Beispiel in Abb. 14) und wiederum einem Sonderzeichen
zusammensetzt. Nach TST-Konvention ist dies das Prozent-Zeichen (%) unmittelbar
gefolgt von der Zahl. Die Kategoriennummern sollten von Beginn an mehrstellig
gewählt werden, also mindestens zweistellig oder dreistellig. Bei der Vergabe der
Nummern sollten ‚Lücken' gelassen werden. Es werden z.B. zuerst %110, %120,

%130 vergeben, sodass nachträglich noch Zwischenkategorien oder Unterkategorien eingefügt werden können.

Der Kategoriencode wird den beiden anderen Codes vorangestellt. Jeder aus lediglich einer Sinneinheit bestehende Absatz enthält drei Codes und die Sinneinheit, je durch Tabulatoren getrennt. Die während des Lesens der Aussagen entwickelten Kategorien können schrittweise am Dokumentenende als Kategorienschlüssel, evtl. mit stichwortartigen Erläuterungen, festgehalten werden. Dabei hilft es, die Dokumentenansicht horizontal zu teilen. Im Wechsel zwischen Sinneinheiten und Kategorienschlüssel entsteht das Kategoriensystem. Will man Unterkategorien bilden oder Sinneinheiten zu einer neuen oder anderen Kategorie umgruppieren, kann man den Befehl „Ersetzen" der Textverarbeitung nutzen, um mehrere Kategoriencodes gleichzeitig zu ändern. Stellt man fest, dass eine Sinneinheit mehr als einer Kategorie zugeordnet werden kann, da sie komplexe oder mehrdeutige Inhalte hat, kann sie gedoppelt werden. Dass dies geschehen ist, muss durch ein „[gedoppelt]" zu Beginn der jeweiligen Sinneinheit für beide Zwillinge festgehalten werden.

%00 Stellungnahme zur Präsentation Beywl/Senn	%31 Fragestellungen
%01 Verbesserungshinweise zur Präsentation Beywl/Senn	%32 Differenzierung nach Evaluationsgegenständen
%02 Evaluationstheorie	%33 Über Blooms Stufen 1 & 2 hinausgehende Fragestellungen
%03 Beispiele guter Evaluationspraxis	%34 Auftraggebende als Datengebende
%04 Evaluationskonzept (s.a. %30)	%35 Methoden/Instrumente
%05 Einschätzung eigener Entwicklungsstand	%36 Konviviale Instrumente
%10 Evaluationszweck	%37 Elektronische Instrumente (Online-Erhebungen)
%11 Evaluationszweck Optimierung und/vor Rechenschaftslegung	%38 Feedbackbogen standardisiert
%12 Evaluationszweck: Vergleichbarkeit sichern [Rechenschaftslegung]	%37 Responsive Fragebogen
%19 Standardisierung als Vorteil (s.a. %38)	%40 Daten (qualitative und quantitative)
%20 Responsivität	%45 Auswertung qual./quant. Daten
%21 Responsivität: Hohe Relevanz/wichtiger als standardisiert	%60 Evaluationsergebnisse/Berichte
%22 Kultur-Struktur als zu berücksichtigende/zu erfassende Rahmenbedingung	%61 Rückmeldungen an Beteiligte wichtig
%25 Evaluationsarten	%96 Ressourcen
%26 Peerevaluation	%91 Geld
%27 Akkreditierung	%92 Zeit
%28 Fremd-/externe Evaluation	%93 Equipment /Software
%30 Evaluationsplanung (s.a. %04)	%94 Rolle KWB/Nützlichkeit Leitfaden
	%95 Unterstützung durch Stakeholder
	%96 Personal
	%98 Aufwand-Nutzen-Relation

Abb. 13:   TST – vollständiger Kategorienschlüssel für das Beispiel

Die nachfolgende Abb. 14 enthält einen kleinen Ausschnitt der 113 Sinneinheiten mit ihren Codes.

```
%11  →  §01  →  #01·Optimierung·vor[rangig·gegenüber]·Rechenschaftslegung¶
%21  →  §01  →  #01·laufende·Anpassung·der·Evaluation¶
%11  →  §02  →  #01·Optimierung·steht·vor·Rechenschaft¶
%40  →  §02  →  #01·Einbezug·quantitativer·wie·qualitativer·Daten¶
%11  →  §03  →  #01·Optimierung·geht·vor·Rechenschaft!¶
%10  →  §04  →  #01·auf·welche·Ziele·ist·Evaluation·ausgerichtet;··Zielbestimmung·leitet·Verfahren¶
%91  →  §01  →  #02·[gedoppelt]·für·externe·Evaluation·vor·allem·Ressourcenfrage·(vor·allem·Zeit·für·Planung,·
                 Durchführung)·¶
%92  →  §01  →  #02·[gedoppelt]für·externe·Evaluation·vor·allem·Ressourcenfrage·(vor·allem·Zeit·für·Planung,·
                 Durchführung)¶
%05  →  §02  →  #02·Evaluation·der·einzelnen·Kursmodule·erfolgt·bereits;·klare·Strukturierung·der·periodischen·Evaluation·
                 (teilweise·Verflechtung·verschiedener·Ebenen:·Programmleitung,·Studienleitung,·Dozierende)¶
%11  →  §03  →  #02·dass·Optimierung·im·Vordergrund·steht·[als·Voraussetzung]¶
%21  →  §03  →  #02·...·und·ich·zusammen·mit·KL,·MA·und·TN·massgeschneiderte·Eval.·konstruieren·kann¶
%92  →  §04  →  #02·klare·Strukturierung·der·Programmzeit·f.·E.;·angemessenes·Zeitvolumen·f.·E.¶
```

Abb. 14:   TST – codierter Text mit Kategoriencodes

Legende: %Kategoriencode, §Fragebogencode, #Fragecode

5. Schritt: Erstellung eines nach Kategorien sortierten Dokuments

Nun sind alle für die Text-Sortier-Technik erforderlichen Codes eingegeben, jedoch sind die Textpassagen immer noch nach Befragten sortiert. Um die Konsistenz der Kategorien zu prüfen, ist es erforderlich, sich alle Kategorien und die ihnen zuge-ordneten Sinneinheiten genau anzusehen.

Um die einzelnen Aussagen nach Kategorien-Codes zu sortieren, erfolgt die Umwandlung des Textes in eine Tabelle, denn dies erlaubt ein schnelles Sortieren nach den verschiedenen Spalten. Die Umwandlung von Text in Tabelle geschieht so: Der umzuwandelnde Text (jede Zeile muss dieselbe Anzahl Tabulatoren enthalten) wird markiert. In MS Word wird auf dem Registerblatt „Einfügen" unter „Tabelle" das Untermenü „Text in Tabelle umwandeln" angeklickt. Es erscheint ein Dialog-feld, in dem bei „Einstellungen für optimale Breite" „Inhalt" ausgewählt wird und für „Text trennen bei" die Tabstopps.

Die fertige Tabelle wird komplett markiert und auf der MS Word Registerkarte „Start" wird bei „Absatz" „Sortieren" angeklickt. Es öffnet sich ein Dialogfeld, in dem die gewünschten Sortieroptionen angekreuzt werden können. Abb. 15 enthält das Ergebnis zur Fragestellung 1 („Zentrale Botschaften") des Anschauungsbei-spiels.

Kateg.	Frageb.	Frage	Sinneinheit
%10	§04	#01	auf welche Ziele ist Evaluation ausgerichtet; Zielbestimmung leitet Verfahren
%10	§08	#01	[gedoppelt-teil] Evaluationen sollen nicht um des Evaluierens Willen gemacht werden; Evaluationen sollen wirklich zur Verbesserung und/oder Qualitätssicherung angesetzt werden
%10	§16	#01	Evaluation -> strategisches Instrument
%11	§01	#01	Optimierung vor[rangig] gegenüber] Rechenschaftslegung
%11	§02	#01	Optimierung steht vor Rechenschaft
%11	§03	#01	Optimierung geht vor Rechenschaft!
%11	§06	#01	Optimierung, nicht Rechenschaftslegung
%11	§07	#01	Evaluation ist nicht so sehr Rechenschaft, sondern Optimierung
%11	§08	#01	[gedoppelt-teil]Evaluationen sollen wirklich zur Verbesserung und/oder Qualitätssicherung angesetzt werden
%11	§10	#01	Evaluation differenzieren bezgl. QS und Rechenschaftszweck;
%11	§11	#01	Evaluation dient der Optimierung d. Studiengangs
%11	§14	#01	Optimierung als zentrales Anliegen;
%11	§17	#01	Priorität der Optimierung vor Rechenschaft
%11	§18	#01	Zweck: Optimierung vor Rechenschaftslegung
%21	§01	#01	laufende Anpassung der Evaluation
%21	§09	#01	Achten auf Bedarfsevaluation (Responsive Evaluation) (Evaluation der Qualität wegen)
%21	§11	#01	responsive Elemente einbauen
%21	§14	#01	Instrumente werden auf Studiengang zugeschnitten -> stärker responsiv
%21	§17	#01	Priorität der Responsivität vor Standardisierung
%22	§06	#01	eigene Kultur berücksichtigen
%22	§12	#01	Verknüpfung des Lern-/Führungsmodells mit Strukturlandkarte
%22	§16	#01	Struktur-Landkarte (sehr nützlich)
%30	§05	#01	[gedoppelt] gute Vorbereitung für Peer-Eval.
%30	§15	#01	Planung wichtig!;
%31	§13	#01	5 Bereiche von Fragestellungen
%35	§09	#01	neue Anreize betr. unserer Evaluationsbogen
%38	§05	#01	Fragebogen mit 5 Rubriken für mehr [Streuung?] > ausprobieren;
%40	§02	#01	Einbezug quantitativer wie qualitativer Daten
%60	§10	#01	Reflexion und differenzierte Handhabung der Ergebnisse von Evaluation je nach Kreis der Öffentlichkeit/Funktion
%61	§13	#01	Rückmeldungen an die verschiedenen Beteiligten (mit passendem Inhalt)

Abb. 15:   TST – codierter Text, nach Kategorie geordnet

6. Schritt: Kurzbeschreibung der Ergebnisse erstellen

Das so erstellte Dokument ist Grundlage für die Zusammenfassung und Interpretation und damit die Beantwortung der Evaluationsfragestellung. Ein Zwischenschritt in der TST kann sein, zuerst einmal die Kategorien genauer zu beschreiben und zu erläutern. In der Selbstevaluation wird man oft sofort zu beschreibenden und bewertenden Schlussfolgerungen übergehen, da für eine detailliertere Vorarbeit die Zeit fehlt. Zentral ist, dass diese Zusammenfassungen auf das Datenmaterial zurückgeführt werden können. Dies gilt für die Selbstevaluierenden (wenn sie etwa zu Beginn des Folgesemesters ihre Evaluationsergebnisse des vergangenen Semesters zu Rate ziehen) und ebenso für Dritte, denen man die Ergebnisse zeigt oder präsentiert. Nachfolgend ein Ausschnitt aus der Berichterstattung zum Anschauungsbeispiel:

Ergebnisse zur Fragestellung: „In welchem Masse wurden die zentralen Botschaften der Präsentation vom Publikum aufgenommen?"

Einige melden zurück, dass ihnen die „strategische" Rolle von Evaluation deutlicher geworden ist, deren klare Ausrichtung auf die Ziele, welche die Studiengangsverantwortlichen verfolgen, sowie das Evaluationen damit wirklich nützlich werden können (%10).

Die Mehrheit hält als Impuls fest, dass die Optimierung des Studiengangs vor den Evaluationszweck der Rechenschaftslegung gesetzt werden soll. Ihnen ist der grundlegende Unterschied zwischen diesen beiden möglichen Evaluationszwecken deutlich, für die es einer klaren Prioritätensetzung bedürfe (%11).

Für einige wurde deutlich, dass responsive Elemente zumindest einen Teil von Studiengangsevaluationen ausmachen, wenn sie nicht gar Priorität vor der Standardisierung erhalten sollen (%21).

Dass bei der Planung einer Evaluation die „eigene Kultur" zu berücksichtigen ist, wurde ebenso erwähnt wie dass das Instrument der „Struktur-Landkarte" nützlich sein kann (%22).

Weitere einzelne Nennungen:

- Wichtigkeit der Evaluationsplanung (auch für Peer-Evaluation) (%30);
- die genannten „fünf Bereiche von Fragestellungen" (%31);
- der vorgestellte Feedbackbogen mit fünf asymmetrischen Antwortvorgaben (%38);
- der Einbezug quantitativer wie qualitativer Daten (%40);
- die Relevanz gezielter Rückmeldungen an die Datengebenden sowie gezielter Kommunikation der Ergebnisse an vorgesehene Adressatengruppen (%60, %61).

Bewertung: Es ist für die Gesamtgruppe gut gelungen, die Grundzüge einer nutzungsfokussierten Evaluation von Weiterbildungsstudiengängen zu vermitteln. Ob dies zu nachhaltigen Umsetzungen etwa im Rahmen von Selbst-, Peer- und Inhouse-Evaluationen der Studiengänge führt, sollte durch eine interaktive Veranstaltung in etwa einem Jahr untersucht und ggf. nochmals angestossen werden.

(2) Auswertung quantitativer Daten

Diese zweite Hauptform empirisch erhobener Daten zeichnet sich durch Folgendes aus: Für die zu beschreibenden Merkmale bestehen eindeutige, überschneidungsfreie und vollständige Kategoriensysteme (als Ergebnisse zeitlich und logisch vorange- gangener qualitativer Erhebungen und Auswertungen). Diese können numerisch ausgezählt werden. Es kann gezählt werden, wie häufig bestimmte Merkmalsauspräg- gungen vorkommen. Je nach Skalenniveau der quantitativen Daten können weitere mathematische Operationen vorgenommen werden, wie zum Beispiel die Berech- nung des arithmetischen Mittels und vieler darauf aufbauender statistischer Mass- zahlen. Damit kann eine stark verdichtete Information auch für grösste Datenmen- gen erzeugt werden, und man kann leicht Vergleiche zwischen Gruppen vornehmen. Grundlagen und Vorgehensweisen hierfür sind in den statistischen Lehrbüchern dar- gestellt. Grundsätzlich unterscheidet man zwei aufeinander aufbauende Bereiche der Statistik: die deskriptive Statistik, mit der Masszahlen gegebener Datenmengen er- zeugt werden (vgl. z.B. Benninghaus, 2007); die schliessende Statistik (oder Infe- renzstatistik), mit deren Hilfe von bei kleinen repräsentativen Datenmengen (reprä- sentative Erhebungsmenge/Stichprobe) gewonnenen Masszahlen mit ausgewiesenen statistischen Wahrscheinlichkeiten auf die Masszahlen in Grundgesamtheiten ge- schlossen wird, ohne dass man bei allen Elementen dieser Grundgesamtheit Daten erheben muss. Da genügend grosse echte Zufallsstichproben eine seltene Ausnahme in der Selbstevaluation sind, konzentriert sich die Auswertung quantitativer Daten in der Selbstevaluation in aller Regel auf die Verfahren der deskriptiven Statistik.

Bei der deskriptiven Statistik reichen die Basisverfahren hin, um die erforderlichen Auswertungen quantitativer Daten vorzunehmen. Soweit man nicht über die erfor- derlichen Kenntnisse verfügt, ist eine Einarbeitung erforderlich, wofür zahlreiche Lehrbücher zur Verfügung stehen (vgl. z.B. Benninghaus, 2007). Nachfolgend wird auf Häufigkeitsverteilungen und Kreuztabellen als in der Selbstevaluation gebräuch- liche Auswertungsverfahren für quantitative Daten eingegangen und auf technische Hilfsmittel vom Taschenrechner bis zum Softwarepaket hingewiesen.

Einfache Häufigkeitsverteilung. Eine univariate Auswertung (nur *ein* Merkmal wird mit seinen Variationen dargestellt) führt zu einer einfachen Häufigkeitsvertei- lung. Diese fasst Daten zu diesem einen Merkmal zusammen (aggregiert diese), um sie auf einen Blick erfassbar zu machen. Dabei findet auch eine Datenreduktion statt. Die Elemente eines Merkmals, die die gleiche Ausprägung respektive den glei- chen Wert aufweisen, werden aufsummiert, z.B. für das Merkmal „Nationalität Stu- dierender" die Anzahl der Ausprägungen (Werte) „schweizerisch", „finnisch", „nie- derländisch" usw. Die Ergebnisdarstellung kann in Form einer Rangreihe erfolgen, geordnet nach Häufigkeit des Auftretens einer bestimmten Ausprägung (schweizerisch: 12-mal; niederländisch: 5-mal; finnisch: 2-mal).

Das fiktive Beispiel in Tab. 15 zeigt die Häufigkeitsverteilung der Antworten auf die Frage, in welchem Masse Studierende zur Finanzierung des Studiums vollständig auf Jobs angewiesen sind.

Tab. 15:   Beispiel zur tabellarischen Darstellung von Häufigkeitsverteilungen

1 Ich bin zur Finanzierung des Studiums vollständig auf Jobs angewiesen	2 Häufigkeit absolut	3 Häufigkeit prozentual
a trifft voll zu	15	27 %
b trifft eher zu	8	15 %
c trifft eher nicht zu	11	20 %
d trifft nicht zu	21	38 %
Gültige Werte	55	100 %
Fehlende Werte	2	
Gesamt	57	

Eine solche Häufigkeitsverteilung ist ohne Kenntnis über den Umfang derjenigen Gruppe, bei der Daten erhoben wurden, der Erhebungsmenge n, wenig aussagekräftig. Diese ist in diesem Falle identisch mit der Grundgesamtheit N (alle in die Veranstaltung eingeschriebene Studierende), daher n=N=57. Zwei Personen haben auf die gestellte Frage nicht geantwortet; es kommt daher zu fehlenden Werten. (Hätten sie – z.B. wegen Krankheit – gar nicht an der Befragung teilgenommen, wäre die angestrebte Erhebungsmenge 57 um 2 Fälle zu mindern und betrüge 55 Personen.) Als zusätzliche Information enthält die Tab. 15 in Spalte 3 Angaben zur Verteilung der Antwortausprägungen in Prozent. Solche prozentualen Häufigkeiten sind meist informative Ergänzungen zu den absoluten Häufigkeiten. Sie sind nur dann sinnvoll, wenn die Menge der Elemente, über deren anteilsmässige Verteilung etwas ausgesagt werden soll, genügend gross ist. So sollte man bei einem gültigen $n \leq 20$ nicht prozentuieren. Bei gültigen $n > 20$ bis $n \leq 100$ ist es oft sinnvoll, sowohl die absoluten Werte wie die Prozentwerte aufzuführen. Bei gültigen $n > 100$ sind ausschliesslich prozentuale Angaben häufig am übersichtlichsten. Wenn ausschliesslich die Verteilung der Prozentwerte (Spalte 2) wiedergegeben wird, muss die Anzahl der gültigen n immer mit angegeben werden. Es empfiehlt sich, bei Häufigkeitsverteilungen die Spalten und Zeilen zu kennzeichnen (im Beispiel mit Ziffern und Buchstaben), da bei Präsentationen leichter auf einen bestimmten Wert Bezug genommen werden kann

Kreuztabellen: Wenn man an Verteilungsmustern interessiert ist, die sich aus der Kombination zweier Merkmale ergeben (bivariate Auswertung), ist die Kreuztabelle geeignet. Eine Kreuztabelle ist eine Art gemeinsame Häufigkeitstabelle zweier Merkmale, welche die quantitativen Beziehungen dieser Merkmale auf einen Blick erfassbar macht. Die Werte zweier Merkmale werden ‚gekreuzt‘. Dies ermöglicht zu erkennen, wie die Verteilungen beider Merkmale zusammenhängen. Dabei ist es in der Selbstevaluation notwendig, Annahmen über einen Zusammenhang zu formulieren, bevor bivariate Auswertungen erzeugt werden. Werden diese ‚auf Vorrat‘ erstellt, produziert man viele zusätzliche Daten, die man zur systematischen Verbesserung der Lehre selten nutzen kann.

Nachfolgendes Beispiel stammt aus einem Selbstevaluationsprojekt. Die Evaluationsfragestellung lautet: „Als wie hilfreich schätzen die beiden Studierenden-Gruppen mit oder ohne einschlägige Vorbildung (nach Fach der Erstausbildung) den als Intervention zur besseren Lernzielerreichung neu eingeführten Reader ein?" Der Selbstevaluator erhofft sich vom Reader, dass dieser die Wissenslücken der Studierenden ohne einschlägige Vorbildung schliessen hilft. Zur Überprüfung dieser Annahme dient die nachfolgende Kreuztabelle (Tab. 16). Diese stellt folgendes dar: Die Antworten auf die Frage „Wie hilfreich war der Reader Unternehmenskommunikation?" differenziert nach Gruppe A (mit einschlägiger Vorbildung) und Gruppe B (ohne einschlägige Vorbildung) in absoluten Werten. Offensichtlich entspricht der Reader den Bedürfnissen der Gruppe B besser als denjenigen der Gruppe A. In Gruppe B beurteilen 12 von 16 Personen den Reader als hilfreich und zwei sogar als sehr hilfreich, in Gruppe A beurteilen ihn fünf von 17 als hilfreich und niemand als sehr hilfreich.

Tab. 16:   Beispiel für eine Kreuztabelle mit absoluten Werten

Wie hilfreich war der Reader?	1 wenig hilfreich	2 teils hilfreich	3 hilfreich	4 sehr hilfreich	Gesamt
a Gruppe A; mit einschlägiger Vorbildung	2	10	5	0	17
b Gruppe B; ohne einschlägige Vorbildung	1	1	12	2	16
Gesamt	3	11	17	2	33

Das Ergebnis wird noch anschaulicher, wenn man in die Zellen statt der absoluten die prozentualen Werte einträgt. Für den Fall, dass eines der beiden Merkmale das beeinflussende ist (unabhängige Variable), das andere das beeinflusste (abhängige Variable), ist es wichtig, sich klarzumachen welche Prozente man ausweist (also die Zeilenprozente oder die Spaltenprozente).

Im Fall der Tab. 16 ist das in den Zielen dargestellte Merkmal – die Gruppenzugehörigkeit – offensichtlich beeinflussend. Dementsprechend müssen in Tab. 17 die Zeilenprozente (Prozentanteile der Zellenwerte an der Zeilensumme) ausgewiesen werden. Auch hier ist die Angabe des absoluten Summenwertes unverzichtbar (n=33).

Tab. 17:   Beispiel für eine Kreuztabelle mit prozentuierten Werten

Wie hilfreich war der Reader?	1 wenig hilfreich	2 teils hilfreich	3 hilfreich	4 sehr hilfreich	Gesamt
a Gruppe A; mit einschlägiger Vorbildung	12%	59%	29%	0%	53%
b Gruppe B; ohne einschlägige Vorbildung	6%	6%	75%	13%	47%
n=33	9%	33%	52%	6%	100%

Technische Hilfsmittel für die quantitative Auswertung: Für geringe Datenmengen – bis zu einer Handvoll Merkmale aus kleineren Lehrveranstaltungen (N bis 30) – genügt ein Taschenrechner, so lange man univariat auswertet. Sind die Datenmengen grösser oder will man bivariat auswerten, nutzt man am besten ein gängiges Tabellenkalkulationsprogramm wie z.B. MS Excel. Damit kann man nicht nur komfortabel summieren oder Mittelwerte berechnen, sondern auch Kreuztabellen erstellen und schliesslich Diagramme. Die an Hochschulen gängigen Online-Lernplattformen beinhalten oft Module, nicht nur um Online-Befragungen durchzuführen, sondern auch um statistische Auswertungen vorzunehmen. Speziell für den Bildungsbereich zugeschnitten ist das kostenlos erhältliche und fortdauernd gepflegte Freeware-Softwarepaket GrafStat (www.grafstat.de; Stand 31. Juli 2011: Version 4.2). Auch mit ihm lassen sich Fragebogen erstellen, ausdrucken oder ins Internet stellen und qualitative und quantitative Daten eingeben. Letztere können statistisch ausgewertet und in Diagramme umgesetzt werden. GrafStat ist auf die Anwendung für ‚Laien‘ optimiert. Es verhindert durch Eingabe- und Auswertungsbeschränkungen grobe Fehler bei der statistischen Auswertung. Es enthält umfangreiche Lern- und Hilfsprogramme und kann damit als eine Art Selbstlernprogramm für Datenerhebung und -auswertung genutzt werden. Professionelle Statistiksoftware wie SAS, Stata oder SPSS ist – wenn man sie nicht ohnehin täglich nutzt – wegen der hohen Einarbeitungszeit für die Selbstevaluation nicht geeignet.

Kollaborative Auswertung: Die Auswertung der gewonnenen Daten kann auch bei bester Planung arbeits- und zeitintensiv werden. Ein fruchtbarer Ausweg kann darin bestehen, auch die Auswertung mit dem Lehr- und Lernhandeln zu integrieren. Diese Möglichkeit ist nicht in allen Fächern gleich gut ausgeprägt, doch lohnt es sich, nach Nischen für ein gemeinsames, kollaboratives Auswerten mit den Studierenden zu suchen. Die in der Selbstevaluation engagierte Lehrperson kann sich dadurch entlasten und auch die Auswertung konvivial gestalten. Dies bedeutet, Teile oder die gesamte Auswertung sowohl quantitativer wie qualitativer Daten an einzelne Studierende oder – häufiger – an Gruppen zu delegieren. Auf diesem kollaborativen Weg wird nicht nur ausgewertet, sondern auch schon geschlussfolgert und bewertet. Es gibt erste Rückmeldungen an die Studierenden und auch die Nutzung der Ergebnisse beginnt, das heisst Teile der in den Kapiteln 2.7.3 und 2.8.1 beschriebenen Teilschritte werden in einem Zug erledigt.

Wenn man einfache technische Arbeiten, wie zum Beispiel das Übertragen von (anonymisierten!) Fragebogendaten in die Tabellenkalkulationen, delegieren möchte, sollte man dies mit inhaltlichen Auswertungsaufträgen verbinden, sodass über die reine Routinetätigkeit hinaus auch interessante Aufgaben zu lösen sind. So können die Studierenden gebeten werden, *vor* der Dateneingabe die von ihnen erwarteten Verteilungsmuster per Hand in einen leeren Fragebogen einzugeben. Sobald die Studierenden die Häufigkeiten ausgezählt haben, können sie Übereinstimmungen und Abweichungen feststellen und Annahmen insbesondere für das Zustandekommen von Abweichungen formulieren. Damit ist der Übergang in die nächste Phase, die der Ergebnisinterpretation, eingeleitet (vgl. Kapitel 2.7.3). Grundsätzlich sollte man, wenn man Auswertungen delegiert, deren Ergebnisse kritisch durchsehen, um sicherzustellen, dass keine groben Fehler passiert sind oder aufgrund von Missverständnissen anders vorgegangen wurde als geplant.

Nachfolgend drei Beispiele für kollaboratives Auswerten:

Fragebogen, die geschlossene und offene Fragen enthalten, können in zwei Phasen ausgewertet werden, wobei die erste kollaborativ ist. Nachdem die Studierenden ihren Fragebogen individuell ausgefüllt haben, werden sie gebeten, die Kreuze von ihrem eigenen Fragebogen auf ein vorbereitetes Plakat mit einem ‚vergrösserten' Fragebogen zu übertragen. Dann gehen sie in die Pause. In der Pause kann die Lehrperson alle oder einige Fragen auszählen und die Zellensummen mit dickem Chartmarker auf das Plakat schreiben. Nach der Pause kann die Lehrperson gemeinsam mit den Studierenden das Ergebnis ansehen. Je nach verfügbarer Zeit gibt es zwei alternative Vorgehensweisen. Entweder bittet die Lehrperson die Studierenden, das Ergebnis zuerst zu *beschreiben* (diese Zusammenfassungen hält sie auf Flipchart für alle sichtbar fest) und danach um einige (bewertende) Interpretationen. Diese werden ebenfalls festgehalten. Wichtig ist, nicht nach Konsens zu suchen sondern evtl. divergierende Bewertungen nebeneinander stehen zu lassen. Die Lehrperson muss sich für diese Art der interaktiven Auswertung sicher genug fühlen und Rechtfertigungen vermeiden. Sie dankt abschliessend für das Feedback. Oder – bei knapper Zeit – formuliert die Lehrperson selbst eine zusammenfassende Beschreibung, fragt nach Ergänzungen und Kommentaren. Im Anschluss sammelt die Lehrperson die Fragebogen ein, um insbesondere offene Fragen, die Anregungen für Verbesserungen enthalten, detaillierter auszuwerten.

Auch die Auswertung von qualitativen Daten kann für die Studierenden interessant und motivierend sein. Dafür ein Beispiel:

In der Unterrichtszeit einer Veranstaltung „Weiterbildungsmanagement" wird von den Studierenden eine qualitative Inhaltsanalyse der bei ihnen selbst erhobenen Daten durchgeführt. Die Studierenden verfolgen über die 14 Veranstaltungen im Semester ein realitätsnahes Projekt. Sie entwickeln ein Kursangebot „Masterarbeit professionell schreiben" einschliesslich Finanzierungs- und Vermarktungskonzeption. Arbeitsteilig sind sie in Rollen wie „Weiterbildungsmanagerin", „Programmentwicklerin", „Marketingleiterin" tätig. Der Dozent bittet sie, zur vorletzten Sitzung für die je wahrgenommene Rolle rückblickend eine kurze Tätigkeitsbeschreibung (max. 2.000 Zeichen), unter Nutzung der in der Weiterbildungsveranstaltung erworbenen Fachterminologie, zu erstellen. Um die Realitätsnähe zu erhöhen, soll der Stil dem beschreibenden Teil eines Arbeitszeugnisses entsprechen.

In der vorletzten Sitzung führen die Studierenden in Gruppen qualitative Inhaltsanalysen der Tätigkeitsberichte von Mitgliedern aus einer anderen Gruppe durch. Als Bewertungsgrundlage erhalten sie eine Liste relevanter Fachbegriffe, die in Kompetenzbeschreibungen für Weiterbildungsmanager vorkommen. Sie analysieren, in welchem Masse Fachbegriffe korrekt genutzt werden, inwiefern diese in einen stimmigen Argumentationszusammenhang gestellt sind usw.

Die Auswertungsteams können ergänzende Fachwörter zur Liste des Dozierenden vorschlagen. Abschliessend erstellen die Studierenden in ihren Gruppen eine vierstufige Beurteilungsskala, die vom Pol „alltagssprachlicher Text" bis zum Pol „konsistenter dichter Fachtext" (oder: „mit Fachwörtern überladener, kaum verständlicher Text") reicht. Sie operationalisieren die verschiedenen Kriterien (z.B. „Verständlichkeit", „Fachlichkeit") und beurteilen die von ihnen bearbeiteten Tätigkeitsbeschreibungen danach. Wichtig ist es, den Studierenden klar zu machen, dass es um eine Programmevaluation geht mit der Fragestellung: „In welchem Masse ist die projektorientierte Veranstaltung geeignet, den angezielten Kompetenzerwerb bei den Studierenden zu unterstützen?", und nicht um eine Personenevaluation mit der Fragestellung: „In welchem Masse haben die Studierenden die Kompetenz erworben…", als Grundlage für eine Entscheidung ‚bestanden'/‚nicht bestanden' oder für die Auflage ‚nachzubessern'. Bei dieser Form des in das Lernhandeln integrierten Auswertens vertiefen die Studierenden fachbegriffliches Wissen und üben das Vorgehen einer – in vielen Wissenschaftsfeldern methodisch relevanten – qualitativen Inhaltsanalyse. Ausserdem übernehmen sie für die Selbstevaluation des Dozierenden erforderliche Arbeiten.

Dieses Beispiel kann um eine quantitative Auswertung erweitert werden, in der das Verhältnis Fachwörter pro Gesamtzahl Wörter angegeben wird. Zur Beurteilung dieses Verhältnisses muss eine angemessene Erfolgsspanne mit einem Minimal-Erfolgspunkt *und* einem Maximal-Erfolgspunkt festgelegt werden.

Ein anderes Beispiel, ebenfalls für qualitative Daten: Beim Auswertung der Daten aus dem konvivialen Erhebungsinstrument „Fokussiertes Auflisten" (vgl. Kapitel 4.6) können die Studierenden prüfen und diskutieren, wie korrekt die auf Arbeitsblättern gegebenen Antworten respektive Lösungen sind. Sie entwickeln Fragestellungen und organisieren ihren Lernprozess selbst (Verschränkung von Datenauswerten und Studieren). Bei grösseren Veranstaltungen (mehr als z.B. 24 Studierende) kann die Datenverdichtung kaskadenartig organisiert werden: Nach dem Ausfüllen eines Rückmeldebogens oder der Bearbeitung eines Arbeitsblattes in Einzelarbeit kann in einem nächsten Schritt in einer 4er- bis 6er-Gruppe über die Ergebnisse diskutiert werden. Dabei wird in der Gruppenarbeit nur das festgehalten und kurz schriftlich begründet, was (nahezu) Gruppenkonsens findet. Dies wird auf ein Gruppenplakat übertragen. Mehrere Gruppen erstellen auf Basis dieser Gruppenplakate ein Teilplenumsplakat. Diese kommen schliesslich ins Plenum und werden dort zu einem einzigen Ergebnisplakat verarbeitet. Es könnte sich nun – mit neu zusammengesetzten Kleingruppen, eine zweite Phase zu ‚Umstrittenem' anschliessen, für das entweder eine Lösung oder für das am Schluss ausformulierte Fragen priorisiert in das Plenum eingebracht werden, in dem die Dozentin strittige Punkte behandelt. Diese verfügt am Schluss über zahlreiche Dokumente und ein erstes Ergebnis dazu, inwieweit das fokussierte Auflisten zur Erreichung der kognitiven Lernziele beiträgt.

SPECIAL #3#   Visualisierung von Ergebnissen

Wenn die intensive qualitative oder quantitative Auswertungsarbeit abgeschlossen ist, verfügen die Selbstevaluierenden über Antworten auf ihre Evaluationsfragestellung. Wollen sie die gewonnenen Ergebnisse auch den Studierenden rückmelden oder an Dritte weitergeben, müssen sie diese gegebenenfalls so aufbereiten, dass sie von den Adressierten zutreffend und schnell aufgenommen werden können.

Für qualitative Daten eignen sich zum Beispiel Mind-Maps, die man per Hand oder mittels Software erstellen kann (siehe: www.mind-mappingsoftware.co.uk), Flussdiagramme (erstellt z.B. mit MS Visio) oder freie Darstellungsformen, eventuell unterstützt durch Cartoons oder andere Bilder. Nachfolgende Abb. 16 ist eine Visualisierung von Äußerungen zum kontroversen Thema „Eliteuniversitäten", wie sie automatisiert von der QDA-Software MAXQDA erstellt wird.

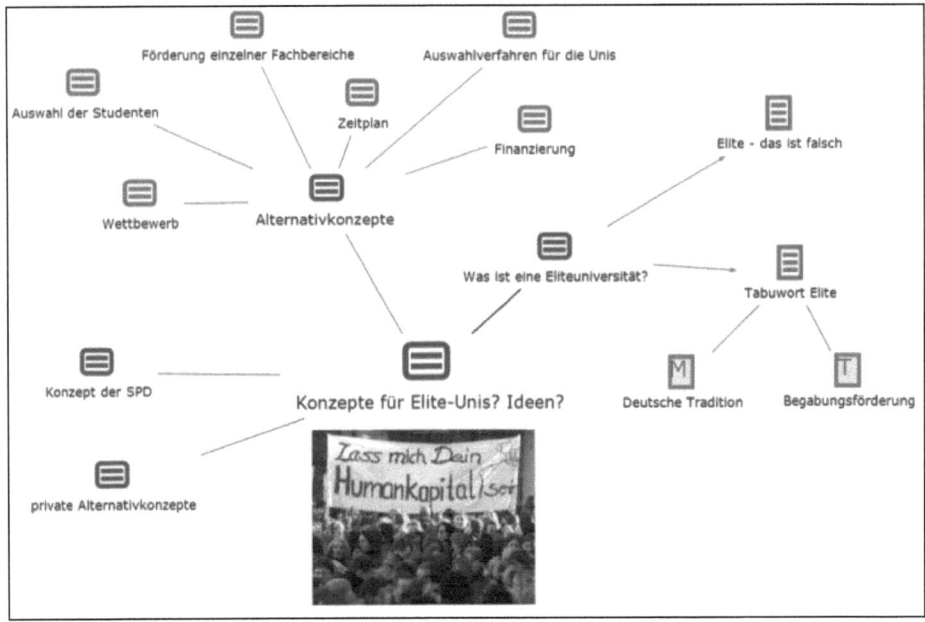

Abb. 16:   Grafische Darstellung qualitativer Daten mittels QDA-Software
(Quelle: http://www.maxqda.de/produkte/screenshots)

Zur Visualisierung quantitativer Daten sind Diagramme in Tabellenkalkulationssoftware geläufig. Kreis-, Balken-, Säulen- oder Punktdiagramme stellen quantitative Daten anschaulich, verständlich und leicht erfassbar dar. Bei Hierhold (2005) und einer Vielzahl weiterer Fachbücher finden sich zahlreiche Hinweise und Beispiele für gute Visualisierungen komplexer Inhalte.

Nachfolgend einige Tipps für Diagramme:

- Es muss geklärt sein, für wen das Diagramm bestimmt ist und ob die Adressierten an Diagramme gewöhnt und in der Lage sind, diese zu lesen.
- Ein Kreisdiagramm mit seinen Segmenten veranschaulich Anteile an einem Ganzen und deren Grössenverhältnisse untereinander. Es ist besonders für eine univariate Häufigkeitsverteilung von Daten auf nominalem Skalenniveau geeignet.
- Balkendiagramme können mehrere univariate Häufigkeitsverteilungen im Vergleich darstellen. Sie sind besonders geeignet, um die Verteilungen der Antworten auf mehrere Ratingfragen mit identischen Antwortgaben darzustellen (z.B. für die Fragen 1–6 des Kurs-Feedbackbogens in Abb. 9). In diesem Falle wären es sechs Balken mit je fünf Segmenten („gestapeltes Balkendiagramm").
- Säulendiagramme leisten Ähnliches wie Balkendiagramme. Man verwendet sie, wenn die X-Achse, auf der sie von links nach rechts angeordnet sind, zumindest eine Rangskala darstellt (sonst: Balkendiagramm). Beispiel ist „Anzahl der in der Testklausur korrekt erläuterten Begriffe" (= Säulenhöhe) in den zurückliegenden vier Semestern (rechte Säule gleich letzte Messung).
- Mit Liniendiagrammen können Zusammenhänge zwischen zwei Merkmalen mit vielen verschiedenen Ausprägungen dargestellt werden, z.B. wie sich das Merkmal „statistische Kompetenz" (in Punkten aus einem Leistungstest) in Abhängigkeit vom Merkmal „Teilnahme an Statistikveranstaltungen in Präsenzstunden" darstellt. Liniendiagramme sind ausschliesslich bei höheren Skalenniveaus (ab Intervallskala) zulässig.
- Ein Diagramm soll überschaubar sein. Es sollte nicht mehr als 15, in Ausnahmefällen bis zu 20 Datenpunkte beinhalten, nicht mehr als vier Linienzüge oder nicht mehr als acht Sektoren bei einem Kreisdiagramm.
- Es soll auf eine sinnvolle Anordnung der Säulen, Balken bzw. Sektoren im Kreis geachtet werden: Bei Balkendiagrammen kann z.B. (wenn dies frei wählbar ist) der längste Balken oben (wenn grosse Länge = positiv), dann absteigend bis zum wenigst positiven Balken geordnet werden. Bei einem Kreisdiagramm empfiehlt es sich, die Kreissektoren in Uhrzeigerrichtung vom grössten zum kleinsten Sektor anzuordnen und bei 12.00 Uhr zu beginnen.
- Flächen und Linien sollen die beabsichtigte Aussage unterstützen: Die Strichstärke, die zur Darstellung eines Merkmals genutzt wird, sollte grösser sein als diejenige der Achsenlinie. Unterschiedliche Linienstile sollten sinnvoll verwendet werden, z.B. punktiert und durchgezogen um den Ge-

gensatz zwischen Soll und Ist zu verdeutlichen. Grüne Farbe (und Nuancen) stehen für Positives, rote (und Nuancen) für Negatives.

- Werden Prozentwerte in einem Diagramm dargestellt, muss immer angegeben sein, auf welchen absoluten Wert („N" oder „n") prozentuiert wird.
- Soll eine Veränderung im Zeitverlauf aufgezeigt werden, kann dies entlang der horizontalen Achse, d.h. von links nach rechts dargestellt werden, z.B. mittels eines Säulen- oder Liniendiagramms, je nach Skalenniveau.

Die Beschriftung eines Diagramms soll folgende Informationen enthalten:

- einen aussagekräftigen Titel bzw. eine Abbildungsbeschriftung,
- die Bezeichnung der Datenquelle sowie die Grösse der Erhebungsmenge,
- den Zeitpunkt der Datenerhebung,
- die Bezeichnung der statistischen Masse, die im Diagramm dargestellt werden (z.B. „Mittelwert"),
- Angaben, ob Häufigkeitsverteilungen aus quantitativen Instrumenten (z.B. mit geschlossenen Fragen; „gF") oder aus qualitativen Instrumenten (z.B. mit offenen Fragen „oF" stammen). Die Anzahl der Merkmalsausprägungen eines offen gewonnenen Merkmals hat oft eine grössere Bedeutung als die gleiche Anzahl aus geschlossenen Instrumenten.

2.7.3   Bewerten und Schlussfolgern

Mit der Formulierung explizit bewertender Aussagen verlässt die Selbstevaluation den bisher beschrittenen Weg der Beschreibung und wendet sich der Bewertung zu. Dabei ist es besonders wichtig, dass stets deutlich wird, was die Referenz für die Bewertungen ist, was also als Kriterium (Gesichtspunkt, auf den die Bewertung Bezug nimmt) oder Vergleichsmassstab herangezogen wird, und welche Kriterienpunkte gesetzt sind, damit die Bewertung nachvollzogen werden kann.
Grundsätzlich kommen verschiedene Sorten von Vergleichsmassstäben in Frage.

Ergebnisse lassen sich z.B. danach beurteilen, ob das Maximale erreicht wurde oder ob sie über einem Durchschnitt liegen. In Tab. 18 sind acht verschiedene Vergleichsmassstäbe aufgelistet. Zu jedem Vergleichsmassstab werden Beispiele ausgeführt, wie Kriterienpunkte für eine fiktive Lehrveranstaltung „Deskriptive Statistik" formuliert werden könnten. Dabei wird vereinfachend folgendes Szenario zugrunde gelegt: Mittels Tests wurden Leistungen in drei Kriteriendimensionen gemessen (Maximum pro Dimension = 10 Punkte): A: Begriffswissen ($\varnothing$=6,7); B: Datenprüfung ($\varnothing$=4,2); C: Berechnung statistische Masse ($\varnothing$=7,5). Durchschnitt über die drei Dimensionen: $\varnothing$= 6,1.

Der Königsweg für Selbstevaluation ist derjenige über (selbst) gesetzte Ziele (Vergleichsmassstab Nr. 5). Die anderen Vergleichsmassstäbe dienen der Orientierung, woran sich selbst gesetzte Ziele anlehnen oder von denen sie sich abgrenzen können. Wenn man sich beim Bewerten an selbst gesetzten Zielen orientiert, fördert dies ein stimmiges Lehrveranstaltungskonzept, bei dem didaktisch-methodisches Handeln den Lehrzielen folgt und die Beurteilung der Resultate nach demselben Vergleichsmassstab erfolgt, an dem sich Konzept und Lehrhandeln orientieren. Aus dem Vergleich vorher selbst festgesetzter Ziele mit dem Erreichten leitet die Lehrperson für sich ab, was als nächstes zu tun ist: Schritte zur Konsolidierung bzw. Verbesserung der Lehrveranstaltung bzw. zur Weiterentwicklung der eigenen Lehrkompetenz.

Tab. 18:   Vergleichsmassstäbe Lehrveranstaltung „Deskriptive Statistik"

Vergleichsmassstab	Beispielhafte Kriterienpunkte
1 Durchschnitte der Ergebnisse der eigenen Veranstaltung (Vergleichsmassstab ergibt sich erst im Nachhinein!)	Es ist nicht möglich vorab Kriterienpunkte zu setzen; nach Auswertung wendet man sich meist dem relativ schwächsten Aspekt – hier: „Datenprüfung" – zu; ein weit verbreitetes, unsystematisches Vorgehen!
2 Der beste ‚Mitbewerbende' – How close to excellence? (Vergleichsmassstab ergibt sich erst im Nachhinein!)	Der mittlere Abstand der Testergebnisse der eigenen Veranstaltung zu denen der besten Veranstaltung, die denselben Statistiktest anwendet, soll in keiner der drei Dimensionen mehr -1,5 betragen.
3 Das maximal Erreichbare	Alle Teilnehmende lösen alle Aufgaben zu 100% richtig.
4 Der Durchschnitt der Vergleichsangebote des vorangegangenen Semesters	Der Mittelwert über alle Dimensionen in der eigenen Veranstaltung soll bei oder über dem Mittelwert aller ähnlichen Statistikveranstaltungen liegen.
5 Vorab (evtl. von aussen) festgelegte (Minimal-) Erfolgspunkte	Die Lehrveranstaltung muss auf den drei Kriteriendimensionen mindestens folgende Mittelwerte erreichen: A: 6,5; B: 6,0; C: 8,0 *und* mindestens 51% müssen den Abschlusstest bestehen.
6 Vergleich zur Ausgangslage (Lernzuwachs/value added)	Auf jeder der drei Kriteriendimensionen sollen die mittleren Punktzahlen des Schlusstests mindestens 5 Punkte über denen des Eingangstests liegen.
7 Erwartungen von Stakeholdern, z.B. von Lehrenden aufbauender Veranstaltungen	Da es in der nachfolgenden projektförmig organisierten Lehrveranstaltung zentral ist, dass die Teilnehmenden eine saubere Datenprüfung vornehmen können, sollen

	oder aktuellen oder künftigen Arbeitgebenden/Vorgesetzten	mindestens 2/3 der Teilnehmenden in der Abschlussprüfung „deskriptive Statistik" in dieser Kriteriendimension 7,5 Punkte oder mehr erreichen.
8	Geringes oder hohes Potenzial/Schwächen oder Stärken (Berücksichtigung der Besonderheiten der Situation (im Vergleich zum „Normalen")	Da meine Statistikveranstaltung dieses Semester nur neun Präsenztermine hat, werte ich eine Negativ-Abweichung im Gesamtmittel von bis 0,5 Punkten zum Wert meines letzten Semesters noch als Erfolg. Da ich diese Veranstaltung zum 6. Mal durchführe und die Übungen optimiert habe bin ich erst zufrieden, wenn ich 0,3 Punkte über meinem letzten Wert erreiche.

Schlussfolgerungen in der Selbstevaluation können als Empfehlungen der Selbstevaluierenden an sich selbst aufgefasst werden. Sie verbinden den Untersuchungsstrang wieder mit dem Praxisstrang. Sie fokussieren die für die Weiterentwicklung der Lehrveranstaltung bzw. Lehrpraxis zentralen Beschreibungen und Bewertungen, z.B. indem diese als „gezogene Lehren" (*lessons learned*) formuliert werden. Diese sind verbunden mit einer Selbstverpflichtung, wie man als Lehrperson in Bezug auf die konsolidierten und die kritischen Punkte künftig handeln will. Beispielsweise wird die je wichtigste Stärke und Schwäche des Evaluationsgegenstandes benannt und es wird festgehalten, wie das Gelungene gestärkt und ein Mangel behoben werden kann. Die Schlussfolgerungen können sich auf den Praxisstrang richten: Soll das Konzept der Lehrveranstaltung beibehalten werden, sollen Ziele weiterverfolgt werden, sollen Kriterienpunkte, gleich oder tiefer angesetzt werden, soll die Intervention beibehalten oder verstärkt, sollen andere Interventionen ausprobiert werden? Sie können sich auch auf den Untersuchungsstrang richten, insofern eine verstärkt sichtbare oder neue Knacknuss als Ausgangspunkt für eine weitere Selbstevaluation (z.B. im nächsten Semester) genommen wird.

2.8   Ergebnisse rückmelden und nutzen

F5 – Offenlegung der Ergebnisse

Das Selbstevaluations-Team soll möglichst frühzeitig im Ablauf einer Evaluation (zusammen mit Vorgesetzten) festlegen, in welcher Weise Evaluationsergebnisse weitergegeben und Betroffenen zugänglich gemacht werden. Wichtige Zwischenergebnisse und ein Schlussdokument sollen durch das Selbstevaluations-Team weiteren internen Beteiligten so rechtzeitig zur Kenntnis gebracht werden, dass diese vor einer Weitergabe nach aussen zum Evaluationsprozess und den Ergebnissen Stellung nehmen können.

N6 – Vollständigkeit und Klarheit der Berichterstattung

Selbstevaluationsberichte sollen den Evaluationsgegenstand einschliesslich seines Kontextes, die Ziele, Fragestellungen, Verfahren und Befunde der Evaluation in leicht verständlicher Weise beschreiben, damit die wesentlichen Informationen allen Beteiligten und Betroffenen zugänglich sind.

N8 – Nutzung und Nutzen der Evaluation

Planung, Durchführung und Darstellung einer Selbstevaluation sollen alle Beteiligten und Betroffenen auf die Ergebnisse neugierig machen und sie anregen, sich am Prozess aktiv zu beteiligen und die Ergebnisse zu nutzen, sodass diese der Verbesserung des praktischen Handelns und der Weiterqualifizierung dienen können.

Der Fairnessstandard F5 sowie die beiden Nützlichkeitsstandards N6 und N8 sind für diese abschliessende Phase der Selbstevaluation von Belang. Sie betonen, dass Ergebnisse auch von Selbstevaluationen denjenigen Beteiligten und Betroffenen, die ein berechtigtes Informationsinteresse haben, in angemessener Weise zugänglich sein sollen. Dieser Anspruch weist auch darauf hin, dass die Lehrperson im Gegenzug zu der ihr zugesicherten „Freiheit der Lehre" Verantwortung für die Nutzung ihrer Selbstevaluation in der Bildungsorganisation übernimmt.

Schnelle, klare Rückmeldungen an die Datengebenden sind der Humus jeder Evaluationskultur, wenn sie als Organisationskultur verstanden wird, die kollektives Lernen auf der Basis evaluativen Untersuchens ermöglicht (vgl. Preskill/Torres, 1999, S. 153-182). Datengebende investieren Zeit und Energie, nehmen evtl. Risiken auf sich, und erhoffen – wenn nicht für sich selbst – so zumindest für nachfolgend

Studierende, dass ihre Mitwirkung folgenreich und letztlich nützlich für die Bildungsorganisation ist.

2.8.1 Rückmeldungen geben

Unter einer Rückmeldung wird hier die meist kurzfristige erste Stellungnahme der Selbstevaluierenden an die Datengebenden verstanden. Gelingt es in der Selbstevaluation der Lehre, die Untersuchung mit dem pädagogischen Handeln zu verschränken, geschieht die Rückmeldung in der Regel zeitlich sehr nahe an der Erhebung, z.B. zu Beginn des folgenden Veranstaltungstermins. Sie ist immer dann besonders wichtig und dringlich, wenn sich Teilnehmende oder andere Stakeholder aktiv an der Selbstevaluation beteiligt haben, insbesondere im Rahmen der reaktiven Datenerhebungsmethoden. Als Erstes steht oft ein kurzer Dank an die Datengebenden an, sei dieser mündlich im Rahmen der Präsenzveranstaltung oder per E-Mail. In einer ersten inhaltlichen Rückmeldung sollte über die Rücklaufquote sowie Haupttrends informiert werden, evtl. noch ohne auf Einzelheiten einzugehen. Wenn die Veranstaltung oder bestimmte Aspekte von ihr von vielen Datengebenden kritisch gesehen werden, sollte man auch dies schnell zurückgeben. Wichtig ist, dass die Dozentin oder der Dozent signalisieren, dass die Kritik bei ihnen angekommen ist. Eine offene und für ‚Beschwerden' empfängliche Haltung, aus der heraus man als Lehrperson lösungsorientierte Stellungnahmen formuliert, schafft Handlungsspielraum und die Voraussetzung, die Studierenden mit in die Verantwortung für Lehre und Studium zu nehmen. Es ist nicht erforderlich, sofort Lösungen zu präsentieren und sich damit unter Handlungsdruck zu setzen. Es hat sich gezeigt, dass kurze, wenig aufwändige Stellungnahmen vielfach bereits ausreichen, um eine ausgewogene „soziale Ökonomie der Interaktion " (vgl. Schein, 2010, S. 29-32) herzustellen. Weitere erst mehrere Wochen nach der Datenerhebung folgende Informationen stossen oft nicht mehr auf starkes Interesse.

2.8.2 Kurzberichte verfassen

Selbstevaluationen schliessen idealerweise mit einem zusammenfassenden (Kurz-) Bericht, Präsentationen oder anderen Formen mediengestützter Ergebnisvermittlung. Kurzberichte sind in der Regel formativ ausgerichtet mit der Absicht, Hinweise zur Verbesserung des Evaluationsgegenstands festzuhalten. Selten sind sie bilanzierend (summativ). Sie dokumentieren Prozess und Ergebnisse der Selbstevaluation und informieren über zentrale Stärken und Verbesserungsnotwendigkeiten beim Evaluationsgegenstand – in der Regel zur Nutzung für nachfolgende Lehrveranstaltungen (die Nutzung für laufende Lehrveranstaltungen hingegen erfolgt unmittelbar; deren Dokumentation ist ebenfalls wünschenswert).

In Hochschulen sind solche Berichtsaktivitäten – selbst die knappest gehaltenen – die ‚Stiefkinder' der Selbstevaluation, mit erhöhtem Risiko der Vernachlässigung. In geleiteten Schulen hingegen, in denen institutionalisierte Fach- oder Unterrichtsteams einen delegierten Selbstqualifizierungs- und Unterrichtsentwicklungsauftrag verfolgen, sind solche Berichte oft schon selbstverständlicher. Erst im Zuge einer deutlichen Aufwertung der Hochschullehre kann erwartet werden, dass auch hier verbindliche beiderseitige Vereinbarungen und positive Anreize auch für Selbstevaluationsberichte geschaffen werden (vergleiche auch Kapitel 1.4).

Berichte ermöglichen den Nutzenden, das Zustandekommen der Daten und der Schlussfolgerungen nachzuvollziehen. Sie unterstützen den Austausch mit Dozierenden benachbarter Fächer oder Teilfächer sowohl in inhaltlicher wie didaktischer Hinsicht. Sie tragen zum Wissensmanagement in der Lehrorganisation bei.

Als Gliederungsschema für Berichte bieten sich die acht Schritte der Selbstevaluation (vgl. Abb. 5) an:

- Anlass der Evaluation (evtl. kurze erzählende Darstellung)
- Skizze des Evaluationsgegenstands (s. Tab. 1)
- Dokumentation der Lehrziele
- Beschreibung der Lehrintervention (wie geplant und wie umgesetzt)
- Evaluationsfragestellung
- Schilderung des Erhebungsinstruments (kurz, evtl. abgedruckt)
- Datenerhebung und -auswertung (kurz, evtl. ausschliesslich Einschränkungen der Aussagekraft)
- Wichtigste Ergebnisse, Schlussfolgerungen, eingeleitete Massnahmen

Im Zentrum eines Kurzberichts stehen die Schlussfolgerungen für die (nächste) Veranstaltung: Soll etwas an den Zielformulierungen, an den Interventionen und/oder am Erhebungsinstrument geändert werden und mit welcher Begründung?

Kurze und auf das Relevante fokussierte Berichte lassen sich dadurch erreichen, dass sich die Instrumente und Datenerhebungen strikt am primären Zweck, an Fragestellung und Bewertungskriterien orientieren. Sind diese schlüssig entwickelt und schriftlich klar dargelegt, geben sie eine sichere Führung für den Bericht. Viele detaillierte Anregungen finden sich im Buch von Torres, Preskill und Piontek (2005).

2.8.3   Bewährtes stärken, Optimierungen einleiten

Die Nutzung von Selbstevaluationsergebnissen muss, anders als in Peer-Evaluationen oder Fremdevaluationen, nicht in einem gesonderten Prozess der Nutzungsvorbereitung angestossen werden. Die Selbstevaluation mit ihrer Verschränkung von Praxisstrang und Untersuchungsstrang will vom Beginn an, spätestens ab Bearbeitung von Schritt 2 „Gegenstand bestimmen" (vgl. Kapitel 2.2), nützlich sein für die Lehre. Operationale s.m.a.r.t.e Lehrziele erhöhen die Klarheit in Bezug auf den Auftrag der Lehrveranstaltung und ihre damit verbundenen inhaltlichen Intentionen. Zur Planung der Lehrerinterventionen muss substantiell didaktisches Können und Wissen hinzukommen, um hohe Effektivität der Lehre zu erreichen.

Mit der Erhebung und Auswertung der Daten ist ein weiterer, längerfristiger Nutzen verbunden: Die Lehrperson versichert sich, in welchem Umfang sie mit dem Konzept ihrer Veranstaltung die gesetzten Ziele erreicht. Wenn es gelingt, das Lehren, das Lernen und schliesslich die Lernresultate sichtbar zu machen, unterstützt Selbstevaluation die Professionalisierung der Lehre: Die Lehrperson gewinnt an Sicherheit didaktisch-methodisch zu planen und sich zur Lehrexpertin zu entwickeln.

Ausblick: Evaluation für eine sich ständig entwickelnde Lehre

Lehre ist wie alle personenorientierten Dienstleistungen (Beywl, 1999) ein komplexer, emergenter Prozess. Expertin oder Experte auf dem Gebiet der Lehre zu sein heisst, sich immer wieder auf neue Situationen sowie unerwartete und unvorhersehbare Herausforderungen einzustellen: konkurrierende Theorien, ein sich stetig verändernder Wissenskorpus, unterschiedlich vorqualifizierte Studierende, heterogene Lerngruppen, neue Studienordnungen usw. Der professionelle Umgang mit dieser prinzipiellen Offenheit und Ungewissheit (Kontingenz) zeichnet exzellente Lehre aus und erfordert einen evolutiven Evaluationsansatz, der mit der Entwicklung des sich ständig verändernden Programms verwoben ist: „Die während der Evaluation gesammelten Daten ermöglichen eine schnelle glaubwürdige Rückmeldung für eine adaptive und responsive Entwicklung" (Patton, 2010, S. 305).

Neu wendet Michael Patton die für die Selbstevaluation typische Verschränkung von Praxisstrang und Untersuchungsstrang (evolutive Evaluation) in seinem Lehrbuch zur „Developmental Evaluation" (2010) auch auf andere Evaluationsarten, namentlich Inhouse- und Fremdevaluation, an. Er referiert (auf Seite 161) Lisbeth Schorr (1997, S. 27), Leiterin des „Project on effective interventions" an der Harvard University, mit einer These, die das Selbstverständnis vieler Lehrpersonen treffen dürfte (Übersetzung beider Zitate W. Beywl):

> *„[...] Menschenzentrierte Interventionen können nicht wie Apparate ein- und ausgeknipst werden. Die meisten, die in erfolgreichen Programmen an vorderster Front arbeiten, können bezeugen, dass sie zwar auf einer gemeinsam geteilten Wissens- und Könnensbasis tätig sind, dass aber ein bedeutsamer Teil dessen, was sie tun, nicht standardisiert werden kann. Die Guten werden sich immer auf Kontingenzen einstellen[...]. "*

3 Praxisbeispiele aus der Lehre

Alle Theorie bleibt grau, wenn nicht Anschauungsbeispiele vor Augen führen, wie Selbstevaluation in der Praxis umgesetzt werden kann. Dieses Kapitel stellt realisierte Beispiele vor und erfüllt damit einen oft geäusserten Wunsch der Teilnehmenden aus Selbstevaluationskursen.

Diese Kurse wurden seit 1995 von Wolfgang Beywl und Hanne Bestvater im Bereich der Sozialen Arbeit durchgeführt (Beywl/Bestvater, 1998) und später (ab 2005) vom Autor auch im Bereich der Hochschullehre angeboten. Die hier vorgestellten Fälle stammen aus den Kursen „Selbstevaluation der Lehre", die im Rahmen der Hochschuldidaktik-Ausbildung im Zentrum für universitäre Weiterbildung an der Universität Bern angeboten werden. Die Fälle zeigen die Lehr- und Evaluationspraxis der Teilnehmenden und basieren auf deren schriftlichen Berichten und weiteren Dokumenten, die sie uns zur Bearbeitung und Veröffentlichung zur Verfügung gestellt haben.

Die Fälle sollen die im Theorieteil dargestellten Elemente und Schritte einer Selbstevaluation illustrieren und nachvollziehbar machen und so das Verständnis und den Transfer in die Praxis fördern. Sie decken unterschiedliche Fachbereiche, Veranstaltungs- und (Hoch-)Schularten ab und gehen auf typische didaktische Knacknüsse ein. Der Leserin und dem Leser können die Fälle Ideen liefern für die Evaluation eigener Veranstaltungen, und entlang der verwendeten Gliederung kann eine von ihnen selbst durchgeführte Selbstevaluation überprüft und kritisch reflektiert werden.

Um die Fälle leicht les- und nachvollziehbar zu machen, werden sie entlang folgender zwölf Punkte einheitlich gegliedert vorgestellt:

- Die Selbstevaluatorin/der Selbstevaluator und ihr/sein Handlungsfeld
- Die Lehrveranstaltung und ihre Zielgruppe
- Der Anlass der Evaluation
- Der Evaluationsgegenstand
- Die Ziele der Lehrveranstaltung
- Die Lehrintervention, die ergriffen wird, um die Ziele zu erreichen
- Die Evaluationsfragestellung(en)
- Das Datenerhebungsinstrument
- Die Beschreibung der Datenerhebung
- Das Vorgehen bei der Datenauswertung
- Die Evaluationsergebnisse
- Die Schlussfolgerungen und die Nutzung der Evaluationsergebnisse

Der Falldarstellung vorangestellt wird eine kurze Zusammenfassung. Am Ende der Falldarstellung folgen weiterführende Überlegungen und Kommentare durch die Autorinnen und den Autor. Wenn die Fälle im Selbststudium oder in Kursen bearbeitet werden sei Folgendes empfohlen: „Bearbeiten Sie zunächst ausschliesslich die zwölf Punkte der Falldarstellungen. Machen Sie sich Notizen zu Stärken und Schwächen, die Sie im Fallbeispiel sehen, z.B. Übereinstimmungen und Abweichungen von den im Kapitel 2 gegebenen Hinweisen. Prüfen Sie die dargestellten Selbstevaluationen auf Konsistenz. Halten Sie fest, was Sie genauso oder anders machen würden. Lesen Sie erst dann die ‚Weiterführenden Überlegungen und Kommentare'."

Durch die strukturierte Darstellung erscheinen die Fälle ‚im Nachhinein' eventuell als leichte Übung, scheinbar in kurzer Zeit ausgedacht und schnell realisiert. Die Denkarbeit, die Abschiede von zu grossen Entwürfen, die zahlreichen Schleifen bis zur Fokussierung der Fragestellungen und zu den Instrumenten bleiben unsichtbar – zugunsten einer gut lesbaren Beschreibung. Die Lesenden möchten wir ermuntern, sich durch Ausprobieren und Experimentieren mit Selbstevaluation überraschen zu lassen und geben ihnen für die Lektüre und die eigene Praxis folgendes Zitat von Patton und Patrizi (2005, S. 11) mit auf den Weg:

„Let yourself be surprised by new insights that emerge as well as affirmed in old understandings reinforced. [...] Participants should understand that the cases have the complexity, ambiguity, and uncertainty of real life".

3.1 Fall 1: Begriffswissen erwerben mit aktivierenden Methoden

Zusammenfassung

Das Modul „Grundlagen der Betriebswirtschaftslehre" ist Bestandteil eines berufs-begleitenden Weiterbildungsangebots, das abends durchgeführt wird. Der Dozent setzt gezielt aktivierende Unterrichtsmethoden ein, welche die Konzentration und Zusammenarbeit fördern, dazu beitragen, die individuellen Kompetenzen zu er-schliessen und dabei unterstützen, den Lernfortschritt der Gruppe zu dokumentieren.

Der Selbstevaluator und sein Handlungsfeld

Der Dozent unterrichtet an einer Kantonalen Berufsschule für Weiterbildung im Fachbereich Management und Leadership das Modul „Grundlagen der Betriebswirt-schaftslehre". Er unterrichtet in seinem Modul in eigener Verantwortung und kann das methodische Vorgehen selbst festlegen. Auf die Prüfungsinhalte und -form hat er dagegen keinen Einfluss. Seine Unterrichtserfahrung fusst auf 25 Jahren Lehrtätig-keit, begleitet durch zahlreiche Weiterbildungen, unter anderem in Hochschuldidaktik.

Die Lehrveranstaltung und ihre Zielgruppe

Das Modul „Grundlagen der Betriebswirtschaftslehre" bereitet auf die Teilprüfung in Betriebswirtschaftslehre im Rahmen einer berufsbegleitenden Führungsausbil-dung vor. Die Prüfung wird von der „Schweizerischen Vereinigung für Führungs-ausbildung" (SVF) zweimal jährlich durchgeführt. Das Modul ist geprägt durch ei-nen eng gefassten Lehrplan und das vorgegebene Lehrmittel. Das Kontaktstudium, das durch Selbststudium ergänzt wird, erstreckt sich über fünf Monate. In zeitlich unterschiedlichen Abständen erfolgen Unterrichtssequenzen im Umfang von jeweils vier Lektionen. Diese beginnen um 18.00 Uhr und enden um 21.15 Uhr.

Die am Modul teilnehmende Gruppe umfasst 15 Studierende, mehrheitlich Frauen. Sie belegen diesen Weiterbildungskurs, um sich Wissen für Führungspositi-onen in ihren Unternehmungen anzueignen. Alle Teilnehmenden besitzen mindes-tens einen Berufsabschluss, verfügen über Praxiserfahrung und üben ihre Berufstä-tigkeiten im Umfang zwischen 50-100 Prozent aus. Bezüglich der Lernvorausset-zungen ist die Gruppe heterogen.

Der Anlass der Evaluation

Das berufsbegleitende Abendstudium stellt hohe Ansprüche an die Konzentration der Teilnehmenden. In den bisherigen Kursen hat sich gezeigt, dass sie die Lernin-halte als zu umfangreich empfinden, die zahlreichen Fachbegriffe oft nicht in ge-wünschtem Mass memorieren können, Schwierigkeiten haben, den roten Faden zwischen den Lektionen zu finden, dass sie sich kaum aktiv beteiligen und dass stattfindende Diskussionen wenig fokussiert sind. Die Bereitschaft, in wechselnden Kleingruppen zusammen zu arbeiten, ist gering.

Einige dieser Knacknüsse sollen in der nächsten Durchführung mit einer neuen Lehrintervention angegangen und das Gelingen soll überprüft werden.

Der Evaluationsgegenstand
ist das Modul „Grundlagen der Betriebswirtschaftslehre" bzw. die Lehrinterventionen, die ergriffen werden, um Begriffswissen der BWL zu vermitteln (siehe unten).

Die Ziele der Lehrveranstaltung
  a)   Alle Teilnehmenden beteiligen sich aktiv am Unterricht.
  b)   Am Ende des Moduls können die Teilnehmenden als Gruppe zumindest 23 (80 Prozent) der im Modul behandelten Fachbegriffe mit eigenen Worten erläutern.

Die Lehrinterventionen, die ergriffen wird, um die Ziele zu erreichen
Um den zu behandelnden Stoff zu visualisieren, um das Vorwissen der Teilnehmenden zu ermitteln und ihre aktive Mitarbeit auszulösen, verwendet der Dozent zu Beginn des Moduls das Instrument „Meine Insel der Betriebswirtschaftslehre". Dafür schreibt er die im Modul zu erarbeitenden Fachbegriffe auf Moderationskarten und verteilt diese zufällig unter den Teilnehmenden. Der Reihe nach werden nun alle Teilnehmenden gebeten, kurz zu erläutern, ob sie (1) den Begriff bereits beherrschen „Ich bin mir sicher" (in dem Fall sollen die Teilnehmenden den Begriff erklären), ob sie (2) eine Ahnung haben, was der Begriff bedeuten könnte, aber unsicher sind, ob ihre Vorstellung zutrifft, oder ob sie (3) gar nicht wissen, worum es bei dem Begriff geht („Ich schwimme"). Die Teilnehmenden pinnen ihre jeweiligen Karten auf ein Plakat, auf dem eine Insel abgebildet ist. Je nach Vorwissen soll die Karte auf dem ‚Festland' (1), auf dem ‚Schwemmland' (2) oder im ‚offenen Meer' (3) platziert werden. Eindeutig fehlerhafte Erklärungen werden, wenn nicht von anderen Gruppenmitgliedern, vom Dozenten sofort korrigiert. Abb. 17 zeigt den Wissensstand der Gesamtgruppe zu den Fachbegriffen zu Beginn des Moduls.

Den Begriffen, die nicht oder nur teilweise bekannt sind, widmet der Dozent während der Vorlesung besonderes Augenmerk. Dabei werden als weitere aktivierende Lehrmethoden Gruppenarbeiten an einem Fallbeispiel (Anwendung der Begriffe auf eine konkrete, alltagsnahe Situation) und gemeinsames Mind-Mapping (Ordnung der Begriffe nach Unterschieden und Überschneidungen, zeitlicher Abfolge, Abhängigkeiten etc.) eingesetzt.

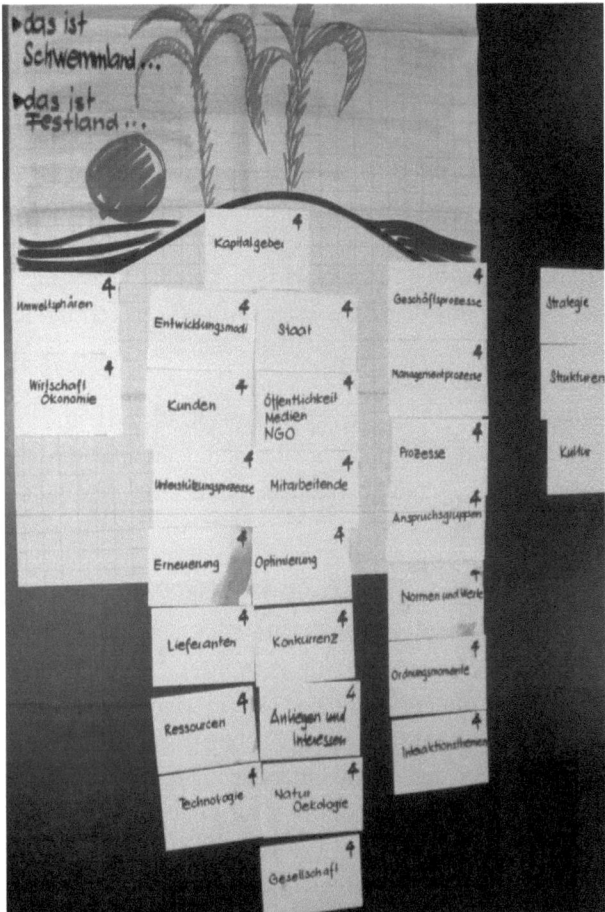

Abb. 17:   Die Insel der BWL – Lernausgangslage

Quelle: Christoph Aerni

Die Evaluationsfragestellungen sind:

a)   In welchem Masse gelingt es, die einzelnen Teilnehmerinnen zur aktiven Mitarbeit im Unterricht zu motivieren?

b)   Wie viele Fachbegriffe können die Teilnehmerinnen am Ende des Moduls mit eigenen Worten erläutern?

Das Datenerhebungsinstrument

Für die Beantwortung der Fragestellung a) (Teilnehmeraktivierung) beobachtet der Dozent das Unterrichtsgeschehen während der Arbeit an der „Insel", während der Gruppenarbeiten und während der Strukturlegeaufgabe. Der Beobachtungsbogen besteht aus der Teilnahmeliste mit den Namen der Kursteilnehmenden (jeweils eine Liste für jede Aufgabe). Für die Beantwortung der Fragestellung b) (Kenntnis der Fachbegriffe) greift der Dozent am Ende des Moduls wieder auf das Instrument der „Insel" zurück.

Die Beschreibung der Datenerhebung
Die Beteiligung der jeweiligen Personen bei den verschiedenen Aufgaben markiert der Dozent auf der Teilnahmeliste (ein Kreuz per Wortmeldung, Frage usw.). Das Verfahren bei der „Insel" ist das gleiche wie oben beschrieben (Erklärung der Begriffe durch die Teilnehmenden und Platzierung des Begriffs auf ‚Festland', ‚Schwemmland' oder ‚offenem Meer' auf dem Plakat).

Das Vorgehen bei der Datenauswertung
Die Beteiligung der Teilnehmenden bei der „Insel", beim Fallbeispiel und der Strukturlegeaufgabe, wurde im Nachgang zu den Veranstaltungen durch einfaches Auszählen der Kreuze auf den Teilnahmelisten festgehalten. Die Anzahl der Fachbegriffe, welche die Teilnehmenden mit eigenen Worten erklären können, wurde durch das Auszählen der Karten in den verschiedenen Zonen des Plakats (‚Festland', ‚Schwemmland' und ‚offenes Meer') ermittelt. Durch den Vergleich der Ergebnisse der „Insel" zu Beginn und am Schluss des Moduls kann ausserdem der Wissenszuwachs in der Gruppe der Teilnehmenden übersichtlich dargestellt werden (vgl. Abb. 18).

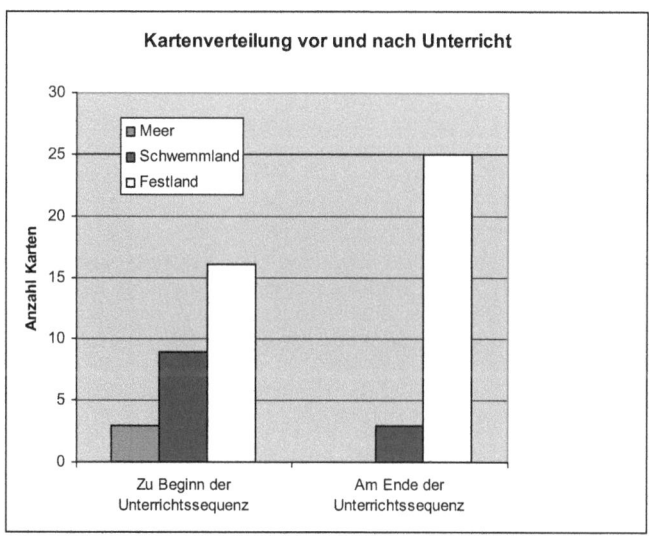

Abb. 18:   Die Insel der BWL – Lernausgangslage und Lernresultate

Die Evaluationsergebnisse

Im dargestellten Fall war der Dozent mit der Aktivierung der Teilnehmenden zufrieden. Insbesondere bei der „Insel" und beim Fallbeispiel haben sich alle Studierenden aktiv beteiligt. Lediglich bei der Strukturlegeaufgabe zeigt sich, dass sich einzelne Teilnehmende nicht beteiligt haben. Hinsichtlich der Kenntnis der Fachbegriffe wurde das Ziel übertroffen: 25 Karten (90 Prozent) liegen auf dem ‚Festland'.

Die Schlussfolgerungen und die Nutzung der Evaluationsergebnisse

Das Ergebnis zur Strukturlegetechnik bewegt den Dozenten dazu, die weniger aktiven Teilnehmenden im Laufe des Semesters nochmals gezielt anzusprechen und ihnen Fragen zu stellen. Im nächsten Kurs will er die Instruktion zur Strukturlege-Aufgabe verändern um Beteiligungshindernisse auszuräumen. Der Dozent entschliesst sich ausserdem, die Durchführung der „Insel" in der letzten Unterrichtseinheit zeitlich etwas nach vorne zu verschieben, sodass am Ende dieser letzten Einheit noch Zeit bleibt, allfällige Begriffe auf dem ‚Schwemmland' nochmals zu klären. Das Konzept der Veranstaltung behält der Dozent ansonsten bei.

Weiterführende Überlegungen

Zur Methode der Beobachtung in diesem Fallbeispiel ist zu sagen, dass in Situationen, in denen der Dozierende weniger geübt oder mehr in die Lehr-Lern-Aktivitäten eingebunden ist, eine zweite Person herangezogen werden sollte, die die Beobachtung vornimmt und das Geschehen protokolliert. Denn Lehren, Beobachten und gleichzeitig Protokollieren kann schnell überfordern.

Die in diesem Fallbeispiel verwendete „Insel" ist ein gelungenes Beispiel für die erwünschte Verschränkung von Lehrhandeln und Untersuchen. Das Instrument ist aktivierend und lernwirksam (an Vorwissen anknüpfen, etwas mit eigenen Worten erklären bzw. den anderen Studierenden beim Erklären zuhören) und gleichzeitig für die Erhebung nutzbar, um den Lernstand in der Gruppe zu erfassen. Zudem ist das Instrument sehr eingängig und mit wenig Aufwand verbunden.

Die besondere Stärke des Inselmodells ist, dass es sich auf die Outcomes/Lernresultate konzentriert und zwar auf Gruppenebene: Bei den Studierenden wird *als Gruppe* erhoben, im welchem Masse sie Lernziele erreicht haben, um zu beurteilen, ob die Veranstaltung gemäss gesetzter Kriterienpunkte gelungen ist. Dieser Schwerpunkt wird u. a. dadurch ermöglicht, dass die individuelle Leistungsüberprüfung im Rahmen der externen schriftlichen Prüfung der „Schweizerischen Vereinigung für Führungsausbildung" erfolgt.

Als Variation kann man sich vorstellen, dass die Begriffe auf den Karten nicht vorgegeben, sondern von den Studierenden selbst erarbeitet werden, oder dass die Karten zur individuellen Repetition von Lerninhalten eingesetzt werden, bspw. indem jeweils eine Teilnehmerin alle Begriffe den Zonen der Insel zuordnet und im Lehrgespräch mit dem Dozenten die Karten aus dem Meer ‚fischt', um diese auf dem Festland ‚anzupflanzen'.

3.2 Fall 2: ‚Theorielastigkeit' mindern

Zusammenfassung

In einer Veranstaltung der hochschuldidaktischen Weiterbildung wird das Thema „Selbstevaluation in der Lehre" vertieft. Nach entsprechender Rückmeldung durch die Teilnehmenden in früheren Veranstaltungen kürzt der Dozent seinen Input im ‚Theorieteil' am Anfang des Kurses und prüft nun, ob die Teilnehmenden dennoch genügend begriffliche Grundlagen für die Planung der Selbstevaluation erworben haben.

Besonderheit dieses Falls: Das Thema der Veranstaltung, die in diesem Fall beschrieben wird, ist identisch mit dem Thema dieses Buches. Um Klarheit für die Lesenden zu schaffen, wird, wenn der Evaluationsgegenstand dieses Falles angesprochen ist, dieser stets als „Selbstevaluation in der Lehre" in doppelten Anführungsstrichen gesetzt.

Der Selbstevaluator und sein Handlungsfeld

Der Dozent ist Soziologe und hochschuldidaktisch gut ausgebildet. Er ist für die Ausformulierung der Kursziele und das methodische Vorgehen weitgehend allein verantwortlich.

Die Lehrveranstaltung und ihre Zielgruppe

Die Weiterbildung „Selbstevaluation in der Lehre" wird als Kurs der Hochschuldidaktik an der Universität Bern durch das Zentrum für universitäre Weiterbildung angeboten. Der zweitägige Kurs ist Bestandteil eines insgesamt achttägigen Moduls „Grundlagen der Hochschullehre", in dem didaktische Theorien und Methoden vermittelt werden. Der Abstand zwischen den beiden Kurstagen beträgt etwa drei Monate. Die Teilnehmenden haben in der Zwischenzeit Gelegenheit, Selbstevaluationsprojekte zu planen, ihre Entwürfe kommentieren zu lassen und fokussierte Selbstevaluationen durchzuführen. Sie können zwei E-Mail-Beratungen anfragen, davon eine mit dem Schwerpunkt auf dem Selbstevaluationsplan, eine mit dem Schwerpunkt auf den Instrumenten.

Am ersten Kurstag setzen sich die Teilnehmenden nach der Einstiegsphase mit Impulsreferat in parallelen Kleingruppen mit zwei Fallbeispielen auseinander. Danach konkretisieren sie mögliche fokussierte Gegenstände ihrer Lehre für eine eigene Selbstevaluation. Nach Rückmeldungen der Kursleitung zu den Entwürfen beginnen diejenigen, die ein eigenes Selbstevaluationsprojekt durchführen wollen, mit der konkreten Planung. Am zweiten, abschliessenden Kurstag präsentieren die Teilnehmenden den Stand ihrer Selbstevaluationsvorhaben.

Die Teilnehmenden sind Lehrende an Hochschulen und anderen tertiären Bildungs-einrichtungen. Sie sind oft zwischen 30 und 40 Jahren alt, stammen aus unterschiedlichen Disziplinen, besuchen meist weitere hochschuldidaktische Kurse und sind bezüglich didaktischer Ausbildung und Lehrerfahrung sehr heterogen.

Anlass der Evaluation
Am ersten Kurstag hatte der Dozent bislang die Fachbegriffe ausführlich im Lehrgespräch und begleitender Präsentation erörtert. Da er mehrfach und nachdrücklich von Teilnehmenden das Feedback erhielt, dass der erste Kurstag zu „theorielastig" sei, hat er den ‚Theorieteil' des ersten Präsenztages stark gekürzt und den Teilnehmenden alternativ Selbststudienmaterial abgegeben. Knacknuss ist, dass der Dozent unsicher ist, ob die Teilnehmenden im gekürzten Theorieteil ausreichend begriffliche Grundlagen erwerben, um systematisch eigene Selbstevaluationen planen zu können.

Der Evaluationsgegenstand
Der Gegenstand der Evaluation ist folgender Ausschnitt aus der Weiterbildungsveranstaltung „Selbstevaluation in der Lehre": Der verkürzte Theorieteil am ersten Kurstag mit der Verlagerung auf das Selbststudienmaterial.

Die Ziele der Lehrveranstaltung
Lernziele des Kurses sind unter anderem, dass die Teilnehmenden die wesentlichen Begriffe der Selbstevaluation in der Lehre (mindestens neun festgelegte Begriffe) erläutern und auf das Vorgehen bei der Planung einer eigenen Selbstevaluation übertragen können.

Die Lehrintervention, die ergriffen wird, um die Ziele zu erreichen
Am ersten Kurstag werden die Begriffe in einem stark gekürzten Impulsreferat vorgestellt. Die Begriffe sind ausserdem im Selbststudienmaterial erläutert, das den Teilnehmenden gegeben wird und das sie zwischen den Kurstagen nutzen sollen, um ihr eigenes Evaluationsprojekt zu planen und umzusetzen.

Die Evaluationsfragestellungen
In welchem Mass können die Teilnehmenden die zentralen Begriffe von Selbstevaluationen in der Lehre nach der gezielten Kürzung der Dozierenden-Inputs erklären und in der eigenen Selbstevaluationsplanung anwenden?

Das Datenerhebungsinstrument

Für die Erhebung von Daten benutzt der Dozent das „Fokussierte Auflisten" (vgl. Kapitel 4.6). Er bereitete ein DIN A4-Blatt mit einer leeren Tabelle (in diesem Fall mit zwölf von A-L durchnummerierten Zeilen) vor, das er den Teilnehmenden gibt mit der Bitte, in die Tabelle die Begriffe einzutragen, die sie bei der Evaluationsplanung berücksichtigen müssen.

Die Beschreibung der Datenerhebung

Der zweite Kurstag beginnt mit der Rekapitulation, mit der Überprüfung und Anwendung des begrifflichen Inventars der Selbstevaluation in der Lehre durch die Kursteilnehmenden im Mittelpunkt. In diesem Zusammenhang wird das Fokussierte Auflisten eingeführt. Der Dozent erläutert zunächst das Ziel der Erhebung: *„Es geht darum, den Lernstand zu den für die Evaluationsplanung wichtigen Begriffen festzustellen. Es geht nicht darum, Sie als einzelne Teilnehmerin oder Teilnehmer zu bewerten, sondern ein Gesamtbild über die Gruppe zu erhalten, um zu sehen, welche Begriffe ich ggf. nochmals erläutern muss. Ihre Listen werden anonym ausgewertet und zusammengefasst."* Der Dozent erläutert danach die Aufgabe wie folgt: *„Erinnern Sie sich zuerst entweder an Ihre letzte durchgeführte Selbstevaluation oder stellen Sie sich vor, Sie würden eine konkrete Selbstevaluation für Ihre Lehre planen. An was müssen Sie bei der Planung denken? Schreiben Sie bitte aus dem Gedächtnis die wichtigsten Begriffe in die ausgeteilte Liste (eventuell in einen kurzen Satz eingebettet). Bitte schreiben Sie deutlich. Nach ca. zehn Minuten werde ich die Listen einsammeln."*

Das Vorgehen bei der Datenauswertung

Der Dozent erstellt vorab eine Musterlösung („Masterliste") mit allen relevanten Begriffen, die am ersten Kurstag und im Selbststudienmaterial thematisiert wurden. Als Auswertungsbogen wird eine Tabelle erstellt, welche die Masterliste enthält sowie daneben jeweils eine Spalte pro Teilnehmerin bzw. Teilnehmer (vgl. Tab. 19; die neun zentralen Begriffe, die mindestens genannt werden sollen, sind fett dargestellt). Für die Auswertung werden die Listen der Teilnehmenden nummeriert (1-n), und im Auswertungsbogen wird für jeden Teilnehmenden angekreuzt, wenn die Liste den jeweiligen Begriff enthält: ‚X'. Wenn der Begriff sinngemäss (mit anderen Worten) erwähnt wurde, wird dies mit einem ‚(x)' kenntlich gemacht. Danach wird pro Begriff in der letzten Spalte aufsummiert, wie viele Teilnehmende den jeweiligen Begriff genannt „Σ" bzw. sinngemäss wiedergegeben haben „(Σ)". Da auf einigen Listen auch Begriffe enthalten sind, die den Begriffen auf der Masterliste nicht zugeordnet werden können, erhält der Auswertungsbogen weitere Zeilen, in die diese zusätzlichen Begriffe eingetragen werden. Im vorliegenden Fall wurde dabei zwischen Begriffen mit und ohne engen Evaluationsbezug unterschieden (siehe Tab. 19 Zeilen M und N bzw. Y und Z).

Die Evaluationsergebnisse

Es fällt auf, dass ein Teil der Kursteilnehmenden die meisten Begriffe nennen kann, während der andere Teil lediglich wenige Begriffe (und diese meist nur sinngemäss) wiedergibt. Die gemeinsame Diskussion der Ergebnisse mit den Teilnehmenden zeigt, dass die erste Teilgruppe zwischen dem ersten und dem zweiten Kurstag eine eigene Selbstevaluation geplant und teilweise auch umgesetzt hat, während die zweite Teilgruppe zwar aktiv am ersten Tag teilgenommen und teilweise auch die Literatur gelesen hat, selbst jedoch nicht in die Planung einer Evaluation eingestiegen ist. Die zweite Teilgruppe antwortet zudem stärker in rein didaktisch-methodischer Sprache, ergänzt häufiger Elemente wie „Einsatz vielfältiger didaktischer Methoden" (Y) sowie „Reflexion der eigenen Rolle" (Z). Damit liegt die Vermutung nahe, dass für die zweite Teilgruppe weniger klar geworden ist, was datenbasierte Selbstevaluation zusätzlich zu einer sorgfältigen didaktischen Planung und Umsetzung bedeutet.

Die beiden Kernelemente (E „Lernresultate/Outcomes") und (F „Kriterienzone/Erfolgs-Punkte") werden selten bzw. in keinem einzigen Falle genannt. Für „Lernresultate/Outcomes" (E) ist dies aus Sicht des Dozenten hinnehmbar, insofern die von den Teilnehmenden häufig genannten Lernziele (C) *erwartete* Outcomes bezeichnen. Die Diskussion dieser Ergebnisse ermöglicht es, den Unterschied zwischen Zielen (C) und Outcomes (E) herauszuarbeiten. Der Dozent bewertet es hingegen als kritisch, dass „Kriterienzone/Erfolgs-Punkte" (F) keinmal genannt wird. Nach der Diskussion mit den Teilnehmenden und dem Überprüfen der Kursunterlagen zieht er die im Folgenden beschriebenen Konsequenzen.

Die Schlussfolgerungen und die Nutzung der Evaluationsergebnisse

In den Fallbeispielen, die im Rahmen von Gruppenarbeiten am ersten Kurstag besprochen werden, kommt das Thema „Erfolgskriterien" vor, allerdings hat dies offenbar nicht ausgereicht, dieses Element genügend stark bei den Teilnehmenden zu verankern. Der Dozent beschliesst daher, diese Thematik wieder in den Input-Vortrag zu integrieren. Am Ende des ersten Tages wird er künftig ausserdem eine Einheit dazu platzieren, dass und inwiefern Selbstevaluation (mit der Datenerhebung/Datenauswertung und der Bewertung anhand vorab festgelegter Erfolgskriterien) über sorgfältige didaktische Planung und Umsetzung hinausgeht.

Tab. 19:   Auszug aus dem Auswertungsbogen für das „Fokussierte Auflisten"

Begriffe		Teilnehmende									Σ	(Σ)
		1	**2**	**3**	**...**	**8**	**9**	**10**	**...**	**14**		
A	Ressourcen (Zeit, Sachmittel, O.K. v. Vorgesetzten)	X									1	
B	Anlass für die Selbstevaluation		X				(x)				4	2
C	**Detail-/Hand-lungs-/Lernziele**	X	X	X		X	X			(x)	9	3
D	**Interventionen /Lehraktivitäten**	X	X	X						(x)	7	2
E	**Lernresultate /Outcomes**							(x)			1	2
F	**Kriterienzone /Erfolgs-Punkte**										0	0
G	**Fragestellungen**	X	X	X		(x)					8	2
H	**Erhebungsinstru-ment/**Untersuchung	X	X	X		(x)		(x)			7	3
I	Auswertung **/Bewertung**	X									4	1
J	Ergebnisse der Selbstevaluation		X								1	0
K	**Rückmeldungen an Teilnehmende**		X	X							4	0
L	nach SE **Verbesse-rungsmassnahmen**		X	X							5	0
M	Selbstevaluieren-de/Lehrende		X			(x)	(x)			(x)	1	3
N	Zielgrup-pe/Lernende	X								X	4	0
Y	*vielfältige didakti-sche Methoden*						(x)	(x)				2
Z	*Reflexion der eige-nen Rolle a. d. Uni*					(x)		(x)				3

Weiterführende Überlegungen

Wie die „Insel" (vgl. Kapitel 3.1, Fall 1) dient das „Fokussierte Auflisten" einerseits der Erhebung von Daten über den Lernstand; andererseits löst dieses Instrument Lernhandeln aus, indem es die Teilnehmenden dazu anhält, Gelerntes aus dem Gedächtnis zu reproduzieren und die eigenen Lösungen sowie die des Dozierenden und der anderen Teilnehmenden kritisch zu prüfen. Mit der aggregierten Liste in Tab. 19 und der Masterliste entsteht für die Teilnehmenden relevantes Unterrichtsmaterial. Für optimale Lernwirksamkeit und einen direkten Einbezug der Ergebnisse zur Verbesserung der Lehrintervention sollte der Dozierende diejenigen Begriffe wiederholen, die ungenügend erinnert worden sind. Da sich dieses Instrument nicht wie die „Insel" oder der „Lebendige Fragebogen" (vgl. Kapitel 3.3, Fall 3) automatisch auswertet, da also ein Zwischenschritt des Zuordnens der jeweils notierten Begriffe und des Auszählens erforderlich ist, sollte so geplant werden, dass zwischen der Bearbeitung der Listen und der Besprechung der Ergebnisse genügend Zeit für diese Auswertung liegt.

3.3   Fall 3: Lernhandeln ‚Vorbereitung' verbessern

Zusammenfassung

Um das chronische Problem mangelnder Vorbereitung in einer lektüreintensiven Veranstaltung des Hauptstudiums anzugehen, setzt die Dozentin mehrfach ein Instrument ein, das – als Intervention – sowohl eine bessere Vorbereitung auslösen soll als auch – als Erhebungsinstrument – den ausgelösten Vorbereitungsstand bei den Studierenden erfasst.

Die Selbstevaluatorin und ihr Handlungsfeld

Die Selbstevaluatorin ist Dozentin an einer Pädagogischen Hochschule. Sie lehrt im Modul Jugendliteratur/Jugendmedien des Faches Deutsch, in dem literaturwissenschaftliche Grundkenntnisse und Methoden im Vordergrund stehen. Das Modul wird von der selbstevaluierenden Lehrperson und einem Kollegen gemeinsam geleitet.

Die Lehrveranstaltung und ihre Zielgruppe

Es handelt sich um ein Pflichtmodul des Hauptstudiums mit einer mündlichen Prüfung als Abschluss. Das Modul wird mit diesem Thema und dieser Zielgruppe erstmals durchgeführt. Zur Vorbereitung erhalten die Studierenden zusammen mit dem Semesterprogramm eine Liste mit acht auf die jeweilige Sitzung zu lesenden Werken der Jugendliteratur.

Die Zielgruppe besteht aus 28 angehenden Lehrpersonen der Sekundarstufe I. In Bezug auf die Anwendung literaturwissenschaftlicher Methoden zur Analyse und Interpretation von (Jugend-)Literatur sollte im vorgängigen Modul „Einführung in die Literaturwissenschaft" einschlägiges Vorwissen erworben worden sein. Die Studierenden sind sehr heterogen in Bezug auf ihre Kenntnisse in Jugendliteratur, von literaturwissenschaftlichen Methoden und in Bezug auf ihre Anwendungsfähigkeit dieser Methoden.

Der Anlass

Die Dozierenden haben in früheren Veranstaltungen wiederholt die Erfahrung gemacht, dass viele Studierende die zu interpretierenden Werke der Jugendliteratur nicht oder in zu geringer Anzahl kennen bzw. gelesen haben. Verschiedene Interventionen wie schriftliche Hinweise oder mündliche Appelle haben dies bisher nicht in befriedigendem Masse zu ändern vermocht. Da dieses Modul erstmals durchgeführt wird, sollen systematisch Daten für evtl. Modifikationen (z.B. der Lesemenge) erhoben werden.

Der Evaluationsgegenstand

ist die didaktisch-methodische Intervention, um vorbereitendes Lesen für eine Veranstaltung im vorgesehenen Umfang auszulösen. Die Selbstevaluation wird zu zwei verschiedenen Zeitpunkten durchgeführt: eine am Anfang, eine am Ende des Semesters.

Die Ziele der Lehrveranstaltung

Das Mittlerziel lautet: „Die Studierenden haben sich vertieft mit ausgewählten älteren und neueren Werken der Jugendliteratur beschäftigt." Als kognitives Detailziel wird angestrebt, dass die Teilnehmenden wichtige Werke der Jugendliteratur zusammengefasst wiedergeben können. Dies setzt voraus, dass sie die Werke gelesen haben. Das affektive Detailziel ist: „Die Teilnehmenden erachten es als erstrebenswert, vorbereitet in die Seminarsitzungen zu kommen, d.h. das entsprechende Werk vorgängig zu lesen. Sie sind in den folgenden Sitzungen motivierter, sich vorzubereiten". Um den Grad der Lernzielerreichung prüfen zu können, legt die Dozentin vor Beginn der Intervention Minimalerfolgspunkte fest, die erreicht werden sollen, und notiert sie auf dem Erhebungsbogen, z.B. „80 Prozent der Teilnehmenden haben den Text mindestens zur Hälfte gelesen".

Die Lehrintervention, die ergriffen wird, um die Ziele zu erreichen

Die Lehrintervention zielt einerseits darauf ab, dass die Dozentin mehr Informationen über den Wissensstand der Studierenden erhält, statt sich auf Vermutungen verlassen zu müssen. Andererseits soll durch die Reflexion in Gruppen Einfluss auf die Einstellung und Haltung der Studierenden in Bezug auf ihre Vorbereitung genommen werden. Dadurch, dass gezielt auf die Vorbereitung Bezug genommen wird, soll deren Bedeutsamkeit unterstrichen werden.

Die Dozentin wählt als Interventionsinstrument die „Aufstellungsbefragung" (vergleiche Taschenset Kapitel 4.3). Die Intervention wird zweimal durchgeführt und ist eng mit der Datenerhebung verbunden. In der ersten Sitzung wird die erste, in der Schlusssitzung die zweite, abschliessende Aufstellung durchgeführt. Die erste bezieht sich auf den Roman, der zur Vorbereitung vor Beginn der Vorlesungen zu lesen war, die zweite auf alle acht Pflichtlektüren. Die Lehrperson erläutert mündlich das Aufstellungsverfahren und fragt, wer den Roman gelesen hat. An Pinnwänden in den Ecken des Seminarraums sind vier verschiedene Antwortmöglichkeiten auf Plakaten vorgegeben. Zur Beantwortung der Frage stellen sich die Studierenden zu dem Antwortplakat, das am ehesten auf sie zutrifft. Die vier Antwortvorgaben lauten:

1 Ich habe auf heute das ganze Werk gelesen.

2 Ich habe auf heute die Hälfte oder etwas mehr gelesen.

3 Ich habe auf heute weniger als die Hälfte gelesen.

4 Ich habe das Werk auf heute nicht gelesen.

Die Lehrperson stellt an die Gruppen 1 bis 3 der so gebildeten vier Teilgruppen eine
erste mündliche Zusatzfrage: „Kennen Sie den Roman auch aus anderen Medien
(Film, TV, Hörmedium)?" – „Teilen Sie sich in Ihrer Untergruppe nochmals auf
(trifft zu stellt sich links auf/trifft nicht zu rechts)." Die Gruppe 4 wird gebeten, ver-
gleichbar zu reagieren auf die Aussage „Ich habe das Werk auf heute nicht gelesen,
kenne es aber aus Film, TV, Hörmedium o. a." bzw. „ …kenne es gar nicht."

Nach dem Erfassen der Verteilungen stellt die Lehrperson eine zweite mündliche Nachfrage, wieder getrennt für die Gruppen 1 bis 3 und die 4. Gruppe: „Welche
Passage ist Ihnen besonders in Erinnerung? Tauschen Sie sich kurz in Ihrer Gruppe
untereinander aus." Beziehungsweise fragt sie die Gruppe derjenigen, die nicht gelesen haben (Gruppe 4) ob es etwas gibt, was sie speziell abgehalten hat, dieses Werk
zu lesen, und bittet sie, sich darüber auszutauschen. Die Dozentin nimmt an der Diskussion der 4. Gruppe (Studierende, die nicht gelesen haben) teil. Die Schlussauf-
stellung verläuft methodisch nach dem gleichen Muster.

Die Evaluationsfragestellungen

„In welchem Masse gelingt es, die Studierenden zur Lektüre der zu behandelnden
Bücher zu bewegen, sie von der Wichtigkeit dieser Vorbereitungstätigkeit zu über-
zeugen und diese Bereitschaft über das Semester hinweg aufrecht zu erhalten?"

Das Datenerhebungsinstrument

Für die systematische Datenerfassung während der Intervention dient ein Erhe-
bungs- bzw. Beobachtungsbogen. Die Dozentin trägt mit Strichlisten und/oder Zahlenwerten die jeweiligen Verteilungen der Studierenden auf die Antwortvorgaben
und – anonym – Notizen zu den Äusserungen innerhalb der Gruppe 4 ein (Tab. 20).

Tab. 20:   Erhebungsbogen für die Start-Aufstellung

Erhebungsbogen Gruppendarstellung			
1 Ganz gelesen		2 Die Hälfte oder mehr gelesen	
1a	1b	2a	2b
ausschliesslich gelesen	zusätzlich anderes Medium	ausschliess-lich gelesen	zusätzlich anderes Medium
3 Weniger als die Hälfte		4 Gar nicht gelesen	
3a	3b	4a	4b
ausschliesslich gelesen	zusätzlich anderes Medium	gar nicht zur Kenntnis ge-nommen	ausschliesslich ande-res Medium

Sowohl die Antwortvorgaben als auch der Erhebungsbogen für die Schluss-Aufstellung werden leicht angepasst, weil diese sich auf eine grössere Anzahl von Lektüren beziehen (siehe Ausschnitt in Tab. 22).

Beschreibung der Datenerhebung
Die Datenerhebung erfolgt während der Intervention durch die Beobachtung der Verteilung auf die Gruppen und die Dokumentation der Ergebnisse.

Das Vorgehen bei der Datenauswertung
Die Ergebnisse der Aufstellungen werden quantitativ und qualitativ ausgewertet. Die Werte der Untergruppen a und b werden je zusammengefasst, die Ergebnisse der Gruppen 1 bis 4 in Prozentwerte umgerechnet und in einen Auswertungsbogen übertragen. Tab. 21 zeigt einen Ausschnitt aus dem Auswertungsbogen für die Start-Aufstellung.

Tab. 21:   Auswertungsbogen für die Start-Aufstellung (Ausschnitt)

Auswertungsbogen
Gruppe: _____
Antworten

	Position	Anzahl TN	in Prozent
1	Ich habe auf heute das ganze Werk gelesen.		
2	Ich habe auf heute die Hälfte oder mehr des Werks gelesen.		
3	Ich habe auf heute weniger als die Hälfte gelesen.		
4	Ich habe das Werk auf heute nicht gelesen.		
	Gesamt		100%

Minimal-Erfolgspunkt: 80 % der Teilnehmenden stellen sich bei Position 1 und 2 auf *und* maximal 10 % der Teilnehmenden bei Position 4a (s. Tab. 20).

Die tatsächlich erreichten Prozentwerte werden mit den vorgesehenen Minimal-Erfolgspunkten verglichen. Die inhaltlichen Äusserungen zum Nichtlesen werden nach den häufigsten und wesentlichen Aspekten ausgewertet.

Die Evaluationsergebnisse
Die Ergebnisse der Start-Aufstellung zeigen, dass 78 Prozent der Studierenden mindestens die Hälfte des Vorbereitungstextes gelesen haben. Damit sind die vorgegebenen 80 Prozent knapp verfehlt. Deutlich unterhalb der Erwartung fällt das Ergeb-

nis aus, dass statt der veranschlagten 10 Prozent sogar 17 Prozent der Studierenden das Werk gar nicht kennen.

Als Gründe für das Nichtlesen des Werks geben die Teilnehmenden vielfach an, die Verbindlichkeit des Lesens sei in der Veranstaltungsankündigung nicht zu erkennen. Die Informationen des kommentierten Vorlesungsverzeichnisses der Pädagogischen Hochschule, das drei Monate vor Semesterbeginn erscheint, werden entweder nicht zur Kenntnis oder nicht ernst genommen.

Tab. 22:   Auswertungsbogen für die Schluss-Aufstellung (Ausschnitt)

...

Frage b)
Wie viele Werke haben Sie in welchem Umfang gelesen?
Stellen Sie sich bei der Position auf, die am ehesten auf Sie zutrifft.

	Antwortmöglichkeiten	**Anzahl TN**	**in Prozent**
1	Ich habe alle gelesen.	16	57
2	Ich habe mindestens sechs Werke gelesen.	8	28
3	Ich habe vier bis fünf Werke gelesen.	2	7
4	Ich habe zwei bis drei Werke gelesen.	1	4
5	Ich habe keins oder eines der Werke gelesen.	1	4
	Gesamt	28	100%

Minimal-Erfolgspunkt: Mindestens 25 (90 Prozent) der 28 Teilnehmenden stellen sich bei Position 1 auf.
Resultat: 57 Prozent

Die Ergebnisse der Schluss-Aufstellung am Ende der Lehrveranstaltung zeigen, dass in einer der untersuchten Gruppen die Erwartungen deutlich nicht erfüllt werden: Lediglich 57 Prozent statt der angestrebten 90 Prozent der Studierenden haben jedes Werk bis zum Ende des Semesters gelesen (siehe Tab. 22). Eine zweite untersuchte, hier nicht dargestellte Gruppe erreicht 87 Prozent und liegt damit knapp unter dem angestrebten Wert.

Die Schlussfolgerungen und Nutzung der Evaluationsergebnisse
Die Dozentin beschliesst aufgrund des knappen bzw. unbefriedigenden Ergebnisses andere Aktivitäten zu entwickeln, welche die vorbereitende Leseleistung erhöhen.

Weiterführende Überlegungen und Kommentar

Trotz der noch unbefriedigenden Vorbereitungsleistung in diesem Semester hat die Intervention der Dozentin insgesamt einen positiven Effekt erzielt: Im Laufe des Semesters hat sich herumgesprochen, dass man in dem Modul viel lesen muss bzw. darf und dass im Unterricht auf die Vorbereitung Bezug genommen wird. Ein Kollege der Dozentin macht die Erfahrung, dass sich dies positiv auf die nachfolgenden Studierenden auswirkt: „In den zwei letzten Wochen des alten Semesters haben sich Studierende bei mir erkundigt, ob im folgenden Semester dieselben Werke als Referenzwerke behandelt würden. Studierende, die das Modul besuchen wollen, möchten frühzeitig mit Lesen anfangen."

Das in diesem Beispiel eingesetzte Instrument der „Aufstellungsbefragung", verbunden mit der Thematik „Anregung zur vorbereitenden Lektüre", birgt Risiken und kann unangemessen eingesetzt werden. Die Aufstellung muss in ein Setting eingebunden sein, in welchem die Studierenden als Erwachsene ernst genommen werden, die ihre Studierprozesse selbst steuern, die autonom sind und die selbst wissen, welche Lernstrategien für sie die besten sind. Die Anregung und das Hinweisen darauf, dass vollständiges Lesen von Lektüre wichtig ist, sind nicht in allen Veranstaltungsformen und allen Disziplinen tatsächlich unabdingbar. Diese Forderung von Dozierenden muss immer authentisch sein, d.h. das Versprechen muss eingehalten werden, dass die gelesenen Werke im Unterricht angemessen behandelt werden, dass Fragen und Anregungen von Studierenden, die diese in der Lektüre gewonnen haben, aufgegriffen werden und dass die Dozierenden selbst die Werke à jour haben (vergleiche auch Kapitel 2.4).

Anders als in Settings wie beispielsweise dem klassischen Lehrgespräch wird in der Aufstellung die Steuerungsfunktion der Dozierenden/des Dozierenden viel deutlicher. Sie bzw. er wird in dieser Funktion auch angreifbarer. Es ist daher empfehlenswert, mit dem Instrument zunächst Erfahrungen auf nicht allzu konfliktreichen Problem- und Themenfeldern zu machen, und sich dann auf Fragestellungen vorzuwagen, wie sie die hier behandelte darstellt. Der Einsatz verlangt ein gewisses Mass an Erfahrung mit Moderationstechnik (vgl. Lipp/Will, 2008) und im Umgang mit Konflikten in Gruppen (als Standardwerk siehe Glasl, 2010).

Hinweise zu Variationsmöglichkeiten der Intervention bzw. des Instruments finden sich im Kapitel 4.3 im Taschenset.

3.4 Fall 4: Techniken zur Literaturauswertung festigen

Zusammenfassung

Der Dozent vermittelt den Studierenden ein 5-schrittiges Verfahren zur Auswertung wissenschaftlicher Literatur für seine Vorlesung, überprüft, in welchem Masse die Studierenden sich tatsächlich vorbereiten und ob die Übung zum Lesen wissenschaftlicher Texte die Lernresultate der Studierenden verbessert. In der Folge passt er die Menge der Vorbereitungsliteratur aufgrund der erzielten Erkenntnisse an.

Der Selbstevaluator und sein Handlungsfeld

Der Selbstevaluator ist Dozent an der Philosophisch-Naturwissenschaftlichen Fakultät einer Universität. Er ist hochschuldidaktisch sehr gut ausgebildet. Als promovierter Biologe, mit Forschungserfahrungen in der Agrarökologie sowie intensivem Kontakt mit Agronomen und praktischen Landwirten, kann er spezielle und grundlegende Fragen der Studierenden souverän beantworten und ihre wissenschaftlichen Fähigkeiten beurteilen. Er ist für die Veranstaltung allein verantwortlich und führt sie selbständig durch.

Die Lehrveranstaltung und ihre Zielgruppe

Es handelt sich um eine Vorlesung im Wahlbereich im Umfang von 11 x 45 Minuten zum Thema Agrarökologie. Die Veranstaltung ist stark forschungsbasiert und stützt sich auf eine grössere Zahl von Fachartikeln. Die Studierenden sollen den Umgang mit Originalliteratur und deren kritische Diskussion üben. Die Veranstaltung dient der Spezialisierung und wird gemäss vorliegenden Rückmeldungen wegen ihrer Anschaulichkeit und des Praxisbezugs geschätzt. Die Vorlesung basiert auf Grundlagenkenntnissen der Ökologie, die ab dem ersten Studienjahr vermittelt werden. Dazu kommen landwirtschaftliche Inhalte, die für die Studierenden neu oder gegebenenfalls aus dem persönlichen Umfeld bekannt sind.

Die Zielgruppe besteht aus zirka 30 Studierenden, die sich im dritten Jahr des Bachelorstudiums befinden. Sie sind Anfang 20 und haben eher unklare Vorstellungen vom Thema „Agrarökologie".

Der Anlass der Evaluation

Der Dozent entwickelt bereits seit mehreren Semestern verschiedene Elemente der Lehrveranstaltung weiter (z.B. mit dem „Informierendem Unterrichtseinstieg"). In der standardisierten Lehrveranstaltungsbeurteilung der Universität wird die Veranstaltung durch die Studierenden zunehmend besser beurteilt. Darüber hinaus steigt die durchschnittliche Punktzahl, die bei den Prüfungen erreicht wird, und die in-

haltsbezogenen mündlichen Aussagen der Studierenden zu Quellentexten sind quali-
fizierter. Der Dozent möchte gerne weitere Elemente der Veranstaltung verbessern.

Der Evaluationsgegenstand
dieses Fallbeispiels ist die systematisch angeleitete Vorbereitung und Auswertung
wissenschaftlicher Literatur der Vorlesung durch die Studierenden.

Die Ziele der Lehrveranstaltung
Die beiden Mittlerziele sind: „Die Studierenden folgen der Vorlesung aktiv und
beteiligen sich an Diskussionen" und „Die Studierenden vollziehen wissenschaftliche Texte zur Vorlesung nach und beurteilen sie." Die beiden ausgewählten Detailziele sind: „Die Studierenden geben die Vorlesungsinhalte korrekt wieder." und „Die
Studierenden geben die Hauptinhalte wissenschaftlicher Texte korrekt wieder und
beurteilen deren Argumentationslinien auf Schlüssigkeit."

Die Lehrintervention, die ergriffen wird, um die Ziele zu erreichen,
konzentriert sich in diesem Semester auf den Umgang mit den wissenschaftlichen
Artikeln.

Die Vorlesung beruht auf insgesamt 31 Texten, die die Studierenden auf einer
CD erhalten. Da die Studierenden sich zum Teil noch auf dem Kompetenzniveau
von „Anfängerinnen und Anfängern" befinden, benötigen sie einerseits die explizier-
ten Regeln, wie sie mit diesen Texten verfahren sollen, und andererseits ein Einüben
dieser Verfahrensweise durch Wiederholung. Da sie sich aber bereits im dritten Studienjahr befinden, sollten sie auch mit verschiedenen Formen von Texten umgehen
können, was dem Kompetenzniveau der „fortgeschrittenen Anfängerin bzw. fortgeschrittenen Anfängers" entspricht (vergleiche auch Kapitel 2.4). Der Dozent rekapi-
tuliert das 5-schrittige Textbearbeitungsverfahren „PQRST" (nach Macke/Hanke/
Viehmann, 2008), das die Studierenden aus vorhergehenden Semestern kennen. Er
wendet es exemplarisch auf einen Text an, präsentiert sein Auswertungsergebnis
mündlich und bespricht Fragen der Studierenden. „PQRST" steht für die Textbear-
beitungsschritte Preview (Überblick verschaffen), Question (sich befragen), Read
(gezielt lesen), Self-recitation (in eigenen Worten wiedergeben) und Test (kontrollieren, ob man es richtig verstanden hat).

Ausgewählte Texte werden zu Hause in Einzelarbeit, zu zweit oder in Gruppen
bis zur folgenden Vorlesungsstunde von den Studierenden analysiert. Alle bringen
den ausgedruckten Quellentext zur folgenden Vorlesung mit. Am Anfang der Stunde
fasst eine vorher bestimmte Person in maximal zwei Minuten die wichtigsten Inhalte
des Textes zusammen. Daran schliesst sich eine kurze Diskussion an. Eine zweite
Person, ebenfalls vorher bestimmt, trägt ebenfalls in zwei Minuten vor, wie sie den

Text beurteilt, wo die wesentlichen Stärken und Schwächen liegen, was bemerkenswert bzw. zweifelhaft ist etc. und welche weiteren Auswertungsschritte zum Text sinnvoll wären. Auch daran schliesst sich eine kurze Diskussion an.

Die Evaluationsfragestellungen lauten:
„In welchem Masse steigert oder mindert die Intervention die Bereitschaft der Teilnehmenden, sich mit den Texten und den darin angesprochenen Themen auseinander zu setzen?" und „Welches Mass an zeitlicher Belastung lösen die Arbeitsaufträge aus?"

Die Datenerhebungsinstrumente
Der Dozent führt drei Erhebungen durch: Nach der ersten Stunde führt er eine mündliche Abfrage im Plenum durch, setzt nach der fünften Stunde einen Fragebogen zur Zwischenevaluation und nach der letzten Stunde einen Abschlussbogen ein. Folgende Abb. 19 zeigt Ausschnitte des Erhebungsinstruments für die Zwischenevaluation. Die dritte Datenerhebung am Ende des Semesters erfolgt im Rahmen der standardisierten Lehrevaluation der Universität per Fragebogen, der fakultätsweit standardisierte sowie veranstaltungsspezifische Fragen enthält. Diese zusätzlichen Fragen nimmt die Evaluationsstelle der Hochschule auf Wunsch des Dozierenden in den Lehrevaluationsbogen auf. Der Dozent formuliert für die dritte Befragung die Frage nach der Qualität der gegebenen Arbeitsaufträge fokussierter: „Die Arbeitsaufträge unterstützen mich in meinem Lernprozess."

Die Beschreibung der Datenerhebung
Der Dozent führt, nachdem die Vorbereitungsaufgabe zum ersten Mal gestellt wurde, eine mündliche Befragung im Plenum durch, um zu erfassen, wie viele Studierende den Vorbereitungstext bearbeitet haben. Nach der fünften Vorlesungsstunde erfolgt die schriftliche Zwischenbefragung (Abb. 19). Am Ende des Semesters erfolgt eine dritte Datenerhebung mit dem ergänzten standardisierten Fragebogen. Diese Fragebogen werden in der vorletzten Veranstaltung ausgeteilt, ausgefüllt und eingesammelt und anschliessend erfasst und ausgewertet.

Das Vorgehen bei der Datenauswertung
Die mündliche Befragung wird in der Situation ausgezählt, die Fragebogen jeweils nach der Veranstaltung.

Die Evaluationsergebnisse
Die erste, mündliche Befragung zeigt, dass drei Viertel der Teilnehmenden den ausgewählten Text gelesen haben.

Die schriftlichen Ergebnisse der Zwischenevaluation zeigen, dass gut die Hälfte der Studierenden (12 von 21) mindestens die Hälfte der Texte gelesen hat (sechs Studierende haben drei und sechs Studierende haben zwei von vier Texten gelesen). Ebenfalls gut die Hälfte der Befragten (11 von 21) beurteilt die Arbeitsaufträge zur Literaturauswertung als sinnvoll. Ca. ein Drittel (acht Studierende) spricht sich dafür aus, die Literaturauswertung beizubehalten. Ein anderes Drittel (sieben Studierenden) gibt an, dass die Literaturauswertung ein verzichtbares Element der Lehrveranstaltung sei, oder dass sie stark verändert werden solle. Sie erklären ihre Ablehnung damit, dass sie Literaturauswertung bereits gehabt hätten und die Wiederholung nur wertvolle Zeit wegnähme. Sie erläutern darüber hinaus, dass ihnen die Zielvorstellung und eine Begründung fehlen, wieso Texte unter Zeitdruck gelesen werden sollten, wenn sie nicht prüfungsrelevant seien. Die zeitliche Belastung durch eine Stunde Vorbereitung und eine Stunde Nachbereitung, die für die Literaturauswertung vorgesehen sind, wird ebenfalls konträr beurteilt: Acht Studierende bewerten dies als eine deutlich zu hohe, vier als eine zu hohe zeitliche Belastung und insgesamt acht haben kein oder eher kein Zeitproblem. Der Dozent meint aus diesen Ergebnissen keine klaren Schlussfolgerungen ziehen zu können.

Die standardisierte Evaluation am Ende der Lehrveranstaltung zeigt verschiedene Verbesserungen an:

> Die Note, die der Veranstaltung insgesamt gegeben wird, steigt von 5.15 im Jahr 2006 auf 5.31 in 2007.
> Die Studierenden in 2007 schätzen ihren Lernerfolg überwiegend so ein, dass sie viel gelernt haben ('a lot') im Gegensatz zu 'this or that' im Jahr davor.

Bei der Lernerfolgskontrolle steigt die durchschnittlich erreichte Punktzahl von Ø 8.1 des Vorjahrs auf Ø 8.4 Punkte.

Die Schlussfolgerungen und die Nutzung der Evaluationsergebnisse
Der Dozent ersieht aus den verschiedenen Erhebungen, dass sowohl die Lernerfolgsprüfung bessere Resultate erbracht hat als auch die Frage nach dem Lernerfolg positiver beantwortet wird. Dabei wurde weniger als die von ihm vorgegebene Textmenge bearbeitet. Er beurteilt den Zusammenhang zwischen der Menge an Übungen mit Textarbeit und der Verbesserung der Leistung als mittelstark ausgeprägt. Er beschliesst, die Arbeitsaufträge zur Literaturbearbeitung im nächsten Semester um zirka 50 Prozent zu reduzieren. Er nimmt dadurch die kritischen Anmerkungen der Studierenden auf, verfolgt aber weiter sein Ziel, dass die Teilnehmenden wissenschaftliche Texte nachvollziehen und beurteilen.

Arbeitsaufträge Literaturauswertung					
Wie viele der bisherigen Texte hast Du vor der Vorlesung bearbeitet?	0 ☐	1 ☐	2 ☐	3 ☐	4 ☐

	Stimmt nicht	Stimmt eher nicht	Stimmt eher	Stimmt
Ich halte die Arbeitsaufträge für sinnvoll.	☐	☐	☐	☐
Das Vorgehen bei der Literaturauswertung wurde nicht genügend erklärt.				
...	☐	☐	☐	☐
Die Form der Ergebnis-Präsentation durch die Studierenden ist zweckmässig.	☐	☐	☐	☐
Die Diskussionen im Anschluss an die Präsentation sind zielführend.	☐	☐	☐	☐
Anregungen für Verbesserungen				
	Stimmt nicht	Stimmt eher nicht	Stimmt eher	Stimmt
Durch je eine Stunde Vor- und Nachbereitung pro Vorlesung würde meine wöchentliche Studienzeit (bei Vollzeitstudium 42 Stunden) deutlich überschritten.	☐	☐	☐	☐
In der Vorlesung Agrarökologie beteilige ich mich mehr als in anderen Vorlesungen.	☐	☐	☐	☐

Welche(s) der vier Elemente sollte(n) *unbedingt* beibehalten werden?	Unterrichtseinstieg ☐	Standortbestimmung ☐	Literaturauswertung ☐	Literatur auf CD ☐
Welche(s) der vier Elemente sollte(n) weggelassen oder stark verändert werden?	Unterrichtseinstieg ☐	Standortbestimmung ☐	Literaturauswertung ☐	Literatur auf CD ☐
Welche Note würdest Du der Veranstaltung insgesamt geben?	sehr schlecht 1 ☐ 2 ☐ 3 ☐ 4 ☐ 5 ☐ 6 ☐ sehr gut			
Anregungen für Verbesserungen:				

Abb. 19:   Fragebogen „Zwischenevaluation Literaturauswertung" (Ausschnitt)

Weiterführende Überlegungen und Kommentare

Das Beispiel behandelt eine Station in dem bereits seit längerer Zeit laufenden Prozess systematischer Selbstevaluation des Dozenten. Mit der Auswertung und aktiven Aneignung von Fachliteratur bei knappen Zeitressourcen der Studierenden wird ein Kernthema des wissenschaftlichen Studiums angesprochen. Viele Elemente der Veranstaltung sind bereits optimiert (an „Kennzahlen" aus Standardfeedbackbogen und Prüfungsergebnissen ablesbar). Somit kann der Dozent einen engen Fokus setzen, bei dem er weiter verbessern will. Er platziert eine präzise Intervention mit einem systematischen Verfahren („PQRST"), Vorbereitung und Präsentation, um Studierende für die Bearbeitung von wissenschaftlichen Texten zu qualifizieren.

Mit seinem jetzigen Vorgehen gewinnt der Dozent mittels überwiegend nonreaktiver Instrumente auf sehr ökonomische Weise nützliche Informationen. Durch das Vorgehen ohne Interaktion mit den Studierenden (austeilen – ausfüllen – einsammeln – eingeben/auswerten – rückmelden) besteht allerdings keine Möglichkeit, widersprüchliche Ergebnisse durch Rückfragen an die Studierenden zu klären oder sich Ergebnisse erläutern zu lassen. Der erwünschte doppelte Nutzen von Erhebungsinstrumenten in der Selbstevaluation durch Verschränkung mit der Intervention ist gering ausgeprägt.

Die Mehrdeutigkeit in der Ergebnisauswertung, die der Dozent sieht, gibt einen Hinweis, dass der Fragebogen in seiner ersten Fassung noch nicht genügend auf das Ziel fokussiert ist. Der Zusammenhang zwischen Festigung der Techniken zur Literaturauswertung und Umfang des Übens mit einer mehr oder weniger grossen Menge von Texten ist in seinem Konzept implizit unterstellt. Da es ja nicht um die Vermittlung von möglichst viel Stoff im Sinne von deklarativem Wissen geht, sondern um die intellektuelle Fähigkeit, Texte auszuwerten, trifft er die richtige Entscheidung, die Textmenge deutlich zu reduzieren.

Anmerkung zum eingesetzten Instrument: Ein Item des Fragebogens der Zwischenevaluation (Abb. 19) ist negativ formuliert: „Das Vorgehen bei der Literaturauswertung wurde nicht genügend erklärt." Wie im SPECIAL #1# erläutert, wäre dieses Vorgehen bei einer kurzen vierstufigen Skala überflüssig und erhöht unnötig den Auswertungsaufwand.

3.5   Fall 5: Mit „Informierendem Unterrichtseinstieg" besser lehren

Zusammenfassung

Im Rahmen der didaktisch-methodischen Neukonzeption eines Proseminars beschäftigt sich der Dozent mit der didaktischen Qualität seiner Lehre, setzt dafür die Methode des „Informierenden Unterrichtseinstiegs (IU)" ein und überprüft, wie gut ihm dies gelingt.

Der Selbstevaluator und sein Handlungsfeld

Der Selbstevaluator ist Dozent im Studiengang Religionswissenschaft an einer Philosophischen Fakultät. Er bietet dort das Proseminar Religionsgeschichte als verbindlichen Jahreskurs über zwei Semester an. Er hat den Kurs nach seinem Start im laufenden Semester von einer anderen Lehrperson übernommen. Der Dozent ist hochschuldidaktisch sehr gut ausgebildet und als promovierter Religionswissenschaftler in der Lage, grundlegende und spezielle Fragen der Anfängerinnen und Anfänger souverän zu beantworten. Er ist für diese Veranstaltung allein verantwortlich und führt sie selbständig durch.

Die Lehrveranstaltung und ihre Zielgruppe

Der Jahreskurs ist eine Pflichteinführungsveranstaltung des grundständigen Bachelorstudiums, in der Grundlagenwissen vermittelt wird. Die rund 25 Studierenden sind zwischen 19 und 23 Jahren alt, haben kaum Vorkenntnisse, dabei ausgeprägte persönliche Interessen und Vorannahmen (entweder soziologische oder philosophische) zum Gegenstand des Kurses. Diese kollidieren häufig mit dem am Institut vertretenen wissenschaftlichen Zugang zum Thema.

Der Anlass der Evaluation

Für diesen Kurs existiert bis zum Zeitpunkt der Übernahme durch den Selbstevaluator kein klar kommuniziertes, wegweisendes inhaltliches und/oder methodisches Konzept. Dies führte nach dem Leitungswechsel zu Orientierungsschwierigkeiten bei den Studierenden und zu Unzufriedenheit beim Dozenten. Diese Unzufriedenheit war der Auslöser, um den Kurs im Hinblick auf Inhalte, Methoden und Ziele verbindlicher zu orientieren. Ausserdem sollen möglichst viele Anregungen von den Studierenden zur Neugestaltung des Jahreskurses gesammelt werden.

Der Evaluationsgegenstand

Die Selbstevaluation fokussiert auf einen Ausschnitt des Lehrhandelns, nämlich den Einsatz des didaktisch-methodischen Elements „Informierender Unterrichtseinstieg (IU)" durch den Dozenten.

Die Ziele der Lehrveranstaltung

Am Ende der Kursstunde, die durch einen Informierenden Unterrichtseinstieg eröffnet wird, können die Studierenden die verfolgten Lernziele mit eigenen Worten wiedergeben und sie als wichtig für die Einführungsphase ihres Studiums anerkennen. Sie können benennen, mit welchen Methoden diese Lernziele im Jahreskurs verfolgt werden und haben zu Zielen und Vorgehen Stellung bezogen.

Die Lehrintervention, die ergriffen wird, um die Ziele zu erreichen

Der Dozent eröffnet die Veranstaltung mit der Methode des Informierenden Unterrichtseinstiegs (siehe dazu Anhang 5.4), um die Lehrveranstaltung zu strukturieren, den roten Faden sichtbar zu machen und eine gute Mitarbeit zu erreichen. Die Studierenden werden darüber informiert, dass sich der Dozent um eine Verbesserung der Lehre bemüht und dass die Beobachtung zu diesem Zweck erfolgt.

Die Evaluationsfragestellung

„In welchem Mass gelingt es mit dem Informierenden Unterrichtseinstieg, die gesetzten Informations- und Aktivierungsziele zu erreichen?"

Das Datenerhebungsinstrument

Zur Datenerhebung wird der Einschätzbogen „Didaktische Struktur" von Ertel und Tribelhorn (2007, S. 23) eingesetzt (siehe hierzu Abb. 20). Der Bogen enthält neun Tätigkeiten, die beobachtet und hinsichtlich des Grades ihrer Ausprägung eingeschätzt werden. Für jede Tätigkeit wird eine Einschätzung abgegeben, wie gut sie ausgeführt wird. Die Skala für diese Ratings hat vier Stufen von ‚ungenügend' bis ‚hervorragend'. Jede Stufe entspricht einem Punktwert. Für ‚ungenügend' bekommt die Lehrperson null, für ‚hervorragend' drei Punkte. Pro beurteilter Tätigkeit können damit maximal drei, im Total aller neun Tätigkeiten 27 Punkte erreicht werden. Zusätzlich können Bemerkungen erfasst werden.

Die Beschreibung der Datenerhebung

Die Datenerhebung erfolgt per Beobachtung des Dozenten durch eine Kollegin. Sie beurteilt, in welchem Masse der Dozent die Tätigkeiten, die zu einem Informierenden Unterrichtseinstieg gehören, ausführt.

Das Vorgehen bei der Datenauswertung

Für die Auswertung werden die Punkte aller Beurteilungsdimensionen zusammengezählt und die Bemerkungen besprochen.

Die Evaluationsergebnisse

Der Dozent erreicht nach mehrfachem Üben des IU 26 von 27 möglichen Punkten. Zusammen mit dem schriftlichen Kommentar, dass der Dozent bei Fragen an die Studierenden nicht auf deren Antworten gewartet hat, ist klar nachvollziehbar, wieso ein Punktabzug bei der Anforderung „Studierende einbeziehen" erfolgt.

Tätigkeit	Evaluation eines „Informierenden Unterrichtseinstiegs" Seminartitel: Bewertung durch:				
	Bewertung				
	hervor-ragend	gut	aus-reichend	unge-nügend	Bemerkungen des Beobach-tenden
Thema genannt	3 x	2	1	0	
Lernziele anschau-lich mitgeteilt u. formuliert	3 x	2	1	0	Hat formuliert, was das Haupt-ziel der heutigen Stunde ist … – nebst dem Sachwissen über
Lernziele begründet u. Lernzweck erläu-tert	3 x	2	1	0	…
Ablauf kommuniziert	3 x	2	1	0	
Persönliche Stel-lungnahme gegeben	3 x	2	1	0	Hat erklärt, dass die For-schungsergebnisse … ihn … überzeugt haben.
Studierende einbezo-gen	3	2 x	1	0	Hat Fragen in Bezug auf Stoff der letzten Stunde gestellt – nicht auf Antworten gewartet.
An frühere/zukünf-tige Themen ange-knüpft	3 x	2	1	0	Hat verschiedene Formen, die besprochen wurden … zu-sammengefasst und die in der
Vorkenntnisse der Teilnehmenden akti-viert	3 x	2	1	0	heutigen Stunde zu behandeln-de Form … darin eingebettet.
Komplexe Inhalte/ Abläufe visualisiert	3 x	2	1	0	Hat verschiedene Formen … mit PowerPoint visualisiert.
Summen	24	2			Gesamtpunkte: 26 (Höchstpunktzahl: 27)

Abb. 20:   Einschätzbogen zum Informierenden Unterrichtseinstieg

Die Schlussfolgerungen und die Nutzung der Evaluationsergebnisse

Der Dozent entscheidet sich auf Grund des sehr positiven Ergebnisses nach mehrfa-chem Üben dafür, den IU als Standardintervention zur Eröffnung von Veranstaltun-gen in sein Repertoire aufzunehmen.

Weiterführende Überlegungen und Kommentar

Diese interaktive Selbstevaluation (vgl. auch Kapitel 1.1) ist ein Beispiel für Vorhaben, die sich auf das Lehrhandeln beziehen (vgl. auch Kapitel 2.5). Es stärkt die Selbstwahrnehmung, die Sicherheit und die didaktisch-methodische Kompetenz. Das eingesetzte Datenerhebungsinstrument überprüft im Kern, in welchem Masse der Dozent die Intervention so umsetzt wie geplant.

Die vom Dozenten formulierte Fragestellung dagegen wird noch nicht vollständig beantwortet, da die Erreichung der Interaktions- und Aktivierungsziele, welche die Intervention bei den Studierenden auslösen soll, nicht gemessen wird. Auch ohne eine zusätzliche Primärerhebung liessen sich evtl. erste Indikatoren hierzu z.B. aus dem Standardfeedbackbogen der Universität entnehmen, wenn darin Ratingfragen zum selbstgesteuerten Lernen vorhanden sind (gute Beispiele bei Braun, 2007).

Um die Studierenden in den Qualitätsentwicklungsprozess einzubeziehen und unmittelbare Rückmeldungen von ihnen zu erhalten, könnte die Lehrperson die Studierenden die Beobachtung und Bewertung durchführen lassen. Diese könnten ihre Einschätzungen z.B. auf einer vorbereiteten Pinnwand mit Hilfe von Klebepunkten oder durch Setzen von Strichen mit Flipchart-Markern abgeben. Dieses Vorgehen setzt voraus, dass die Studierenden eingewiesen werden und einüben, zu den Tätigkeitsdimensionen des Informierenden Unterrichtseinstiegs gültige Einschätzungen abzugeben. Schliesslich könnten die Studierenden zwei besonders wichtige Tätigkeiten kommentieren oder ergänzen, indem sie auf zwei vorbereiteten Plakaten ihre Begründungen für ihre Einschätzungen zusammentragen und evtl. auf einem dritten Plakat offene Fragen festhalten.

Anmerkung zum eingesetzten Instrument: Statt die beobachteten Tätigkeiten mit Ausprägungen von „hervorragend" bis „ungenügend" zu bewerten, könnten sich die Abstufungen stärker auf Beobachtbares beziehen: „sehr stark ausgeprägt" bis „gar nicht ausgeprägt" oder auch „sehr häufig" bis „gar nicht". Diese Abstufung würde zu einer grösseren Streuung in den Ergebnissen führen; die höchste Punktzahl wäre viel seltener erreichbar.

Optimalerweise verschränken sich in einer Selbstevaluation Lehrhandeln und Untersuchen wie in Kapitel 1.3 beschrieben. Im folgenden Abschnitt wird ein Vorschlag gemacht, wie das oben beschriebene Selbstevaluationsvorhaben im diesem Sinne weiterentwickelt werden kann:

Unter der Annahme, dass die Teilnehmenden schriftliche Unterlagen erhalten, in denen die Ziele enthalten sind, teilt der Dozent etwa zehn Minuten vor Unterrichtsschluss mit, dass er feststellen möchte, ob es ihm gelungen ist, den Teilnehmenden die zentralen Zielsetzungen der Lehrveranstaltung zu verdeutlichen. Zu diesem

Zweck teilt er die Teilnehmenden in Vierer- oder Fünfergruppen ein, denen er jeweils je ein DIN A4-Blatt mit einer Impulsfrage und einen Stift übergibt. Er bittet sie in eigenen Worten gut lesbar zwei bis vier zentrale Lernziele zu notieren. Die Impulsfrage lautet: „Wenn ich erfolgreich studiert habe, werde ich am Ende der Lehrveranstaltung, also ca. am (………Datum einsetzen) Folgendes wissen bzw. können. Bitte formulieren Sie ganze Sätze, so dass es jemand versteht, der heute nicht teilgenommen hat." Die Gruppen haben acht Minuten Zeit. Die Blätter werden abschliessend eingesammelt. Die Auswertung erfolgt anonym.

Als Auswertungsbogen listet der Dozent seine Lernziele in einer Tabelle auf und hakt in den Spalten daneben ab, welches seiner Lernziele die Studierenden klar = X bzw. eingeschränkt deutlich = (X) formuliert haben (Abb. 21:). Ein mögliches Ergebnis könnte so aussehen:

Auswertungsbogen (mit möglichem Ergebnis)
„Resümee zum Informierenden Unterrichtseinstieg"

	Gruppe 1	Gruppe2	Gruppe 3	Gruppe 4	Summe
Lernziel 1	X	X	X	X	4
Lernziel 2	X		X		2
Lernziel 3		X		X	2
Lernziel 4		X	X		2
Lernziel 5	(X)				0.5

Abb. 21:   Auswertungsbogen zum Informierenden Unterrichtseinstieg

Zur Rückmeldung und Ergebnisverwendung beschliesst der Dozent, zu Beginn der zweiten Veranstaltung das Ergebnis zu nennen und kurz nochmals auf das Lernziel 5 in der Veranstaltung hinzuweisen. Sollte es ein oder mehrere Ziele geben, die von keiner Gruppe genannt werden, wäre dies ein Hinweis darauf, dass der IU nicht so gelungen ist wie geplant.

Mit dieser Vorgehensweise unterstützt die Datenerhebung die Intervention des Informierenden Unterrichtseinstiegs: In den Kleingruppen wird noch einmal gesammelt, was die zentralen Ziele und Inhalte der Lehrveranstaltung sind. Sollten bis dahin einzelne Studierende die Ziele nicht genügend präsent haben, ist hier für sie noch einmal Gelegenheit, sie sich in der Diskussion zu erschliessen. Ausserdem unterstützt das ‚Formulieren in eigenen Worten‘ die Selbstverpflichtung auf die Lernziele.

4 Taschenset: Konviviale Erhebungsinstrumente für die Selbstevaluation

In diesem Kapitel werden konviviale Erhebungsinstrumente für Unterrichtssituationen vorgestellt, wie sie im Kapitel 2.6.1 charakterisiert sind: leicht konstruier- und handhabbar, mit ‚Handwerkszeug' wie Stift und Papier, Moderationsmaterialien, gängigen Office-Anwendungen usw. Sie benötigen wenig zusätzliche Ressourcen (Zeit, Material, Konzentration) und wirken unmittelbar prozessunterstützend, stiften also Prozessnutzen. Sie sind für Studierende leicht verstehbar und machen für sie die Datenerhebung und -auswertung transparent. Sie sind leicht steuerbar, z.B. in Richtung einer hohen Rücklaufquote, und ermöglichen einfache Auswertungen und schnelle Rückmeldung an die Studierenden.

Die nachfolgend vorgestellten Instrumente verfügen in unterschiedlichem Ausmass über diese Vorteile. So sind nicht alle gleich gut geeignet, sowohl Intervention und Datenerhebung prozessunterstützend zu verschränken als auch lernförderlich zu wirken.

4.1 Ampelfeedback

Kategorie: Befragung

Zwecksetzung: Mit dem Ampelfeedback erhalten Dozierende schnell eine Übersicht über die quantitative Verteilung von Meinungen, Präferenzen, Lernständen in einer Gruppe. Es ist z.B. möglich, ein Gruppenfeedback zu didaktisch-methodischen Aspekten der Lehre zu erhalten oder den Grad des Erreichens von Lernzielen durch Selbsteinschätzung Studierender festzustellen. Es entstehen überwiegend quantitative Daten.

Vorbereitung: An Material sind rote, gelbe und grüne Karten erforderlich. Jede/r Studierende erhält eine Karte jeder Farbe. Diese nutzt sie/er zur Abstimmung.

Vorgehen: Für ein Gruppenbild zu einer bestimmten Aussage, hält jede Person nach Aufforderung eine der drei Karten hoch und signalisiert damit je nach dem Zustimmung/Ablehnung/Zwischenposition oder eine andere mit der jeweiligen Kartenfarbe verbundene Antwortalternative. Die Regeln für das Ampelfeedback müssen vorher klar bekannt gegeben werden – z.B. durch Aufschreiben auf ein Plakat, auf das die drei Karten aufgeklebt sind und wo jeweils daneben die Bedeutung aufgeschrieben ist. Um Gruppendruck und sozial erwünschtem Verhalten entgegen zu wirken ist es wichtig, dass die Karten gleichzeitig hoch gehoben werden.

Beispiel für eine Legende:

- Grüne Karte: Zustimmung zur Aussage
- Gelbe Karte: Zwischenposition teils/teils
- Rote Karte: Ablehnung der Aussage

Dauer: 2 bis 5 Minuten (ohne Einholen von Kommentaren)
Teilnehmende: 8 bis zirka 200; ab 30 Personen Assistierende erforderlich
Beispiele: Mit dem Ampelfeedback können im Rahmen von Lehrveranstaltungen Fragestellungen verfolgt werden, die auf Outputs oder auf Outcomes zielen.
Beispiel 1:
Fragestellung: In welchem Masse ist es den Studierenden gelungen, am Ende einer Unterrichtsstunde inhaltliche Lernziele zu erreichen?
Es wird ein kleines Quiz durchgeführt, z.B. mit Hilfe von Multiple-Choice-Fragen: Es gibt drei Antwortalternativen, die auf einer Overheadfolie oder auf einer Power-Point-Folie jeweils mit den drei Kartenfarben verbunden sind, wie im Beispiel von Abb. 22. Auf ein Signal hin werden die Studierenden gebeten, die nach ihrer Auffassung zutreffende Antwort mit der Karte entsprechender Farbe zu signalisieren. Die Lehrperson kann sich auf diese Weise schnell einen Überblick verschaffen, ob am Ende der Stunde (bereits) die Lernziele erreicht sind. Dieses Quiz kann auch am Anfang der nächsten Stunde durchgeführt werden. Evtl. können sich Studierende anschliessend kurz über divergierende Antworten austauschen. Die Lehrperson kann mit einer Stellungnahme/Klarstellung als Rückmeldung zum Ampelfeedback die nachfolgende Stunde einleiten.
Beispiel 2:
Fragestellungen zu didaktisch-methodischen Aspekten der Lehre (vgl. „Knacknüsse" in Kapitel 2.3): Vielfach werden in Schlussrunden oder auf Feedbackbogen von einzelnen Studierenden Kritikpunkte genannt oder Verbesserungsvorschläge gemacht. Es bleibt dabei unsicher, ob dies Einzelmeinungen sind oder ob sie die Interessen vielleicht sogar der Mehrheit der Studierenden wiedergeben. Das Ampelfeedback kann in der letzten Sitzung dazu genutzt werden – wenn z.B. in einer vorletzten Sitzung ein solcher Feedbackbogen verteilt wurde – einige dieser Unklarheiten auszuräumen. Angenommen, im Feedbackbogen stand einige Male als Wunsch „mehr Erklärungen durch Dozenten" und auch „mehr Zeit für Erarbeitung in Kleingruppen", dann können diese beiden Interventionen alternativ zur Abstimmung gestellt werden. Die Lehrperson kann ihre Position vertreten und begründen, wovon sie sich einen besseren Lernerfolg verspricht, dies evtl. mit gezielten Hinweisen auf Vor- und Nachbereitung verbinden usw. Mit einer solchen Abstimmung wird deutlich, dass in der Lerngruppe Personen mit verschiedenen Lernstilen vertreten sind und dass hierin Herausforderungen und Chancen liegen.

Beispiel 3:

Fragestellung zur weiteren Entwicklung der Veranstaltung: In einer Vorlesung sollen die Studierenden rechtzeitig zu erkennen geben, wenn ihnen bestimmte Begriffe unklar bleiben, Begründungswege nicht nachvollziehbar sind usw. Schriftliche Feedbackbogen oder Online-Verfahren sind zu träge, um diese Informationen rechtzeitig einzubringen. Die Teilnehmenden werden für eine Lernstandserhebung gebeten, mit den Karten auf folgende Fragen zu antworten: *„Ich möchte zu Beginn der heutigen Veranstaltung wissen, wer von Ihnen den grössten Teil, also 80 Prozent und mehr des Stoffes der vergangenen Veranstaltung verstanden hat und sich darin sicher fühlt. Ich bitte Sie, die grüne Karte hochzuhalten."*

Halten die meisten grüne Karten hoch wird mit der nächsten Anweisung fortgefahren: *„Ich habe den Eindruck, dass die meisten dies verstanden haben. Ich möchte nicht, dass die wenigen, die Wissenslücken haben, dies hier öffentlich kundtun müssen. Ich bin aber sehr daran interessiert, was ich in meiner Lehre noch verbessern muss, damit Sie eventuell bestehende Wissenslücken schliessen können. Deshalb bitte ich Sie um Folgendes: Unterhalten Sie sich bitte mit Ihren beiden Banknachbarn darüber, zu welchen Wissenslücken von Ihnen oder vielleicht von anderen, mit denen Sie über diese Lehrveranstaltung gesprochen haben, noch einmal Erklärungen erfolgen sollten oder welche gezielten Wünsche nach Literatur bestehen."*

Nach zwei bis drei Minuten werden die Studierenden gefragt: *„Ich bitte Sie jetzt um die Nennung von Themen oder Fragen, die vielleicht behandelt werden sollten – es müssen nicht Ihre eigenen Themen oder Fragen sein, sie müssen auch nicht aus Ihrer eigenen Gruppe kommen – ich nehme jetzt erst einmal fünf oder sechs Fragen auf."*

Der Dozent notiert die Fragen eventuell auf Tageslichtprojektor. Die Themen werden so notiert, dass eindeutig klar ist, welche Fragen der Studierenden beantwortet werden sollen. Anschliessend kann erneut eine Abstimmung mit den grünen Karten durchgeführt werden: *„Ich möchte wissen, wie wichtig die verschiedenen Themen sind, denn ich muss Prioritäten setzen. Ich bitte Sie für ein oder zwei Themen die grüne Karte zu heben: Für wen ist Thema 1 wichtig, für wen ist Thema 2 wichtig, ...?"* Auf diese Weise hat der Dozent eine priorisierte Liste gesammelt, welche Themen er vertiefend behandeln soll.

Wenn sich dieses Verfahren mit der Zielgruppe reibungslos durchführen lässt, kann es nach zwei oder drei Sitzungen wiederholt werden – eventuell ohne die erste Abfrage, sondern sofort mit der ‚Tuschelrunde' beginnend. Die verschiedenen Fragestellungen können auch nacheinander mit derselben Methode bearbeitet werden, wie das Beispiel in Abb. 22 bis Abb. 24 verdeutlicht.

Frage: „Ab welcher Blutalkoholkonzentration kommt es zur Beeinträchtigung der Fahrfähigkeit?"

Anweisung: „Halten Sie die Karte mit derjenigen Farbe hoch, die Ihrer Auffassung entspricht":

Antwortvorgaben	Kartenfarbe
ab 0,5 Promille.	grüne Karten
Es kommt darauf an, wenn man viel Alkohol verträgt, dann kann man auch viel trinken, ohne dass es die Fahrfähigkeit beeinträchtigt.	gelbe Karten
ab 0,2 - 0,3 Promille.	rote Karten

Abb. 22:   Ampelfeedback zum Lernstand in einer Vorlesung (I)

Anmerkung für die Lesenden: die korrekte Antwort ist rot, ab 0,2 - 0,3 Promille.

Thema: Unterschied Alkoholabhängigkeit/missbräuchlicher Konsum von Alkohol

„Ich kann wichtige Kriterien der Diagnose „Abhängigkeit" benennen und diese Diagnose von der Diagnose „Missbrauch" abgrenzen."

Anweisung: „Halten Sie die Karte mit derjenigen Farbe hoch, die Ihrer Selbsteinschätzung entspricht":

Antwortvorgaben	Kartenfarbe
Stimmt voll	grüne Karten
Stimmt teilweise	gelbe Karten
Stimmt nicht	rote Karten

Abb. 23:   Ampelfeedback zum Lernstand in einer Vorlesung (II)

Ergänzung durch die/den Dozierenden: „Diejenigen, welche die grüne Karte hoch gehalten haben bitte ich, sich kurz Stichworte für eine Antwort zu notieren (die gelben und roten Nachbarn schauen diesen gerne über die Schulter) – ich frage dann bei drei bis vier Personen nach."

Beurteilung der Vorlesung insgesamt: „Die Vorlesung war insgesamt interessant, ich konnte den Inhalten folgen, ohne innerlich abzuschweifen."

Anweisung: „Halten Sie die Karte mit derjenigen Farbe hoch, die Ihrer Meinung entspricht":

Antwortvorgaben	Kartenfarbe
Stimmt voll	grüne Karten
Stimmt teilweise	gelbe Karten
Stimmt nicht	rote Karten

Abb. 24:   Ampelfeedback zum Lernstand in einer Vorlesung (III)

Besondere Hinweise: Von dieser Möglichkeit sollte dosiert Gebrauch gemacht werden – dann, wenn der Lehrperson echte Entscheidungsalternativen zur Verfügung stehen und ihre Grundlagen, um eine Entscheidung zu treffen, unsicher sind.

Variation in der Durchführung: Teilnehmende, die das möchten, können ihre Entscheidung kurz erläutern. So kann ein Gruppenmitglied, das mit seiner Farbe alleine geblieben ist, eine kurze Begründung geben. Wichtig ist, dass pro Person nur je eine kurze Aussage gemacht wird. Längere Diskussionen bei den einzelnen Aussagen vermeiden! Falls bei einem Thema grosses Gesprächsbedürfnis besteht – und Zeit vorhanden ist – sollte nach Abschluss des Ampelfeedbacks mit einer stärker diskussionsorientierten Methode weitergearbeitet werden.

Eine Variante des Ampelfeedbacks ohne Karten besteht darin, dass die Studierenden eine Hand heben und mit einem, zwei oder drei ausgestreckten Fingern der Hand ihre Meinung zum Ausdruck bringen.

Hinweise für Datenerhebung und -auswertung: Um während der Durchführung des Ampelfeedbacks die Ergebnisse zu dokumentieren, empfiehlt sich die Anfertigung eines Rasters im Querformat, in dem die Häufigkeiten festgehalten werden (Abb. 25). Dies kann direkt auf einer Tageslichtprojektorfolie geschehen, sodass die Ergebnisse sofort für alle sichtbar sind. Spätestens ab ca. 30 Teilnehmenden und mehr als drei Fragen ist es erforderlich, dass eine Assistenzperson beim Zählen und Protokollieren hilft.

| | Anzahl/Farbe | | |
| | Grün | Gelb | Rot |
Aussage	Zustimmung		Ablehnung
Die Atmosphäre war gut	10	8	15
...			

Abb. 25:   Beispiel Erfassungs- und Dokumentationsbogen

Vor- und Nachteile: Das Ampelfeedback kann schnell Transparenz zu verschiedenen Fragestellungen herstellen. Der Nachteil ist, dass Gruppendruck Ergebnisse im Sinne sozialer Erwünschtheit verzerren kann.

4.2   Blitzlicht

Kategorie: Befragung

Zwecksetzung: Mit einem Blitzlicht können qualitative Daten erhoben werden zu Lernbedarf, Meinungen oder Präferenzen.

Vorbereitung: Die Lehrperson klärt, zu welcher Fragestellung sie Informationen benötigt und formuliert dazu an die Studierenden eine Frage. Sie muss eine klare kurze Frage stellen, um gezieltes Feedback zu Aspekten zu erhalten, die sie für die weitere Entwicklung ihrer Lehre benötigt.

Vorgehen: Die von der Lehrperson gestellte Frage wird durch alle Studierenden im Plenum mündlich nacheinander beantwortet. Die Lehrperson sollte die Frage auf die Tafel/ein Flipchart schreiben, sodass sie den Studierenden stets vor Augen ist (sonst besteht die Gefahr, dass die Antwort der jeweils vorangehenden die Antwort der folgenden Person in eine andere Richtung lenkt).

Wie die Bezeichnung „Blitzlicht" sagt, soll jede Antwort auf die Frage kurz gehalten werden. Sie soll eine bestimmte Anzahl von Sätzen nicht überschreiten. Die Anweisung kann lauten: *„Antworten Sie auf folgende Frage: ... in einem oder zwei Sätzen."*

Die Regel ist, dass jede anwesende Person lediglich einmal die Gelegenheit hat, das Wort zu ergreifen. Bezugnahme auf die Antwort einer anderen Person ist nicht erwünscht. Jede und jeder spricht für sich selbst. Die Lehrperson gibt vorab bekannt, dass sie im Rahmen der laufenden Veranstaltung keine Stellung zum Blitzlicht bezieht, gerne jedoch (wenn dies die letzte Sitzung ist, kurz schriftlich, sonst in der nächsten Sitzung) eine kurze Rückmeldung geben wird. Es entstehen überwiegend qualitative Daten.

Dauer: 10 bis 20 Minuten

Teilnehmende: 8 bis zirka 40

Beispiele: Bei grossen Gruppen wird man vielleicht fragen *„Von was hätten Sie sich in dieser Veranstaltung mehr gewünscht?"* oder *„Was hätten Sie sich anders gewünscht?"* Ist die Gruppe kleiner, kann nach zwei Aspekten gefragt werden, z.B. *„Nennen Sie einen Aspekt, der Sie bei dieser Veranstaltung beim Lernen stark unterstützt hat, und äussern Sie etwas, was Sie sich von dieser Veranstaltung noch mehr gewünscht hätten."* Je grösser die Gruppe, desto fokussierter wird man die Frage stellen.

Am Anfang einer Veranstaltung eingesetzt lässt sich ein Blitzlicht zur Aktivierung und Bedarfsanalyse nutzen.

Besondere Hinweise: Wichtig ist, dass die Lehrperson entschlossen eingreift, wenn die erste Person den vorgegebenen zeitlichen Rahmen deutlich überschreitet. In diesem Fall muss die Lehrperson diese Person unterbrechen, sonst besteht die Gefahr, dass statt vieler „Blitzlichter" wenige Monologe entstehen und ein Teil der Gruppe unzufrieden zurückbleibt. Um das Blitzlicht – eine verbreitete didaktische Feedback-Methode – als Instrument der Selbstevaluation zu nutzen, ist das Protokollieren unabdingbar. Noch besser ist, wenn man sich ausserdem vorher kurz Gedanken macht, mit welchen Antworten man zufrieden wäre (kein/kaum Veränderungsbedarf), bei welchen Äusserungen man die Lehre gründlich überdenken müsste.

Variationen in der Durchführung: Je nach Grösse der Gruppe kann dazu ermuntert werden, dass jede und jeder eine Antwort gibt (dazu ‚zwingen' sollte man keinesfalls). Bei grossen Gruppen sollte bekannt gegeben werden, dass nun circa zehn Minuten Zeit für Rückmeldungen gegeben ist und dass es erwünscht ist, dass viele zu Wort kommen, wenn die Zeit auch nicht für alle reicht.

Hinweise für Datenerhebung und -auswertung: Zur Aufzeichnung der Daten reicht bei etwas Übung das Mitprotokollieren der Äusserungen – wenn die Frage fokussiert gestellt ist, fällt das stichwortartige Protokollieren leicht. Das Mitschreiben auf Flipchart dauert deutlich länger – Protokollblock ist vorzuziehen.

Es ist günstig, die Auswertung als Kurzbericht im Umfang von bis zu einer Seite zu erstellen, in dem die wichtigsten Ergebnisse festgehalten sind:

- Was ist mein Gesamteindruck (überwiegt Positives/Negatives, Klagen/ Wünsche/Lob?
- Welche wichtigen Unterschiede/Differenzen gibt es in der Gruppe?
- Was habe ich an Neuem, Unerwartetem gehört?
- Welche Anstösse geben mir die Antworten für meine künftige Lehre? Insbesondere: Welche ein bis drei Punkte davon werde ich den Studierenden, die mir das Feedback gegeben haben, zurückmelden?

Vor- und Nachteile: Ein Vorteil dieser Methode ist, dass sie wenig Vorbereitung erfordert. Sie kann insbesondere Verschiedenheit und Begründungen/Erläuterungen hervorbringen: Wenn sich das Blitzlicht an eine Punktabfrage anschliesst, erhält man Kommentare und Begründungen zur Punktverteilung (vgl. Kapitel 4.5). Ein Nachteil ist, dass man viele Einzelmeinungen erhält, aber nicht abschätzen kann, wie die Meinungen zu den angesprochenen Aspekten in der Gruppe der Studierenden verteilt sind. Hier liegt – wenn das Blitzlicht isoliert eingesetzt wird – eine mögliche Quelle für Fehlschlüsse. Es ist schwierig, in derselben Veranstaltung ein quantifizierendes Verfahren (z.B. Ampelfeedback oder Plakat mit Matrixfrage) an das Blitzlicht anzuschliessen, denn dies erfordert Zeit zum Auswerten und Kategorisieren, was oft erst nach der Veranstaltung geschehen kann. Bei mehrteiligen Veranstaltungen kann ein solcher Methodenwechsel mit Bezugnahme zu den je vorher gehenden Ergebnissen anregend und produktiv sein.

4.3   Aufstellungsbefragung/Lebendiger Fragebogen

Kategorie: Befragung (mit Elementen von Beobachtung)
Zwecksetzung: Die Aufstellungsbefragung kann für verschiedene Aufgaben sowohl im Praxisstrang als auch im Untersuchungsstrang der Selbstevaluation eingesetzt

werden. Mit Hilfe dieses Instruments lässt sich, z.B. zu Beginn einer Veranstaltung eine Aktivierung und Reflexion bei den Teilnehmenden auslösen. Eingesetzt bei der Zielgruppenanalyse lassen sich Erwartungen und Ziele der Teilnehmenden sowie Kompetenzen/Vorwissen sichtbar machen, Erfahrungen aktivieren, Einstellungen zum Thema oder Ressourcen und Vorbereitungsgrad transparent oder auch Anforderungen der Dozierenden deutlich machen.

Es entstehen überwiegend quantitative Daten.

Vorbereitung: Die Lehrperson formuliert eine oder mehrere geschlossene Fragen mit zwei bis vier Antwortvorgaben je nach Gruppengrösse. Die Frage zusammen mit jeweils einer der Antwortvorgaben wird in grosser Schriftgrösse (z.B. 160 Punkt) auf farbige DIN A4-Blätter gedruckt. Jede Frage mit den dazugehörigen vier Antwortvorgaben hat dabei eine eigene Farbe.

Die Blätter werden in Stapeln geordnet, und zwar so, dass immer alle möglichen Antworten zu Frage 1) als oberstes liegen, zu Frage 2) als zweites usw. Die Anzahl Stapel entspricht der Anzahl der pro Frage möglichen Antworten. An geeigneten Stellen im Raum (Pinnwände, Säule, Flipchart, Tür) hängt die Lehrperson die vorbereiteten Blätterstapel aus. Die Blätter eines Stapels werden dabei entweder wie ein Fächer hintereinander festgesteckt oder geklebt oder wie ein Notizblock miteinander verbunden (z.B. durch Heftklammern).

Die Antwortvorgaben sollten den Gütekriterien entsprechen, die im SPECIAL #1# beschrieben sind. Es sollen alle möglichen sinnvollen Antworten vorgesehen sein und nur wenn nicht anders möglich soll die Kategorie „Anderes"/„Sonstiges" aufgeschrieben werden. Alle Antwortmöglichkeiten müssen so formuliert sein, dass sich niemand blossgestellt fühlt. Es kommt darauf an, dass die Fragen leicht beantwortbar sind.

Zur Erfassung der Antwortverteilungen, die sich durch Aufstellen vor dem jeweiligen Blatt ergeben, wird ein DIN A4-Erhebungsbogen vorbereitet. Dieser kann auch als Beobachtungsbogen bezeichnet werden, da die einzutragenden Daten aus der Beobachtung der Dozierenden stammen (siehe auch Tab. 20 bis Tab. 22).

Vorgehen: Alle Teilnehmenden stehen in der Mitte oder locker im Raum verteilt. Die Lehrperson stellt mündlich die erste Frage. Die Teilnehmenden suchen sich aus, welche der vorgegebenen Antworten am besten zu ihnen passt und begeben sich zu der für sie zutreffenden Antwortecke im Raum. Dort haben sie je nach zur Verfügung stehender Zeit und Gruppengrösse Gelegenheit, sich mit denjenigen, die sie dort vorfinden, bekannt zu machen und auszutauschen. Es kann sinnvoll sein, diesen Austausch zumindest für einige Stationen anzuleiten (s.u. „Variationen").

Nach einer Phase des Austauschs oder unmittelbar nachdem alle Personen sich zugeordnet haben, stellt die Lehrperson die nächste Frage und die Teilnehmenden lösen das oberste Blatt aller Stapel ab, sodass die nächste Frage und die dazu gehörigen Antwortvorgaben sichtbar werden. Die Teilnehmenden ordnen sich neu zu. Im Verlauf der Befragung werden nach und nach jeweils die obersten Blätter abgelöst.

Es empfiehlt sich, bei den ersten beiden Fragen die Zeit für die Gespräche knapp zu halten, da diese als Anwärmfragen erst zum Thema hinführen. Für die mittleren Fragen sollte mehr Zeit gelassen werden und wiederum weniger Zeit bei der letzten Frage.

Die Datenerfassenden tragen mit Strichlisten und/oder Zahlenwerten die jeweiligen Verteilungen der Teilnehmenden auf die Antwortvorgaben im Erfassungsbogen ein.

Dauer: zirka 15 bis 20 Minuten, für etwa fünf bis acht Fragen

Teilnehmende: 9 bis zirka 60; ab 24 Personen Assistierende erforderlich

Beispiele: Als Einstieg kann eine Frage gewählt werden, die keinen Bezug zum Thema hat, anhand der lediglich das Vorgehen demonstriert werden soll (z.B. „Wie oft sind Sie umgezogen? noch nie/1-3mal/4-6mal/mehr als 6mal"). Spätestens nach der zweiten Runde, wenn die Teilnehmenden das Vorgehen kennen, sollten die Fragen einen erkennbaren Bezug zum Thema haben (vgl. Tab. 23).

Besondere Hinweise: Im Idealfall ermöglicht die erste Frage einen leichten Einstieg, die letzte einen schwungvollen Übergang ins Veranstaltungsthema. Das Instrument kann mehrmals in einer mehrwöchigen Veranstaltung eingesetzt werden, mit unterschiedlichen Funktionen (z.B. zwei Wochen vor der Leistungskontrolle, damit Teilnehmende sich über ihren Lernstand vergewissern).

Variationen in der Durchführung: Je nach dem, wie viel Zeit zur Verfügung steht und welches Ziel angestrebt wird, können die sprachlichen, interaktiven Anteile in den vor dem jeweiligen Plakat stehenden Teilgruppen deutlich erhöht werden. Diese Untergruppen können Impulse bearbeiten wie: „Tauscht euch untereinander über das Thema der Frage aus." oder „Stellt fest, welche weiteren Gemeinsamkeiten/welche Unterschiede es zwischen Euch in Bezug auf das Thema gibt," mit anschliessender Rückmeldung ins Plenum.

Es kann sinnvoll sein, den Austausch zwischen den Teilgruppen zu fördern, wenn z.B. Wissensstand bzw. Lernausgangslage erhoben wird und auf diese im Verlauf eines Seminars aufgebaut werden soll. Dadurch wird die Aktivität der Studierenden angeregt und die individuelle Konstruktionsleistung beim Aufbau von Wissen angeregt (vgl. Kapitel 2.4). Die Gruppe von besser Informierten kann z.B. denjenigen, die noch aufholen müssen, Anregungen geben, wie man Informationen schnell erwirbt (vgl. Kapitel 3.3, Fall 3). Im erwähnten Fall 3 können die Studierenden auch gebeten werden, sich für diese Austauschrunden innerhalb der Aufstellungen inhaltlich vorzubereiten. Sie erstellen Skizzen auf einem DIN A3-Blatt mit dem

Plot der von ihnen gelesenen Lektüre oder einen Kurzlebenslauf einer Hauptperson aus dem gelesenen Roman. Je nach Inhalt und Zielen kann dies auch mit kleinen kumulativen Leistungsnachweisen verknüpft werden. Eine weitere Möglichkeit besteht darin, dass Gruppen, die im Rahmen einer Aufstellung entstehen, die Aufgabe erhalten, eine bestimmte Schlüsselstelle des Werkes zu deuten und sie sich gegenseitig zu präsentieren und entlang vorgegebener Auswertungsfragen selbst auszuwerten. Eine weitere Funktion der Aufstellungsbefragung (wiederum im Praxisstrang) ist es, eine Datenbasis für die Bildung von Arbeitsgruppen in der Veranstaltung zu schaffen. Diese kann sowohl nach dem Prinzip der Homogenität (z.B. gleiche Interessen) oder nach dem Prinzip der Heterogenität erfolgen (indem man zum Beispiel dafür sorgt, dass in jeder Arbeitsgruppe mindestens ein oder zwei Personen auf Kompetenzniveau „fortgeschrittene Anfängerinnen/Anfänger" (vgl. Kapitel 2.4) vertreten sind oder mindestens eine Person, welche den Vorbereitungstext intensiv durchgearbeitet hat.

Hinweise für Datenerhebung und -auswertung: Parallel zur Beantwortung der Fragen wird protokolliert, wie viele Personen sich bei den jeweiligen Antworten aufstellen. Das Erfassungsblatt kann auch auf Folie kopiert werden, sodass die ausgezählten Häufigkeiten dort eingetragen werden und im Anschluss mit den Studierenden diskutiert werden können.

Wenn eine zweite Person den Erfassungsbogen ausfüllt, kann sich die Veranstaltungsleitung auf die Moderation des Prozesses konzentrieren, Fragen beantworten sowie verbale und nonverbale Signale der Studierenden registrieren.

Vor- und Nachteile: In relativ kurzer Zeit erhält die Lehrperson Daten zu interessierenden Fragestellungen, bezogen auf die Merkmale der Gruppe. Wenn ausschliesslich Häufigkeitsverteilungen erforderlich sind (und nicht zusätzlich auch Zusammenhänge zwischen Merkmalen) ist der „lebendige" dem „schriftlichen" Fragebogen oft überlegen: Fehlerhafte Antwortvorgaben können ‚nachgebessert' werden; Personen, die sich ‚zwischen' zwei Antwortvorgaben stellen, können um eine Entscheidung gebeten werden. Stichprobenartiges Nachfragen ermöglicht die Überprüfung der Validität der gegebenen Antwort. Die Antwortverteilungen zählen sich fast von alleine aus.

Der Vorbereitungsaufwand für den lebendigen Fragebogen ist wie für alle Arten von Fragebogen (vgl. SPECIAL #1#) nicht zu unterschätzen. Die Anforderung, für geschlossene Fragen vollständige, trennscharfe (überschneidungsfreie) und eindeutige Antwortvorgaben zu erstellen, müssen weitgehend erfüllt werden. Die folgenden Antwortvorgaben zur Einstimmungsfrage „Wie sind Sie zum Seminar gekommen?" sind z. B nicht ausreichend trennscharf: „… zu Fuss, … mit dem Auto, … mit öffentlichen Beförderungsmitteln, … mit dem Fahrrad." Teilnehmende, die mit dem

Taxi gekommen sind, könnten sich fragen, ob sie zur Vorgabe „Auto" gehören oder zur Vorgabe „öffentliche Beförderungsmittel." Und was macht die Person, die mit der S-Bahn zum Flughafen, von dort mit dem Bus und die letzten 800 Meter zu Fuss angereist ist?

Ein Nachteil besteht darin, dass das Verfahren nicht anonym durchführbar ist. Durch Gruppendynamik können Verzerrungen entstehen, und eventuell ergeben sich Antworten nach sozialer Erwünschtheit.

Tab. 23:   Erhebungsbogen für eine Aufstellungsbefragung (Beispiel)

Frage die gestellt / Aussage zu der Stellung genommen wird	Antwortvorgaben			
Meine (haupt-) disziplinäre Herkunft*	Naturwissenschaften/ Medizin	Geisteswissenschaften	Rechts-/Sozialwissenschaften	Sonstiges
Mein typischer Lehrraum	Hör-Raum/Saal	Seminarraum mit Tischen & Stühlen	Raum ohne Tische	Sonstiges
...	...	...	...	...
Den Vorbereitungstext	habe ich nicht erhalten oder nicht/kaum angeschaut	habe ich gelesen, (hauptsächlich) S. 9/10/14/15	habe ich gelesen: ein paar Seiten mehr als angegeben	habe ich (fast) ganz durchgelesen
...	...	...	...	...
...	...	...	...	...
Fremd-Evaluation wie ich sie bisher kenne...	finde ich (sehr) nützlich und habe gute Erfahrungen	finde ich grundsätzlich nützlich; habe wenig Erfahrungen	bin unentschieden, ob ich sie nützlich/unnütz finde	finde ich (eher) unnütz

* Um Antwortvorgaben zu erstellen muss man i.d.R. vorher die Teilnahmeliste qualitativ auswerten

4.4 Plakate mit offenen Fragen

Kategorie: Befragung

Zwecksetzung: Mit diesem Instrument lassen sich gezielt Informationen zu Stärken/Schwächen der Lehrveranstaltung und Verbesserungsvorschläge einholen. Es entstehen überwiegend qualitative Daten.

Vorbereitung: Die Vorbereitung für dieses Instrument ist minimal: Man benötigt pro Frage ein leeres Flipchart-Plakat sowie einen Flipchart-Marker für jede teilnehmende Person. Die Lehrperson notiert auf jedes der Plakate eine Impulsfrage.

Vorgehen: Die Plakate können an Pinnwände geheftet, auf Tische oder auf den Boden gelegt werden (je nach Gruppe und Raumausstattung). Zu Beginn verteilen sich die Studierenden spontan auf die Plakate und geben frei ihre Kommentare zu der jeweiligen Frage auf den Plakaten ab. Danach gehen sie zum nächsten Plakat, bis sie alle ihre Kommentare abgegeben haben. Eventuell besuchen sie ein Plakat mehrfach. Für das Ausfüllen der drei Plakate sind bei 20 bis 40 Personen etwa zehn Minuten erforderlich. Die Auswertung wird erleichtert, wenn man die Studierenden auffordert, ähnliche Kommentare nah aneinander zu schreiben – dies gelingt nicht immer.

Die Studierenden werden ermuntert, sich die bereits geschriebenen Stellungnahmen ihrer Kolleginnen und Kollegen anzusehen und diese zu kommentieren – sei es, dass sie diese verstärken (z.B. durch ein Ausrufezeichen) oder dass sie markieren, dass sie es anders sehen (z.B. durch einen Konfliktpfeil).

Es kann sinnvoll sein, dass die Lehrperson in der Zeit, in der die Studierenden die Plakate ausfüllen, aus dem Raum geht – so ist die Anonymität der Kommentare gesichert und es wird ein Klima freier Meinungsäußerung unterstützt.

Je nach dem kann sich die Lehrperson anschließend fünf Minuten Zeit nehmen, um nachzufragen, wenn die schriftlichen Stellungnahmen nicht eindeutig oder nicht verständlich sind. Keinesfalls sollte sie sich in dieser Klärungsphase rechtfertigen oder längere Ausführungen machen. Die Lehrperson bedankt sich für das Feedback und kündigt an, dass sie in der nächsten Veranstaltung oder kurz per E-Mail eine Rückmeldung zu den abgegebenen Stellungnahmen geben wird.

Dauer: 10 bis 20 Minuten

Teilnehmende: 8 bis zirka 80

Beispiele: Die Fragen richten sich nach der Selbstevaluations-Fragestellung, den Zielsetzungen der Lehrveranstaltung, den aktuellen didaktisch-methodischen „Knacknüssen" usw. Nachfolgend vier alternative Plakattitel zur Anregung:

„Von diesem Kurstag nehme ich Folgendes für (mein Studium, die Vorbereitung auf die Prüfung, die Vertiefung im Studiengebiet XY usw.) mit."

„Folgendes in dieser Lehrveranstaltung war mir zu viel, zu unklar, unangenehm ..."

„Davon möchte ich in einer nächsten Lehrveranstaltung, in einer ähnlichen Lehrveranstaltung/am zweiten Kurstag ... (noch) mehr haben".

„Was mir an diesem Tag zu viel/unangenehm war (☹), was ich mir (wie) anders wünsche, (gerne ->) Vorschläge"

 Variation in der Durchführung: Ist die Seminargruppe grösser als z.B. 20 Personen, empfiehlt es sich, statt drei sechs Plakate (oder entsprechend mehr) vorzubereiten, wobei jeweils zwei (drei usw.) Plakate die gleiche Frage enthalten. Das Instrument kann sowohl am Ende einer kurzen Lehrveranstaltung, eines Seminartages oder einer mehrteiligen Lehrveranstaltung eingesetzt werden oder auch nach einigen Sitzungen, als eine Art Zwischenresümee.

 Die Plakate können auch zur Outcome-Messung genutzt werden, etwa zur Erklärung komplexerer Begriffe: In den Plakatkopf wird dann je ein Begriff geschrieben, den die Gruppe bzw. Teilgruppen definieren, erläutern usw. Je nach Gruppengrösse kann man bis zu zehn Begriffsplakate aufhängen. Es dürfen auch schriftliche Nachfragen gestellt, Einwände formuliert, Alternativvorschläge gemacht werden.

Hinweise zu Datenerhebung und -auswertung: Schon während der Klärungsphase wird die Lehrperson eventuell auf Verbesserungsvorschläge stossen, bei denen sie bereits im ersten Moment merkt, dass sie den Rahmen der Veranstaltung überschreiten oder aus anderen Gründen nicht realisierbar sind. Sie sollte dies sofort anmerken und Verständnis für derartige Wünsche signalisieren, aber aufzeigen, dass ihre Möglichkeiten begrenzt sind und ein fixer Rahmen gegeben ist.

 Von den Plakaten lassen sich leicht Fotoprotokolle mittels Digitalkamera erstellen und auf die Online-Plattform stellen. Auch dies ist für die Studierenden ein Beleg, dass ihr Feedback ernst genommen wird.

 Eine kurze schriftliche Zusammenfassung von Seiten der Lehrperson dokumentiert, dass Antworten auf offene Fragen systematisch ausgewertet werden. Es sollten zumindest zwei bis vier Schlussfolgerungen für eine Lehrveranstaltung festgehalten und den Studierenden per E-Mail oder auf der Lernplattform zugänglich gemacht werden.

Vor- und Nachteile: Ein Vorteil dieser Methode besteht darin, dass zumindest ansatzweise erkennbar wird, ob bestimmte Kritikpunkte oder Wünsche vereinzelte Anliegen sind oder ob sie bei einer grösseren Gruppe von Studierenden auf Resonanz

stossen (wegen der Bekräftigungen und Gegenstellungnahmen). Dies lässt sich ansonsten nur durch eine Kombination von offenen und einem nachfolgenden geschlossenen Instrument erreichen.

Ein Nachteil besteht darin, dass die Rückmeldungen stark durch das Geschehen
in der unmittelbar vorausgehenden Veranstaltung geprägt sind. Wenn es wichtig ist,
dass auch länger zurück liegende Veranstaltungen oder der gesamte Kurs mit mehreren Sitzungen in den Blick genommen werden sollen, muss vor dem Einsatz des Instruments ein Rückblick auf die Lehrveranstaltung gegeben werden, in dem visuali-
siert wird, welche Themen in den vorausgegangenen Sitzungen behandelt wurden,
wie vorgegangen wurde und welche Lernziele damit verbunden waren (analog zum
IU siehe Anhang 5.4). Hinsichtlich Gruppendruck und sozialer Erwünschtheit hat
die Methode Vor- und Nachteile; so kann man beim Schreiben des Plakates anderen
Personen ausweichen, was bei grösseren Räumen und zwei 3er-Sets von Plakaten
noch erleichtert wird. Ist die Gruppendynamik relativ stark angespannt, kann es vorkommen, dass Plakate (fast) leer bleiben.

4.5   Plakat mit Matrix-Frage

Kategorie: Befragung
Zwecksetzung: Ein Plakat-Fragebogen dient der schnellen und wenig aufwändigen
Meinungsabfrage in kleinen bis grösseren Gruppen. Es werden quantitative Daten
erzeugt.
Vorbereitung: Als Material wird mindestens ein Papierbogen benötigt und eine
Möglichkeit, diesen an einem für die Teilnehmer leicht zugänglichen Platz anzu-
bringen, dazu Stifte, um Kreuze zu machen, oder Klebepunkte. Auf dem Papierbogen werden in Form einer Matrix (Beispiel siehe unten Abb. 26) bis zu sechs verschiedene Aussagen und die Antwortskala notiert (z.B. von „unterstütze ich" bis
„lehne ich ab" (siehe auch SPECIAL #1#).
Vorgehen: Die Pinnwand steht z. B. am Eingang des Veranstaltungsraums. Die Aussagen werden durch die Teilnehmenden nach der jeweiligen Veranstaltung beim Verlassen des Raums bewertet (oder z.B. beim Gang in die Pause). Die Klebepunkte
werden in Zellen neben den einzelnen Aussagen geklebt. Die Anonymität bleibt
grösstenteils gewahrt, wenn in Gruppen gleichzeitig mehrere Personen kleben. (Gegebenenfalls muss man das Flipchart so aufbauen, dass es nur für die Person einseh-
bar ist, die davor steht.)
Dauer: 3 bis 8 Minuten
Teilnehmende: 6 bis zirka 50

Beispiel: siehe Abb. 26. Die Matrix-Frage kann auch ein Gruppenbild zur selbstein-geschätzten Lernzielerreichung erzeugen.

Variationen: Eine Kurzform ist die Ein-Punkt-Abfrage. Jede anwesende Person er-hält lediglich einen Klebepunkt, mit dem sie auf eine Rating-Frage antwortet. Die kann z.B. eine nach dem Interesse an einem bestimmten Thema sein. Die einfachste Form ist, dass man eine horizontale Linie auf das Plakat zeichnet und mit der Über-schrift versieht: "Mein Interesse am Thema XY". An das linke Ende der Linie schreibt man "sehr gering", ans rechte „sehr hoch". Nun bittet man die Teilnehmen-den, ihren Klebepunkt an die Stelle der Linie zu setzen, der die Ausprägung ihres Interesses repräsentiert. Man kann das Antwortschema um eine zweite Dimension erweitern, z.B. „Mein Vorwissen zum Thema XY" und diese mit einer am linken Ende der horizontalen Linien senkrecht aufgesetzten vertikalen Linie visualisieren. Es entsteht ein zweidimensionales Koordinatensystem, in dem mit dem Setzen eines Punktes beide Fragen beantwortet werden können. Die Lehrpersonen und die Teil-nehmenden können sehen, wie die Ausgangssituation in der Gruppe ist. Derartige Punktabfragen eignen sich gut für die Eröffnungsphase einer Veranstaltung. Sie können Aufmerksamkeit für ein Thema wecken. Teilnehmende können ihre Punkte erläutern, und so erfährt die Lehrpersonen mehr über die Lernausgangslage. Wenn man am Ende der Veranstaltung erneut auf die Linie oder in das Koordinatensystem punkten lässt (mit einer anderen Punktfarbe) sieht man, was stabil geblieben ist, und was sich verändert hat. Die Ein-Punkt-Abfrage ist ein sehr einfaches Instrument, um Daten zu erheben und ein interaktives Lernklima auszulösen.

Unter der Bezeichnung „Ratingkonferenz" werden in der Literatur verschiedene Varianten dieser Befragungsform mittels ‚Abstimmen mit Punkten' beschrieben. „Konferenz" bezieht sich dabei einerseits auf die mittlere Gruppengrösse (oft 12 bis 24 Personen), andererseits auf die Diskussion, die sich unmittelbar an das Sichtbar-werden der quantitativen Verteilungen der Einschätzungen anschliesst (vgl. Keller, 2005).

Hinweise zur Datenerhebung und -auswertung: Wenn man den Teilnehmenden für ihre Stimmabgabe Klebepunkte aushändigt, wird eine mehrfaches Abstimmen pro Person weitgehend vermieden. Ist dies nicht zu befürchten, können auch Striche mit Chartmarkern gemacht werden. (Achtung: Durch Unachtsamkeit oder eine pa-rallel laufende angeregte Diskussion kann es zu Fehlern beim Markieren kommen).

Bevor die Lehrperson mit der Auswertung beginnt fragt sie, ob alle Teilnehmen-den ihre Voten abgegeben haben. Ist dies der Fall, kann mit der Auszählung der Stimmen begonnen werden: Die Striche/Kreuze oder Klebepunkte pro Zelle werden aufsummiert; mit einem Chartmarker mit breiter Strichstärke kann die Summenzahl in die Zelle hinein geschrieben werden. So kann auch bei grösseren Gruppen von weitem gesehen werden, wie die Häufigkeitsverteilungen für die verschiedenen Fragen ausfallen.

Vor- und Nachteile: Dieses Instrument wertet sich nahezu von alleine aus und liefert sofort Häufigkeitsverteilungen. Die Erhebung ist leicht durchführbar. Es passt gut zu Lernsettings, in denen in Gruppen interaktiv gelernt wird: Die Abfrage fügt sich leichtgängig in den Ablauf der Veranstaltung ein, ohne zu stören oder zu viel Zeit in Anspruch zu nehmen.

Das Instrument fordert von den Lehrenden, dass sie Regeln klar benennen und für ihre Einhaltung sorgen. Sonst kann es passieren, dass viele Teilnehmende mehr Punkte vergeben als ihnen zustehen oder Punkte häufeln (alle ihre Punkte in eine Zelle kleben), um ihren Bewertungen mehr Nachdruck zu verleihen. Dadurch können Verzerrungen des Ergebnisses entstehen, was den weiteren Lehr-/Lernprozess negativ beeinflussen kann.

Man sollte sich vorab genau überlegen, ob für die Lehrperson selbst oder für die Studierenden riskante Entscheidungen oder anderes mit starken Interessen Verbundenes ,auf dem Spiel' steht und wie bei bestimmten unerwartet negativen Ergebnissen weiter verfahren werden soll. Dies kann bei überraschend kritischen Ergebnissen der Fall sein, etwa bezüglich stark in Frage gestellten didaktisch-methodischen Vorgehens der Dozierenden. Durch eine angepasste Frageformulierung kann dem vorgebeugt werden.

Das Instrument birgt Risiken, wenn es ganz am Schluss einer Veranstaltung eingesetzt wird und negative Bewertungen verbunden mit Unausgesprochenem im Raum stehen bleiben. Es ist daher angeraten, es mit einem offenen Instrument zu kombinieren, z.B. einem nachfolgenden Blitzlicht, welches auf Verbesserungsvorschläge fokussiert.

	(1) stimmt voll und ganz	(2) stimmt	(3) stimmt eher	(4) stimmt eher nicht	(5) stimmt (gar) nicht
Der Kurs verfolgt die in der Ausschreibung formulierten Ziele.					
Meine thematischen Anliegen werden durch den Kurs bearbeitet.					
…					
Übungen/Gruppenarbeiten sind gut vorbereitet, angeleitet u. ausgewertet.					
Es wird mir ermöglicht, mich aktiv zu beteiligen.					

Abb. 26:   Beispiel für ein Plakat zu einer Matrix-Frage

4.6   Fokussiertes Auflisten

Kategorie: Befragung

Zwecksetzung: Das fokussierte Auflisten ist ein Instrument, um schnell zu bestimmen, in welchem Mass Studierende zentrale Begriffe eines Themenfeldes beschreiben und erklären oder die wichtigsten Punkte zu einem Thema wiedergeben können. Es entstehen qualitative und quantitative Daten. Das fokussierte Auflisten unterstützt die Studierenden dabei zu lernen, ihre Aufmerksamkeit auf einen einzelnen wichtigen Terminus, eine Bezeichnung oder ein Konstrukt aus einem bestimmten Wissensgebiet zu richten und ihre Merk- und Reproduzierfähigkeit zu trainieren. Mit ihm können sowohl Daten zum Lernstand als auch die Lernzielerreichung erhoben werden.

Vorbereitung: Die Lehrperson wählt ein wichtiges Thema oder ein Modell, das in der Lehre behandelt werden soll oder bereits behandelt wurde (Beschreibung in Anlehnung an Angelo und Cross, 1993). Sie benennt es mit einem Wort oder charakterisiert es mit einem kurzen Satz. Das Wort oder der Satz wird als oberstes auf ein Blatt Papier geschrieben, als Titel einer zu erstellenden „fokussierten Liste" von dazu gehörigen Begriffen oder stichwortartigen Sätzen, die wichtig sind, um das Thema oder Modell erklären zu können. Die Lehrperson erstellt für sich selbst eine Masterliste der wichtigen Wörter oder Kurzsätze, welche das Thema oder Modell erläutern. Zunächst notiert sie die Liste aus dem Gedächtnis. Anschliessend geht sie die eigenen Unterlagen durch und ergänzt jeden wichtigen Aspekt, den sie ausgelassen hat. Wenn sie danach weiterhin überzeugt ist, dass das Thema relevant und gut abgegrenzt ist, sodass es angemessen erscheint, Unterrichtszeit darauf zu verwenden, plant sie den Einsatz des Instrumentes.

Vorgehen: Die Studierenden erhalten das Stichwort bzw. das Blatt mit dem fokussierten Thema als Startpunkt. In der einfachsten Form reicht es aus, das Wort auf die Tafel/ein Flipchart o. ä. zu schreiben, und die Studierenden erstellen ihre Listen mit wichtigen Begriffen, die zum Thema gehören, auf eigenen DIN A4-Blättern. Wenn es erforderlich ist, das Thema genauer zu erläutern oder abzugrenzen, empfiehlt es sich, dies auf ein A4-Blatt zu schreiben und dieses in entsprechender Anzahl zu kopieren und an die Studierenden zu verteilen.

Die Lehrperson nennt den Zweck, den Arbeitsauftrag, eine begrenzte Zeit und evtl. eine erwünschte Anzahl von Begriffen/Stichworten/Unterpunkten (z.B. fünf bis zehn, je nach Breite des Themas evtl. etwas mehr), die aufzuschreiben sind.

Dauer: 2 bis 5 Minuten. Die Studierenden benötigen etwas mehr Zeit als die Lehrperson selbst, um die Aufgabe aus dem Gedächtnis auszuführen. Auswertung und Rückmeldung je nach Gruppengrösse: 10 bis 30 Minuten.

Teilnehmende: 6 bis ca. 500

Beispiele:

Beispiel A: Der Evaluationszweck und das Vorgehen können wie folgt beschrieben und den Studierenden bekannt gegeben werden: *„Es geht darum, den Lernstand in der Gruppe zum Thema XY festzustellen um zu klären, ob ich mit meiner Lehrveranstaltung auf dem richtigen Weg bin und evtl. etwas zu verbessern. Es geht nicht darum, einzelne Studierende zu bewerten – die Listen werden anonym abgegeben. Ich bitte darum, sehr deutlich zu schreiben, da ich die eingereichten Listen nachher zusammenfassen möchte. Ich werde sie in Bezug darauf auswerten, in welchem Masse es mir gelungen ist, den zum heutigen Tag erforderlichen Lernstand zum Thema XY in dieser Gruppe auszulösen. "*

Ein Arbeitsauftrag für die fokussierten Listen kann lauten: *„Listen Sie fünf bis zehn wichtige Elemente auf, die Sie für das Thema XY wichtig finden. Nutzen Sie möglichst Begriffe aus der Fachsprache. Jede Zeile soll mindestens einen Fachterminus (Substantiv) enthalten, der eventuell in einen kurzen Satz eingebettet ist. Schreiben Sie ähnliche/synonyme Terme in dieselbe Zeile. "*

Statt nach „Elementen" kann auch nach „Bestandteilen zum Thema/Modell" oder „Synonymen" gefragt werden.

Beispiel B: Nach einer Einführungsvorlesung über Wertpapiere in einem Managementkurs bittet der Dozent seine 50 Studierenden, fünf bis sieben zentrale Begriffe aufzulisten und kurz zu definieren, die auf das Thema „Wertpapiere" bezogen sind. Weil sie kurze Definitionen formulieren mussten, an welche sie sich erinnerten, gab

er den Studierenden zehn Minuten Zeit. Als er die Antworten der Studierenden über-
flogen hatte, stellte er fest, dass mehr als die Hälfte der Klasse mindestens drei von
acht Begriffen zutreffend aufgelistet und definiert hatte, die auf seiner Masterliste
standen. Die Studierenden hatten ausserdem vier weitere wichtige und zutreffende
Begriffe aufgeführt, die auf seiner Liste fehlten. Bei der folgenden Veranstaltung gab
der Lehrende eine vervielfältigte Liste der Definitionen ab und wiederholte die zwei
zentralen Begriffe von seiner Liste, die von den meisten der Studierenden nicht aufgelistet worden waren. In der Folge begann er jede Veranstaltung damit, sieben zentrale Begriffe aufzuführen, auf die die Studierenden während seiner Vorlesung achten
sollten.

Beispiel C: Der Fall 2 im Kapitel 3.2 zur Minderung der Theorielastigkeit ist eine
Anwendung des fokussierten Auflistens.
Variationen in der Durchführung: Fokussiertes Auflisten kann vor, während und
nach Veranstaltungen genutzt werden, in denen deklaratives Wissen erworben wer-
den soll. Lehrende können damit die Lernausgangslage (Vorwissen, Kompetenzen
der Studierenden) für ihre Veranstaltung identifizieren (vgl. Kapitel 1.2), Korrek-
turmassnahmen während deren Durchführung überwachen oder den je erreichten
Lernstand ihrer Teilnehmendengruppe bestimmen.
Um das selbstgesteuerte Lernen der Studierenden zu fördern, eignen sich folgende
Varianten: Die Studierenden …

- erhalten das Fokusthema als Hausaufgabe und werden gebeten, die fokussierte Liste vor der Veranstaltung auszufüllen und mitzubringen;
- erhalten die Masterliste der Lehrperson zum Vergleich und, wenn möglich,
  als Ausgangspunkt für Fragen und eine Diskussion in der Präsenzphase;
- erhalten die Möglichkeit, die fokussierte Liste in kleinen Gruppen auszufüllen;
- verfassen in kleinen Gruppen eine Follow-up-Liste, welche die beste Stu-
  dierendenliste mit der Masterliste vergleicht; dabei benennen sie, was nötig
  gewesen wäre um die identifizierten Lücken zu schliessen;
- erstellen ein Notizbuch oder ein Tagebuch über ihre fokussierten Listen;
- formulieren Definitionen für jeden Schlüsselbegriff auf ihren fokussierten
  Listen und tragen diese in einem Online-Wiki zusammen;
- setzen ihre Listen in Fliesstext um, indem sie ausführen, welches die Beziehungen zwischen dem fokussierten Thema/Modell und den jeweiligen Unterpunkten bzw. zwischen den verschiedenen Unterpunkten sind.

Diese Aktivitäten leiten die Studierenden an darüber nachzudenken, was bei dem Thema am wichtigsten ist oder was sie wissen und bei sich kognitiv vernetzen müssen.

Besondere Hinweise: Vor einem Einsatz mit Studierenden sollte die Lehrperson zunächst selbst mit dieser Technik arbeiten, z.B. in Vor- und Nachbereitung eines Vortrages, dem sie auf einer Fachtagung beiwohnt, und es sollte sichergestellt sein, dass sie eine hieb- und stichfeste Masterliste parat hat.

Es sollte ein fokussiertes Thema gewählt werden, das weder zu breit noch zu eng ist. Ein Thema, das zu breit ist, wird zu hoffnungslos divergenten Listen führen, während ein zu enger Fokus zu begrenzten und trivialen Listen führt.

Hinweise zur Datenerhebung und -auswertung: Der einfachste Weg, um die Antworten der Studierenden zusammenzufassen ist, jeweils zu zählen, wie viele gemäss Masterliste zutreffende Unterpunkte eine Liste enthält. In einem zweiten Schritt kann ausgezählt werden, wie viele Listen z.B. 0 bis 2, 3 bis 5, 6 bis 8 usw. richtige Begriffe enthalten. Eine weitere Auswertungsmöglichkeit besteht darin festzustellen, welche zutreffenden Unterpunkte besonders häufig und welche besonders selten oder gar nicht genannt wurden. Hierfür muss eine entsprechende Auswertungsliste vorbereitet werden (als Beispiel vgl. Tab. 19). Diese kann auch als Overheadfolie vorbereitet werden, sodass die Ergebnisse schnell an die Studierenden rückgemeldet und mit ihnen besprochen werden können. Dabei werden ausschliesslich Zeilensummen und keine Spaltensummen gebildet. Letzteres würde Leistungsunterschiede zwischen einzelnen Studierenden hervorheben, was in der Selbstevaluation nicht im Vordergrund steht (vgl. Kapitel 1.2).

Die Auswertung fokussierter Listen durch eine Lehrperson ist gut zu leisten bei Gruppen von bis zu 30 Teilnehmenden. Bei grösseren Gruppen sind folgende Vorgehensweisen – evtl. in Kombination – möglich:

- Die Lehrperson zieht eine Zufallsstichprobe aus der Gesamtzahl der ausgefüllten fokussierten Listen (z.B. jede Dritte oder jede Fünfte) und wertet diese aus.
- Die Studierenden werten die Listen nach Aushändigung der Masterliste z.B. in 10er-Gruppen oder in Hörsaalreihen selbst aus; die Lehrperson lässt mehrere Auswertungsblätter (Kopien der Masterliste) umlaufen. Hinter den erwarteten Unterpunkten ist für jede teilnehmende Person eine Spalte (anonym) reserviert, in der diese ankreuzt, welche Elemente sie auf der eigenen Liste hat. Die letzte Spalte ist eine Summenspalte; hier addiert die je letzte Person – z.B. in einer Hörsaalreihe – die Anzahl der je zutreffend aufgeführten Unterpunkte.

Vor- und Nachteile: Fokussiertes Auflisten ist sehr einfach, schnell und flexibel, um Informationen über das deklarative Wissen der Studierenden zusammenzutragen. Es gibt den Lehrpersonen eine klare Vorstellung darüber, welche spezifischen Begriffe und Konzepte die Studierenden behalten und – je nach Aufgabenstellung zur Liste – verstanden haben und was wiederholt bzw. vertieft werden muss. Wenn die verfügbare Zeit für das Auflisten sehr kurz ist, verweisen die gegebenen Antworten oft darauf, welche aus der Sicht der Lernenden die wichtigsten Informationen sind und weniger, was sie vermuten, was die Lehrperson hören möchte.

In seiner Basisform erfordert fokussiertes Auflisten lediglich „Erinnern" und „wortgetreu Wiedergeben" und stellt somit keine oder nur sehr geringe Anforderungen an kognitive Fähigkeiten höherer Ordnung (vgl. die Spalten der „Verbenliste: herausfordernde und s.m.a.r.t.e kognitive Lernziele" im Anhang 5.5).

In Fächern, in denen das Wissen stark kanonisiert ist (z.B. der Anatomie), können eindeutig definierte und benannte Begriffe über fokussierte Listen angefordert werden. In anderen Fächern oder Themengebieten (z.B. „ethische Grundlagen der XY-Wissenschaft") gibt es viele Synonyme und Umschreibungen, die alternativ eingesetzt werden können. Je nach dem erfordern sowohl das Erstellen der Masterliste und insbesondere die Auswertung mehr oder weniger hohen Aufwand. Im Falle nicht-kanonisierter Fächer muss die Lehrperson offener auswerten und bei der Zuordnung auch etwas weniger scharf und eindeutig beschriebene Sachverhalte den Unterpunkten ihrer Masterliste als „zutreffend" zuordnen. Dadurch wird das Verfahren aufwändiger und zudem weniger zuverlässig.

4.7 Science Fiction? – Handhelds als Beobachtungshilfe

Kategorie: Beobachtung

Vorbemerkung: Dieses Erhebungsinstrument entspricht nach dem heutigen technologischen Stand nicht den Merkmalen eines konvivialen Erhebungsinstruments. Wegen der bereits akzeptablen technischen Bedienung und der erwarteten technologischen weiteren Entwicklung wird es dennoch in das Taschenset aufgenommen. Ob es auf zukünftige Entwicklungen verweist oder Science Fiction bleibt, wird die Zeit zeigen.

Die meisten in diesem Lehrbuch vorgestellten Instrumente beziehen sich auf Lernhandeln oder auf – meist kognitive – Lernresultate. In dem Masse, wie es um den Transfer des erlernten Wissens in Anwendungssituationen geht, also Verhalten zur wissensbasierten Bewältigung komplexer Situationen gezeigt werden soll, bieten Methoden der Beobachtung häufig bessere Möglichkeiten, Outcomes zu messen. Solche fortgeschrittenen Lernzielkontrollen sind heute bereits in der zweiten (klini-

schen) Phase der Medizinerausbildung verbreitet. Dabei müssen z.B. über mehrere
Stationen, an denen Schauspielerinnen und Schauspieler verschiedene Krankheits-
bilder zeigen, komplexe Aufgaben der Anamnese, der Diagnose oder der Therapie-
auswahl gelöst werden. Dies erfordert erhebliche Ressourcen für die Schaffung der
(standardisierten) Untersuchungssituation sowie gültige und reliable Messungen
durch geschulte Beobachterinnen und Beobachter. Hier erreicht die Selbstevaluation
offensichtlich eine Grenze. Ein derartiger Aufwand kann nicht betrieben werden.

Bestimmte elektronische Datenerfassungsgeräte bieten zunehmend Möglichkeiten, auch Beobachtungsdaten zur Lernzielerreichung in Anwendungssituationen
bzw. solche, in denen es um Können oder Verhalten geht, in einer Selbstevaluation
zu erheben. In allen Bildungsgängen, in denen es um das Zeigen von Handlungs-
kompetenzen geht, sei es als (simulierter) Bestandteil der Lernsituation oder in echten Transfersituationen, kann damit die Reichweite der Selbstevaluation erweitert
werden. Durch die Miniaturisierung von Datenerfassungsgeräten kombiniert mit
nutzerfreundlicher Erfassung- und Auswertungssoftware ist es absehbar, dass zu-
künftig Geräte und Software als leicht bedienbare Standardwerkzeuge für die Beobachtung zur Verfügung stehen. Die Technologie dafür bieten Handhelds
(Smartphones, Personal Digital Assistants, PDAs, kleine Tablet-Computer usw.), also alle elektronischen Erfassungsgeräte, die in der Hand gehalten werden können.

Mit der neuen Technologie wird es möglich, strukturierte Beobachtungsbogen
elektronisch bereit zu halten, Beobachtungsdaten in der Situation zu erfassen und für
die elektronische Weiterverarbeitung zur Verfügung zu stellen. Finden solche Erhebungen dezidiert im Rahmen von Selbstevaluation statt, unterstützen sie gleichzeitig
das Lernhandeln und generieren damit Prozessnutzen. Nachfolgend wird ein Beispiel eines Pioniers beschrieben, der in der Ausbildung von Medizinern der Stufe
„Kompetente" (vgl. Kapitel 2.4) ein solches Erfassungsinstrument eingesetzt hat.
Zwecksetzung: Zwecks Optimierung der Lernbegleitung durch ärztliche Anleiterin-
nen und Anleiter in Anwendungssituationen soll überprüft werden, in welchem Masse die fortgeschrittenen Lernenden in komplexen realitätsnahen oder Realsituationen
Wissen mobilisieren und anwenden können. Es ist für die Lehrenden (=Beobach-
tenden) möglich, in der oder unmittelbar nach der Bewährungssituation, die sie begleiten, das Handeln der Studierenden gemäss der in den Detailzielen festgehaltenen
Teilkompetenzen zu beobachten. Das stets elektronisch verfügbare Beobachtungs-
schema unterstützt die Lehrenden bei der Fokussierung auf die relevanten Ausschnitte der Situation. Wenn die Beobachtungsdaten in eine Standardanwendung
(z.B. Tabellenkalkulation) eingegeben werden oder leicht in diese importierbar sind,
können kurzfristig quantitative Auswertungen erstellt werden. Geschieht dies noch

im Rahmen der laufenden Lernsituation kann den Lernenden eine datengestützte Live-Rückmeldung gegeben werden.

Vorbereitung: Gemäss den operationalisierten Detailzielen für die Anwendungssituation erstellt die Lehrperson eine Excel-Tabelle für ihren portablen Mini-Computer. Für jede Person wird ein Tabellenblatt angelegt. Die Zeilen enthalten die Beobachtungskriterien, z.B. fünf bis zehn, je nach Dauer der beobachteten Handlung. Je nach Relevanz des Kriteriums können unterschiedlich viele Maximalpunktzahlen vergeben werden: Die Spalten repräsentieren die verschiedenen Beobachtungzeitpunkte pro Person.

Die Punktzahl wird aus einem Drop-Down-Menü angewählt. Ergänzend kann mit dem Voice-Recorder des Handheld ein kurzer Kommentar aufgenommen werden, der mit der Spalte der beobachteten Person verlinkt wird und eine Gedächtnisstütze für späteres Feedback oder für die Vorbereitung auf die nächste Beobachtungssituation mit dieser Person darstellt.

Je mehr Punkte (aufsummiert pro Spalte) die beobachtete Person erreicht, desto besser erfüllt ihr Handeln die gesetzten Ziele. Im Regelfall werden maximal zwei ganzzahlige Punkte, also 0, 1 oder 2 vergeben (im Beispiel der Abb. 27 können für das kognitiv relevante Lernziel „Aufzählen" bis zu vier Punkte vergeben werden).

In einem weiteren Tabellenblatt können die Ergebnisse für die gesamte Gruppe aufsummiert werden. Seinen Erfolgspunkt setzt der Dozent für die Gesamtgruppe, nicht für jede einzelne Person: dies wäre kein s.m.a.r.t.es Ziel, da nicht realistisch.

Dauer: 1 bis 2 Minuten, zusammen mit Aufnahme eines Kommentars drei bis vier Minuten pro Beobachtungsfall.

Teilnehmende: Vorrangig für Einzelbeobachtung; es können auch Gruppen beobachtet werden, dann sind diese die Beobachtungseinheit. Beliebig oft wiederholbar.

Beispiel. Der Gruppenunterricht in klinisch-praktischen Fertigkeiten (*clinical skills training*) findet im Spital statt, mit Studierenden im dritten Studienjahr. Sie bereiten sich allein oder in Lerngruppen im Selbststudium darauf vor, eine Anamnese und Untersuchung von Patienten fachgerecht durchzuführen. In einer kleinen Ausbildungsgruppe werden die Studierenden von einem Oberarzt begleitet, der sie beobachtet und ihnen anschliessend ein Feedback gibt.

Der Lehrende eröffnet die reale Patientensituation und überlässt je einem Studierenden reihum die Durchführung von Anamnese und Untersuchung für je einen Patienten. Der Dozent und die anderen Gruppenmitglieder beobachten.

Auf seinem Handheld hat sich der Oberarzt eine Excel-Tabelle eingerichtet. Jede Studentin/jeder Student ist mit einem eigenen Tabellenblatt vertreten (siehe Abb. 27). Jedes Tabellenblatt enthält in den Zeilen neun mit den Detailzielen verbundene Kriterien für gelungene Anamnese und Untersuchung.

Die (hier verkürzt wiedergegebenen) Ziele für die Anamnesephase sind, ein Gespräch einzuleiten (Intro), das jetzige Leiden zu erfassen (JL), die persönliche Anamnese zu erheben (PA), die Systemanamnese zu erfassen (SA) und das Wesentliche in standardisierter Form kurz zusammenzufassen (Zfs). Je Detailziel können maximal zwei Punkte erreicht werden, insgesamt für die Dimension „Anamnese" 10 Punkte.

In der Untersuchungsphase sind die Ziele, mindestens vier theoretische Punkte aus dem entsprechenden Kapitel im Lehrbuch zu nennen (Aufzählen; maximal 4 Punkte), ein Krankheitsbild pathophysiologisch zu erklären und zu visualisieren (Erklären, maximal 2 Punkte), eine Untersuchung vorzunehmen (Demonstrieren, maximal 2 Punkte) sowie die erhobenen Befunde zu analysieren (Analysieren, maximal 2 Punkte); ebenfalls maximal 10 Punkte.

Jede Person wird bei je einem Patientenkontakt an fünf Tagen beobachtet. Sollwert für die individuelle Lernzielerreichung sind jeweils neun Punkte in der Anamnese- sowie neun Punkte in der Untersuchungsdimension.

Seinen Minimal-Erfolgspunkt setzt der Dozent wie folgt: Spätestens wenn für alle sechs Studierende die 5. Beobachtung aufgezeichnet ist, haben fünf von ihnen sowohl auf der Anamnese- wie auf der Untersuchungsdimension mindesten 9 Punkte erreicht. Über alle sechs Personen werden von den möglichen 120 Punkten mindestens 105 erreicht.

Vor- und Nachteile: die Datenerfassung geschieht rasch und einfach, es kann laufend eine Kontrolle der individuellen Lernkurven (im Beispiel: von Tag 1 bis Tag 5) erfolgen und es können datenbasierte Zwischenfeedbacks an die Studierenden gegeben werden. Ein Vergleich zwischen verschiedenen Personen, Gruppen des gleichen oder verschiedener Semester ist leicht möglich, um Feedback zu Stärken und/oder Schwächen der Vorbereitung geben zu können. Das Instrument allein reicht nicht aus, um die Lehre zu verbessern; hierfür bedarf es, wenn die gesetzten Minimal-Erfolgspunkte nicht erreicht werden, eines offenen Auswertungsverfahrens, z.B. im Form eines gemeinsamen Brainstormings zu den Detailzielen, für die keine befriedigenden Lernresultate erreicht wurden. Eine Visualisierung der Ergebnisse ist leicht möglich, stellt sich mit der Tabellenkalkulation, die ein Diagramm erzeugt, praktisch automatisch her.

Nachteil ist, dass die Dateneingabe während des Begleitens/Feedback-Gebens ablenken könnte (je fortgeschrittener Hard- und Software, desto geringer dürfte dieses Problem werden). Eine starke Störung könnte dann entstehen, wenn die Datenerhebung von Studierenden als vorgezogene Prüfung fehlgedeutet wird. Hier muss der Dozent sehr klar sein: Er muss deutlich auf den Zweck, die Anleitung bei den Praxisfällen zu verbessern, hinweisen und glaubhaft machen (evtl. auch durch kurze E-Mail), dass die Daten in keiner Weise für die Benotung genutzt werden.

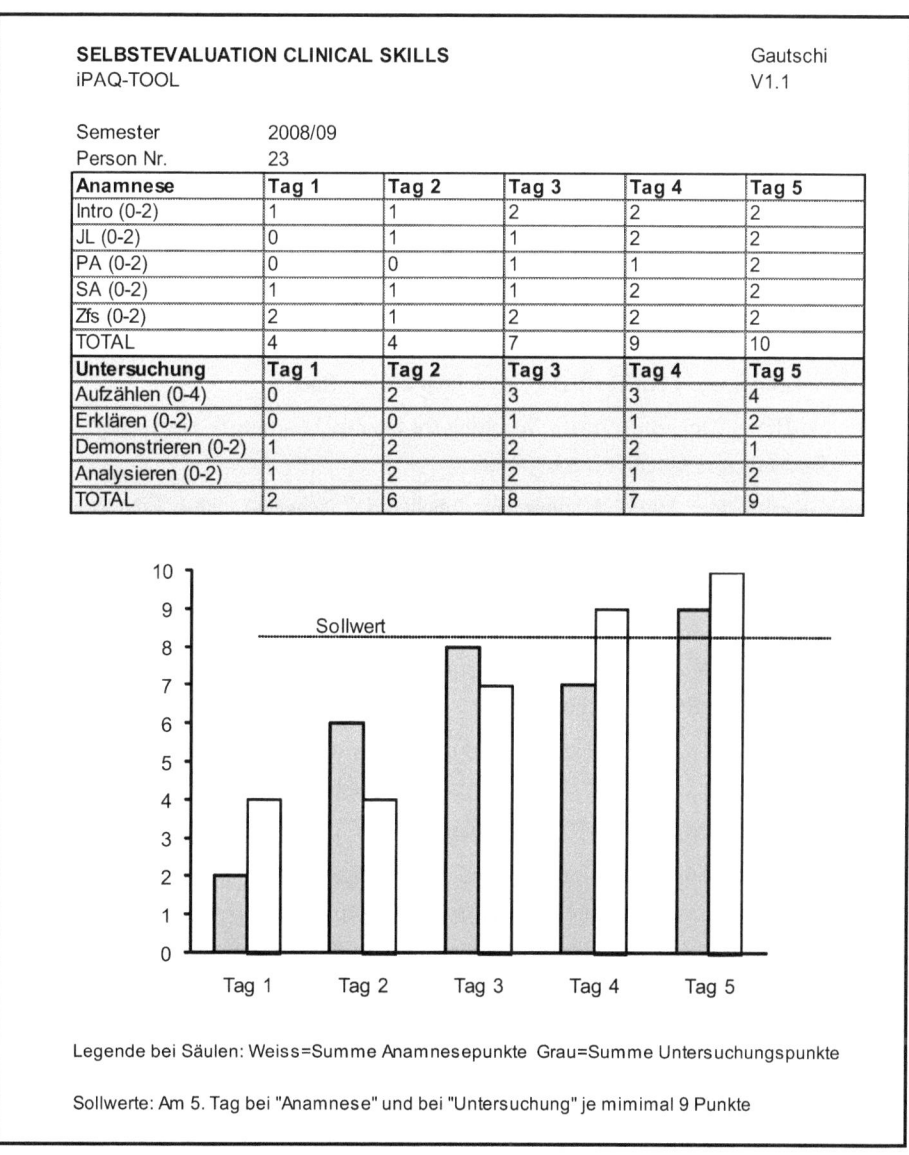

SELBSTEVALUATION CLINICAL SKILLS				Gautschi	
iPAQ-TOOL				V1.1	

Semester 2008/09
Person Nr. 23

Anamnese	Tag 1	Tag 2	Tag 3	Tag 4	Tag 5
Intro (0-2)	1	1	2	2	2
JL (0-2)	0	1	1	2	2
PA (0-2)	0	0	1	1	2
SA (0-2)	1	1	1	2	2
Zfs (0-2)	2	1	2	2	2
TOTAL	4	4	7	9	10
Untersuchung	**Tag 1**	**Tag 2**	**Tag 3**	**Tag 4**	**Tag 5**
Aufzählen (0-4)	0	2	3	3	4
Erklären (0-2)	0	0	1	1	2
Demonstrieren (0-2)	1	2	2	2	1
Analysieren (0-2)	1	2	2	1	2
TOTAL	2	6	8	7	9

Legende bei Säulen: Weiss=Summe Anamnesepunkte Grau=Summe Untersuchungspunkte

Sollwerte: Am 5. Tag bei "Anamnese" und bei "Untersuchung" je mimimal 9 Punkte

Abb. 27:   Beobachtungsergebnisse mit Hilfe eines Handheld

5 Anhang

5.1 Literaturempfehlungen zu didaktischen Modellen und Methoden

Quelle: Hochschuldidaktik der Universität Bern (Stand: Juli 2011, ergänzt)

Angelo, Thomas A./Cross, K. Patricia (1993): Classroom assessment techniques. A handbook for college teachers. 2nd edition. San Francisco: Jossey-Bass.

Bastian, Johannes/Combe, Arno/Langer, Roman (2007): Feedback-Methoden. Erprobte Konzepte, evaluierte Erfahrungen. Weinheim: Beltz.
[www.socialnet.de/rezensionen/6921.php]

Berendt, Brigitte/Voss, Hans-Peter/Wildt, Johannes (2002): Neues Handbuch Hochschullehre: Lehren und Lernen effizient gestalten. Berlin: Raabe.

Biggs, John/Tang, Catherine (2002): Teaching for Quality Learning at University. 4th edition. Buckingham: OpenUniversityPress.

Flechsig, Karl-Heinz (1996): Kleines Handbuch didaktischer Modelle. Eichenzell: Neuland.

Gasser, Peter (2008): Neue Lernkultur: Eine integrative Didaktik. 3. Auflage. Aarau: Sauerländer.

Geissler, Karlheinz A. (2005): Schlusssituationen – die Suche nach dem guten Ende. 4., neu ausgestattete Auflage. Weinheim: Beltz.

Gerstenmeier, Jochen/Mandl, Heinz (1995): „Wissenserwerb unter konstruktivistischer Perspektive". In: Zeitschrift für Pädagogik, Jahrgang 41, Nr. 6, S. 867-888.

Grell, Jochen/Grell, Monika (2010): Unterrichtsrezepte. 12. Auflage. Weinheim: Beltz.

Hawelka, Birgit/Hammerl, Marianne/Gruber, Hans (Hg.) (2007): Förderung von Kompetenzen in der Hochschullehre. Theoretische Konzepte und ihre Implementation in der Praxis. Kröning: Asanger.

Huber, Anne A. (2008): Kooperatives Lernen – kein Problem: Effektive Methoden der Partner- und Gruppenarbeit. Leipzig: Ernst Klett.

Kiper, Hanna/Mischke, Wolfgang (2009): Unterrichtsplanung. Weinheim: Beltz.

Lehner, Martin (2006): Viel Stoff – wenig Zeit. Wege aus der Vollständigkeitsfalle. Bern: Haupt.

Lipp, Ulrich/Will, Hermann (2008): Das grosse Workshop-Buch. Konzeption, Inszenierung und Moderation von Klausuren, Besprechungen und Seminaren. 8., überarbeitete und erweiterte Auflage. Weinheim: Beltz.

Macke, Gerd/Hanke, Ulrike/Viehmann, Pauline (2008): Hochschuldidaktik lehren, vortragen, prüfen. Weinheim: Beltz.

Metzger, Christoph/Nüesch, Charlotte (2004): Fair prüfen. Ein Qualitätsleitfaden für Prüfende an Hochschulen. St. Gallen: Universität St. Gallen.

Race, Philip (2007): The Lecturer's Toolkit. A Practical Guide to Assessment, Learning and Teaching. 3rd edition. London: Routledge.

Reinmann-Rothmeier, Gabi/Mandl, Heinz (2006): „Unterrichten und Lernumgebungen gestalten". In: Krapp, Andreas/Weidenmann, Bernd (Hg.): Pädagogische Psychologie. Weinheim: Beltz/PVU, S. 601-646.

Renkl, Alexander (2010): „Träges Wissen". In: Rost, Detlef H. (Hg.): Handwörterbuch Pädagogische Psychologie. Weinheim, S. 514-520.

Stelzer-Rothe, Thomas (2005): Kompetenzen in der Hochschullehre: Rüstzeug für gutes Lehren und Lernen an Hochschulen. Rinteln: Merkur.

Straka, Gerald A./Macke, Gerd (2002): Lern-Lehrtheoretische Didaktik. Münster: Waxmann.

Wahl, Diethelm (2006): Lernumgebungen erfolgreich gestalten: vom trägen Wissen zum kompetenten Handeln. 2. Auflage mit Methodensammlung. Bad Heilbrunn: Julius Klinkhardt.

Waldherr, Franz/Walter, Claudia (2009): Didaktisch und praktisch: Ideen und Methoden für die Hochschullehre: Stuttgart: Schaffer-Poeschel.

Wehr, Silke/Tribelhorn, Thomas (2011): Bolognagerechte Hochschullehre. Bern: Haupt.

Wenger, Etienne/McDermott, Richard/Snyder, William M. (2002): Cultivating communities of practice. A guide to managing knowledge. Boston: Harvard Business School Press.

Wörner, Alexander (2006): Lehren an der Hochschule: eine praxisbezogene Anleitung. Wiesbaden: VS Verlag.

5.2   Checkliste Selbstevaluationsfragestellungen f.ö.r.d.e.r.n.

Die sieben Eigenschaften im Akronym f.ö.r.d.e.r.n. formulieren Anforderungen an gute Selbstevaluationsfragestellungen. Mögliche Fragestellungen können darauf geprüft werden, ob sie die Anforderungen voll, teilweise oder nicht erfüllen. Wenn sie eine Anforderung „nicht erfüllen", sollten sie nachgebessert und evtl. fallen gelassen werden. Gleiches gilt für Fragestellungen, die zu häufig Anforderungen lediglich „teils erfüllen".

- Pro Zeile soll ein Kreuz gesetzt werden – pro Fragestellung sind es sieben.

		Anforderung wird …		
	Fragestellung soll sein:	voll erfüllt	teils erfüllt	nicht erfüllt
f	fokussiert, d.h. so spezifiziert, dass deutlich wird, auf welche Lehreinheit/Element (Intervention mit Medien/Materialien, Lernhandeln, Lernresultate …) sie sich richtet.			
ö	öffnend oder gradierend, d.h. sie fragt nach der Vielfalt von Ausprägungen eines Sachverhalts („Welche …") oder nach den Graden seiner Ausprägung („In welchem Masse …"). Die Fragestellung ist nicht dichotom – eine Ja/Nein-Antwort evozierend – formuliert („Gibt es …").			
r	realistisch, d.h. das durch die Lehreinheit Auszulösende, nach dem gefragt wird, ist hinreichend wahrscheinlich; ein Resultat, nach dem gefragt wird, kann durch die Intervention tatsächlich ausgelöst werden; deren Hebelwirkung ist voraussichtlich gross genug.			
d	deutlich formuliert, selbsterklärend, verständlich (keine mehrdeutigen oder vagen Bezeichnungen).			
e	empirisch beantwortbar; die relevanten Bestandteile der Fragestellung sind operationalisiert/operationalisierbar/ mittels Datenerhebung beantwortbar.			
r	ressourcenangepasst, d.h. im gegebenen zeitlichen und finanziellen Rahmen beantwortbar.			
n	nützlich, d.h. auf identifizierte Informationsinteressen bezogen, die vorrangig vorgesehene Nutzende haben – meist sind dies die Lehrenden selbst.			

Beywl, Wolfgang/Bestvater, Hanne/Friedrich, Verena (2011): Selbstevaluation in der Lehre. Münster: Waxmann.

5.3 Checkliste zur Auswahl des Evaluationsgegenstandes

Vorgehen bei der Auswahl von Selbstevaluationsvorhaben in der Lehre:

- Zuerst listet man Knacknüsse auf, die einem in der Lehre begegnen.
- Wenn man eine oder mehrere Veranstaltungen/Selbstevaluationsvorhaben gefunden hat, wo man eine ‚Nuss knacken' will, prüft man mit Entscheidungshilfe A ob die Veranstaltung/das Vorhaben überhaupt in Frage kommt.
- Bleiben mehrere übrig, nutzt man Entscheidungshilfe B, um die/das bestgeeignete auszuwählen.

Schritt 1: Knacknüsse identifizieren

Notieren Sie Ereignisse/Situationen usw. in Veranstaltungen (auch: Beratungen/Betreuungen), die den Lehr-/Lernprozess immer wieder aufhalten, stören, auf Nebengleise bringen. Diese regelmässig wiederkehrenden Situationen, die den Anlass für eine Evaluation darstellen können, nennt Tribelhorn (2007) hochschuldidaktische „Knacknüsse". Von ihrer Bewältigung erwartet man sich Entlastung/Klärung/besseren Erfolg in der Lehre.

(Am Schluss dieses Buches findet sich eine Liste zum Sammeln von Knacknüssen.)

Schritt 2: Selbstevaluationsvorhaben auf grundsätzliche Eignung prüfen
Entscheidungshilfe A: Welche Veranstaltungen sind grundsätzlich geeignet?
(Wenn bei A.2 bis A.5 ein Kreuz fehlt, wird von einer Selbstevaluation abgeraten.)

		ja
A.1	Lehrkompetenz Lehrperson verfügt über genügend breites Fundament an Fach- und Methodenkompetenz für die Veranstaltung/das Thema, kann auf Unterrichtsmaterialien und Erfahrungen zurückgreifen. (Wenn sie erstmalig ein Thema unterrichtet, wäre eine gleichzeitige Selbstevaluation evtl. eine Überforderung.)	☐
A.2	Akzeptanz Veranstaltung, in der die Selbstevaluation stattfindet (ihr Stellenwert im Studiengang, die Veranstaltungsform ...) trifft grundsätzlich auf Akzeptanz. (Ist umstritten, ob das Thema überhaupt gelehrt werden soll, lässt man sich besser coachen, um eine Position zu finden, anstatt Energie in Selbstevaluation zu investieren.)	☐
A.3	Gestaltungsfreiraum Die Veranstaltung bietet der Lehrperson genügend Spielraum und Entscheidungsfreiheit, um sie inhaltlich oder didaktisch-methodisch weiter zu entwickeln. (Wenn sie z.B. ohne Abweichung gemäss Vorgaben Dritter umgesetzt werden muss, kommt sie nicht in Frage.)	☐
A.4	Erfolgsaussicht Die Erreichung der Ziele, die mit der Lehrintervention angestrebt werden sollen, ist genügend wahrscheinlich: Die Ressourcen sind ausreichend; Störquellen und Hindernisse halten sich in Grenzen. (Aber: Vorhaben, bei denen sich der Erfolg mit 100%iger Sicherheit „von selbst" einstellt, sind ungeeignet, da wenig verbessert/gelernt werden kann.)	☐
A.5	Wiederaufnahme Die Veranstaltung wiederholt sich voraussichtlich von der Zielgruppe und/oder von der Methodik und/oder von anderen Merkmalen her, so dass Selbstevaluationsergebnisse erneut genutzt werden können. (Veranstaltungen, die nur einmal oder für kurze Zeit in Vertretung oder als Überbrückung (Unikate) durchgeführt werden und für die keine Zweitnutzung möglich ist, eignen sich nicht.)	☐

Beywl, Wolfgang/Bestvater, Hanne/Friedrich, Verena (2011): Selbstevaluation in der Lehre. Münster: Waxmann.

Schritt 3: Auswahl möglicher Selbstevaluationen in der Lehre
Entscheidungshilfe B: Auswahl bei mehreren geeigneten Selbstevaluationsvorhaben
(Je mehr + Kreuze desto geeigneter)

		+	+/−	−
B.1	Anreiz Gibt es einen Auftrag oder Anreiz, eine bestimmte Fragestellung durch eine Selbstevaluation zu bearbeiten? (Z.B. durch das Leitbild oder ein Strategiepapier der Fakultät oder durch die Empfehlung einer kürzlich abgeschlossenen Peer-Evaluation.)	□	□	□
B.2	Aufwand Ist das Vorhaben mit vertretbarem Aufwand (Arbeitszeit, einzubeziehende Personen …) verbunden? Über einen wie langen Zeitraum läuft es? Enthält es eine überschaubare Anzahl von Schritten? In angespannten Arbeitssituationen sollte mit unaufwändigen Vorhaben begonnen werden.	□	□	□
B.3	Energie Für welches Vorhaben besteht die meiste Energie? An welchem besteht ein starkes Interesse der Lehrperson? (Achtung: „Herzthemen" können wenig geeignet sein, da Distanz nehmen/Blick in den Spiegel schwer fällt, die Gefahr von Verwicklung gross ist.)	□	□	□
B.4	Kernbereich eigener Lehre Veranstaltung zählt zum Kernbereich der aktuellen und voraussichtlich auch künftigen Lehre.	□	□	□
B.5	Prägend für Studienkultur Veranstaltung (oder ein Veranstaltungselement) ist prägend für die Studierkultur in einem Fachgebiet, aus der die Studierenden Lerntechniken, Lernhaltungen, Wissen und Können usw. in andere Lernsettings mitnehmen bzw. transferieren.	□	□	□
B.6	Exemplarische Inhalte Es werden exemplarische Lerninhalte vermittelt, die typisch sind für ein Themengebiet (viele Verbindungen zu anderen Teilthemen), an denen sich wichtige Fachmethoden erproben lassen.	□	□	□

Beywl, Wolfgang/Bestvater, Hanne/Friedrich, Verena (2011): Selbstevaluation in der Lehre. Münster: Waxmann.

5.4   Informierender Unterrichtseinstieg (IU)

Mit dem IU wird Lernenden zu Beginn einer Unterrichtseinheit mitgeteilt, was mit welchen Zielen darin wie passieren soll. Dieser Einstieg dauert meist zwei bis fünf Minuten, und orientiert das Lernen der Studierenden. Die Methode geht davon aus, dass Lernende, die über die Ziele, die Inhalte, den Ablauf und die didaktischen Annahmen der Unterrichtseinheit Bescheid wissen, mehr Motivation aufbringen und aufrecht erhalten als ohne diese Information. Aus folgender Checkliste können Lehrende je einige Punkte, z.B. vier bis sechs, auswählen. Oft ist es ratsam, die wichtigsten Punkte zu visualisieren. Wenn man dies vor Beginn der Unterrichtsstunde tut, vergegenwärtigt man sich die Planung und schafft sich eine Gedächtnisstütze für das Vorgehen. Auf die Visualisierung kann man im Verlauf der Veranstaltung immer wieder hinweisen und den Teilnehmenden die Gliederung („Jetzt kommen wir zu diesem Punkt: …") und den roten Faden verdeutlichen („An Anfang haben wir die beiden Begriffe … geklärt, jetzt im zweiten Teil der Veranstaltung wenden wir sie auf … an").

Checkliste zum Informierenden Unterrichtseinstieg

Thema: Nennen Sie z.B. das Thema oder eine Themenfolge, eine wesentliche Fragestellung oder eine interessante These.

Lernziel(e): Teilen Sie die wichtigsten Lernziele auf mittlerem Konkretisierungsniveau (Mittlerziele) mit. Formulieren Sie möglichst anschaulich und stets vom Lernenden aus.

Begründung der Lernziele: Geben Sie Hinweise, weshalb die Ziele wichtig sind, bzw. worin ihr Nutzen für die Teilnehmenden und ihr Lernen besteht.

Ablauf der Unterrichtseinheit: Nennen Sie die wichtigsten vorgesehenen Arbeitsschritte, Methoden und Sozialformen des Unterrichts (Einzel-/Tandem-/Gruppenarbeit und Plenum).

Persönliche Stellungnahme: Berichten Sie den Lernenden, wie Sie zum Thema stehen oder welche Erfahrungen Sie damit gemacht haben. Sie können es z.B. auch ausdrücken, wenn das Thema für Sie zu Beginn schwierig war.

Einbezug der Studierenden: Wenn die Möglichkeit besteht, verdeutlichen Sie, wie sich die Studierenden an der Gestaltung der Einheit beteiligen können.

Anknüpfen an frühere oder zukünftige Themen: Ordnen Sie das Thema in ein grösseres Ganzes ein. Achten Sie darauf, dass die Studierenden die Bezüge in ihren Wissens- und Erfahrungshorizont integrieren können.

Vorkenntnisse anerkennen: Sprechen Sie Vorkenntnisse/Erfahrungen der Lernenden an. Dabei sollten Sie sicher sein, dass die Mehrheit wirklich darüber verfügt.

(Quelle: in Anlehnung an Grell/Grell, 2010, S. 144-171)

5.5   Verbenliste: herausfordernde und s.m.a.r.t.e kognitive Lernziele

Liste transitiver Verben, die man einsetzt, damit das Gelernte als gezeigte Tätigkeit der Lernenden beobachtbar wird.

Von Stufe 1 bis 6 werden die Lernziele komplexer. Höhere Stufen setzen das Erreichen der tieferen voraus. Es besteht kein Anspruch, zwischen 1 bis 6 Trennschärfe und Eindeutigkeit allein durch die Verben herzustellen. Diese sind mehrdeutig und haben je nach Anwendungskontext unterschiedliche Konnotationen. Die praktische Absicht ist es, Lehrende zur Formulierung operationaler kognitiver Lernziele namentlich auf der Mikro-Ebene (von Unterrichtsstunden/-sequenzen) anzuregen.

„Transitiv" (Sprachwissenschaft) sind Verben, die ein direktes Objekt (Akkusativobjekt) nach sich ziehen können (z.B. „darstellen": „die Elemente"). Intransitive Verben wie „wissen", „sich erinnern" (nicht unmittelbar mit einem Akkusativobjekt kombinierbar) sind ebenso zu meiden wie transitive Verben, bei denen die Beziehung zum Objekt nicht unmittelbar beobachtbar ist, wie „kennen": Die Verbindung zum Objekt ist hier virtuell, indirekt, bezeichnet im Gedächtnis Gespeichertes oder dort ablaufende Prozesse, die erst vermittels zu ergreifender Handlungen Dritter (Untersuchende/Einschätzende) „intersubjektiv" nachvollziehbar gemacht werden (indirekte Messung mittels Indikatoren). Die in der Tabelle aufgelisteten Verben hingegen kennzeichnen Tätigkeiten der Lernenden selbst, die sich auf anzugebende kognitive Objekte richten. Durch diese Verbindung Verb–>Objekt wird das Lernziel konstituiert – eine direkte(re) Messung wird vorbereitet und die Entwicklung eines Datenerhebungsinstruments für die Selbstevaluation wird erleichtert.

Quellen: Ursprung ist der Text von Bloom et al. (1956). Im Unterschied zum Original werden die sechs Stufen statt mit Substantiven (Knowledge, Comprehension, Application, Analysis, Synthesis, Evaluation) mit Verben bezeichnet (vgl. auch Macke/Hanke/Viehmann, 2008, S. 77-80). Von Krathwohl (2002) – der ebenfalls Verben nutzt – wurde die erste Stufe umbenannt (remember), und die Stufen 5 und 6 wurden getauscht (vgl. ausführlich Anderson et al., 2001). Er hat die Taxonomie um eine zweite (hier nicht abgebildete) Dimension erweitert, welche die Art des Wissens betrifft (factual, conceptual, procedural, metacognitive knowledge, sodass 24 Zellen entstehen). Diese Erweiterung ermöglicht die Nutzung der Taxonomie auch für grosse Programme, z.B. ganze Studiengänge.

1	2	3	4	5	6
erinnern	**verstehen**	**anwenden**	**analysieren**	**beurteilen**	**erschaffen**

Lernende können Aussagen über Inhalte/Sachverhalte/Prozeduren....

zutreffend bezeichnen	*mit eigenen Worten wiedergeben*	*auf ähnliche Situationen übertragen*	*in eine sinnvolle Struktur bringen*	*nach angemessenen Kriterien bewerten*	*zu neuem Ganzen zusammenfügen*
auflisten	anordnen	anpassen	aufdecken	abschätzen	ableiten
aufzählen	charakterisieren	benützen	aufgliedern	akzeptieren	entwerfen
benennen	deuten	bestimmen	differenzieren	annehmen	entwickeln
beschreiben	erklären	demonstrieren	ermitteln	auswählen	erarbeiten
darstellen	erläutern	einsetzen	fokussieren	bewerten	erstellen
definieren[1]	illustrieren	erproben	gliedern	entscheiden	generieren
finden	interpretieren	implementieren	klassifizieren	falsifizieren	hervorbringen
identifizieren	klären	lösen	organisieren	prüfen	kombinieren
isolieren	präsentieren	modifizieren	unterscheiden	kritisieren	konstruieren
nennen	veranschaulichen	nutzen	untersuchen	rangordnen	konzipieren
skizzieren	verdeutlichen	praktizieren	vergleichen	validieren	planen
zusammenstellen	zusammenfassen	realisieren	zuordnen	verifizieren	zusammenfügen
[1]Nominaldefinition geben		übersetzen		verteidigen	
		transferieren		verwerfen	

Beywl, Wolfgang/Bestvater, Hanne/Friedrich, Verena (2011): Selbstevaluation in der Lehre. Münster: Waxmann.

5.6 Arbeitsblatt Selbstevaluationsplanung

Selbstevaluationsplan von: .... (Name).....................................

Lehrplanung		Untersuchungsplanung
		1 Anlass für Ihre Selbstevaluation (z.B. eine didaktische „Knacknuss")
		2 Der Evaluationsgegenstand: Was wollen Sie beschreiben und bewerten?
		2a Name, Art d. Veranstaltung, Elemente, Beginn-/Enddatum, Dauer in h, Workload gem. ECTS, Anzahl und Merkmale der Teilnehmenden z.B. Vorerfahrung, Semesterzahl
		2b fokussierter Ausschnitt [evtl. mit a identisch]
3 Formulieren Sie bis drei s.m.a.r.te Lehrziele bzgl. Lehrhandeln, Lernhandeln oder Lernresultaten die Sie erreichen wollen, um die Problemnuss zu knacken.		
3a		
3b		
3c		
4 Skizzieren Sie spezifische (Lehr-) Interventionen, die Sie einsetzen wollen, um die Ziele zu erreichen:		
4a		
4b		
4c		
		5 Evaluationsfragestellung(en):
		5a Meist: „In welchem Masse ist es gelungen, die Ziele gemäss 3 zu erreichen?"
		5b Evtl. weitere Fragestellung(en)
		6 Datenerhebung: Geben Sie für jede Fragestellung an: Datenquelle (oft Teilnehmende/deren Erzeugnisse, z.B. Studienarbeiten), Datenerhebungsmethode, mögliche Datenerhebungsinstrumente. (siehe evtl. „SPECIAL #1# Fragebogen")

Speichern Sie diese Datei bitte unter „SE-Plan_Vorname-Nachname.doc" (Ihr Name im Dateinamen) und senden diese per E-Mail an die Kursleitung.

Beywl, Wolfgang/Bestvater, Hanne/Friedrich, Verena (2011): Selbstevaluation in der Lehre. Münster: Waxmann.

Sachindex

Fett gedruckte Seitenzahlen verweisen auf eine erklärende Definition oder Veranschaulichung des Begriffs in diesem Lehrtext. Die *kursiv* ausgezeichneten Begriffe sind im „Eval-Wiki: Glossar der Evaluation" (www.eval-wiki.org/glossar) zum Teil ausführlicher definiert und mit Literaturangaben versehen.

Literatur

Achermann, Edwin (2007): Unterricht gemeinsam machen. 2. Auflage. Bern: Schulverlag.

Anderson, Lorin W./Krathwohl, David R./Airasian, Peter W./Bloom, Benjamin S./ Cruikshank, Kathleen A./Pintrich, Paul R./Mayer, Richard E. (2001): A taxonomy for learning, teaching, and assessing: A revision of Bloom's taxonomy of educational objectives. 2nd illustrated, revised and abridged edition. New York: Longman.

Angelo, Thomas A./Cross, K. Patricia (1993): Classroom assessment techniques. A handbook for college teachers. 2nd edition. San Francisco: Jossey-Bass.

Arnold, Rolf (2011): „Denn sie wissen nicht, was sie tun? Die deutschen Hochschulen auf dem Weg zur Kompetenzentwicklung". In: Weiterbildung, Jahrgang 22, Ausgabe 4, S. 26-29.

Bastian, Johannes/Combe, Arno/Langer, Roman (2007): Feedback-Methoden. Erprobte Konzepte, evaluierte Erfahrungen. Weinheim: Beltz. www.socialnet.de/rezensionen/ 6921.php.

Benninghaus, Hans (2007): Deskriptive Statistik. Eine Einführung für Sozialwissenschaftler. 11. Auflage. Wiesbaden: VS Verlag.

Beywl, Wolfgang (1999): „Nutzenfokussierte Evaluation von Humandienstleistungen. Plädoyer für eine sozialwissenschaftliche Rückbesinnung in der Qualitätsdebatte". In: *Sozialwissenschaften und Berufspraxis*, Jahrgang 22, Nr. 2, S. 143-156.

Beywl, Wolfgang (2007): KWB-Studiengänge begleiten und bewerten. Leitfaden zur Evaluation von Weiterbildungsstudiengängen. Bern: Universität Bern, Koordinationsstelle für Weiterbildung. www.zuw.unibe.ch.

Beywl, Wolfgang/Bestvater, Hanne (1998): „Selbst-Evaluation in pädagogischen und sozialen Arbeitsfeldern – Ergänzung und Alternative zur Fremdevaluation". In: BKJ, Bundesvereinigung für kulturelle Jugendbildung (Hg.): *Qualitätssicherung durch Evaluation. Konzepte – Methoden – Ergebnisse. Impulse für die kulturelle Kinder- und Jugendbildung.* Remscheid: BKJ, S. 15-20.

Beywl, Wolfgang/Bestvater, Hanne/Müller, Marianne (2011): „Professionalisierung der Evaluation durch Weiterbildung?". In: *LeGes*, Nr. 1, S. 89-109. www.bk.admin.ch.

Beywl, Wolfgang/Kehr, Jochen/Mäder, Susanne/Niestroj, Melanie (2007): Evaluation Schritt für Schritt. Planung von Evaluationen. Münster: HIBA.

Beywl, Wolfgang/Schepp-Winter, Ellen (1999): Zielfindung und Zielklärung in der Kinder- und Jugendhilfe. Ein Leitfaden (QS 21). Bonn: Bundesministerium für Familie, Senioren, Frauen und Jugend. www.univation.org.

Beywl, Wolfgang/Schepp-Winter, Ellen (2000): Zielgeführte Evaluation. Ein Leitfaden (mit Software zur Zielklärung, Evaluationsplanung und beschreibenden Statistik auf CD-ROM) (QS 29). Bonn: Bundesministerium für Familie, Senioren, Frauen und Jugend. www.univation.org.

Bloom, Benjamin S./Engelhart, Max D. /Furst, Edward L. /Hill, Walker H./Krathwohl, Daniel R. (Hg.) (1956): Taxonomy of educational objectives: The classification of educational goals. Handbook 1: Cognitive domain. New York: David McKay.

Bortz, Jürgen/Döring, Nicola (2006): Forschungsmethoden und Evaluation für Human- und Sozialwissenschaftler. 4. Auflage. Berlin: Springer.

Braun, Edith (2007): „Ergebnisorientierte Lehrveranstaltungsevaluation: Das Berliner Evaluationsinstrument für studentische Kompetenzen". In: Kluge, Annette/Schüler, Kerstin (Hg.): *Qualitätssicherung und -entwicklung an Hochschulen: Methoden und Ergebnisse.* Lengerich: Pabst Science Publishers, S. 73-82.

DeGEval, Deutsche Gesellschaft für Evaluation (2004): Empfehlungen zur Anwendung der Standards für Evaluation im Handlungsfeld der Selbstevaluation. Alfter: DeGEval. www.degeval.de.

DeGEval, Gesellschaft für Evaluation (Hg.) (2008): Standards für Evaluation. 4. Auflage. Mainz: DeGEval. PDF und Bestellung der Broschüre: www.degeval.de.

Ernst, Stefanie (2008): Manual Lehr-Evaluation. Wiesbaden: VS Verlag. www.socialnet.de/rezensionen/7253.php.

Ertel, Helmut (2008): „Lehre, Lernen und Assessment". In: Wehr, Silke/Ertel, Helmut (Hg.): *Lernprozesse fördern an der Hochschule: Beiträge aus der hochschuldidaktischen Praxis.* Bern: Haupt, S. 13-46.

Ertel, Helmut/Tribelhorn, Thomas (2007): „Aktivierung und Beurteilung der Lernenden im Präsentationstraining". In: *Personal und Organisationsentwicklung in Einrichtungen der Lehre und Forschung*, Nr. 1, S. 20-24.

Faßnacht, Gerhard (1995): Systematische Verhaltensbeobachtung. Eine Einführung in die Methodologie und Praxis. 2., völlig neubearbeitete Auflage. München: Ernst Reinhardt.

Gagné, Robert Mills/Wager, Walter W./Golas, Katharine C./Keller, John M. (2005): Principles of instructional design. 5th edition. Belmont: Wadsworth.

Geissler, Karlheinz A. (2005): Schlusssituationen – die Suche nach dem guten Ende. 4., neu ausgestattete Auflage. Weinheim: Beltz.

Glasl, Friedrich (2010): Konfliktmanagement. Ein Handbuch für Führungskräfte, Beraterinnen und Berater. 9., aktualisierte und ergänzte Auflage. Bern: Haupt.

Grell, Jochen/Grell, Monika (2010): Unterrichtsrezepte. 12. Auflage. Weinheim: Beltz.

Greve, Werner/Wentura, Dirk/Gräser, Horst (1997): Wissenschaftliche Beobachtung. Eine Einführung. 2., korrigierte Auflage. Weinheim: Beltz.

Hattie, John A. C. (2009): Visible learning : a synthesis of meta-analyses relating to achievement. London: Routledge.

Hattie, John A. C./Timperley, Helen (2007): "The power of feedback". In: *Review of educational research*, Volume 77, No. 1, S. 81-112.

Heiner, Maja (Hg.) (1998): Experimentierende Evaluation. Ansätze zur Entwicklung lernender Organisationen. Weinheim, München: Juventa.

Hierhold, Emil (2005): Sicher präsentieren – wirksamer vortragen. 7. aktualisierte Auflage. Heidelberg: Redline Wirtschaft.

Hussy, Walter/Schreier, Margrit/Echterhoff, Gerald (2010): Forschungsmethoden in Psychologie und Sozialwissenschaften für Bachelor. Berlin: Springer.

Illich, Ivan D. (1998): Selbstbegrenzung. Eine politische Kritik der Technik. 1., erweiterte Neuauflage. München: C.H. Beck.

Kaiser, Hansruedi (2005a): Wirksame Ausbildungen entwerfen. Das Modell der konkreten Kompetenzen. Bern: h.e.p.

Kaiser, Hansruedi (2005b): Wirksames Wissen aufbauen. Ein integrierendes Modell des Lernens. Bern: h.e.p.

Kaiser, Ruth/Kaiser, Arnim (2006): Denken trainieren, Lernen optimieren. Metakognition als Schlüsselkompetenz. 2., überarbeitete Aufllage. Augsburg: ZIEL.

Keller, Hans (2005): Aufbau und Elemente einer Feedbackkultur. 5. Auflage. Zürich: impulsverlag.

Kempen, Berhard (2009): „Universität – Zentrum der Forschung? Über Forschungsqualität, Rankings und die Einheit von Forschung und Lehre". In: *Forschung & Lehre*, Jahrgang 16, Nr. 05, S. 334-337.

Kirchhoff, Sabine/Kuhnt, Sonja/Lipp, Peter/Schlawin, Siegfried (2010): Der Fragebogen. Datenbasis, Konstruktion und Auswertung. 5. Auflage. Wiesbaden: VS Verlag. www.socialnet.de/rezensionen/11430.php.

Kleining, Gerhard (1995): Lehrbuch Entdeckende Sozialforschung. Band 1: Von der Hermeneutik zur qualitativen Heuristik. Weinheim: Beltz.

Knowles, Malcolm Shepherd/Holton, Elwood F./Swanson, Richard A./Jäger, Reinhold S. (2007): Lebenslanges Lernen. Andragogik und Erwachsenenlernen. 6. Auflage. München: Elsevier.

König, Joachim (2007): Einführung in die Selbstevaluation. Ein Leitfaden zur Bewertung der Praxis Sozialer Arbeit. 2., überarbeitete Auflage. Freiburg i. Br.: Lambertus.

Krathwohl, David R. (2002): "A revision of Bloom's taxonomy: An overview.". In: *Theory Into Practice*, Volume 41, Issue 4, S. 212-218.

Kromrey, Helmut (2005): „Studierendenbefragungen in Lehrveranstaltungen: Instrument der Evaluation oder ‚nur' der Qualitätsentwicklung?". In: Hochschulrektorenkonferenz (Hg.): *Hochschule entwickeln, Qualität managen: Studierende als (Mittel)punkt. Die Rolle der Studierenden im Prozess der Qualitätssicherung und -entwicklung. Projekt Qualitätssicherung. Beiträge zur Hochschulpolitik, Band 10.* Bonn: HRK

Kromrey, Helmut (2006): Empirische Sozialforschung. Modelle und Methoden der standardisierten Datenerhebung und Datenauswertung. 11., überarbeitete Auflage. Stuttgart: Lucius & Lucius.

Kruse, Jan (2008): Einführung in die qualitative Interviewforschung. Reader. Freiburg: Universität Freiburg. www.soziologie.uni-freiburg.de/kruse.

Kuckartz, Udo/Dresing, Thorsten/Rädiker, Stefan/Stefer, Claus (2007): Qualitative Evaluation. Der Einstieg in die Praxis. Wiesbaden: VS Verlag.

Lipp, Ulrich/Will, Hermann (2008): Das grosse Workshop-Buch. Konzeption, Inszenierung und Moderation von Klausuren, Besprechungen und Seminaren. 8., überarbeitete und erweiterte Auflage. Weinheim: Beltz.

MacBeath, John (2006): School inspection and self-evaluation: working with the new relationship. London: Routledge.

Macke, Gerd/Hanke, Ulrike/Viehmann, Pauline (2008): Hochschuldidaktik lehren, vortragen, prüfen. Weinheim: Beltz.

Mayring, Philipp (2010): Qualitative Inhaltsanalyse. Grundlagen und Techniken. 11., aktualisierte und überarbeitete Auflage. Weinheim: Beltz.

Nevo, David (2009): "Accountability and capacity building: can they live together?". In: Ryan, Katherine E./Cousins, Bradley J. (Hg.): *The SAGE international handbook of educational evaluation.* Los Angeles: Sage, S. 291-303.

Owen, John M./Rogers, Patricia J. (1999): Program evaluation. Forms and approaches. London: Sage.

Patton, Michael Q. (2002): Qualitative research and evaluation methods. 3rd edition. Thousand Oaks: Sage.

Patton, Michael Q. (2010): Developmental evaluation : applying complexity concepts to enhance innovation and use. New York: Guilford Press.

Patton, Michael Q./Patrizi, Patricia (2005): "Case teaching and evaluation". In: Patton, Michael Q./Patrizi, Patricia (Hg.): *Teaching evaluation using the case method: New directions for Evaluation, Number 205*. San Francisco: Jossey-Bass, S. 5-14.

Porst, Rolf (2008): Der Fragebogen. Ein Arbeitsbuch. Wiesbaden: VS Verlag.

Preskill, Hallie/Torres, Rosalie T. (1999): Evaluative Inquiry for Learning in Organizations. Thousand Oaks: Sage.

Rindermann, Heiner (2001): Lehrevaluation. Einführung und Überblick zu Forschung und Praxis der Lehrveranstaltungsevaluationen an Hochschulen mit einem Beitrag zur Evaluation computerbasierten Unterrichts. Landau: Verlag Empirische Pädagogik.

Sanders, James R./Beywl, Wolfgang/JCSEE, Joint Committee on Standards for Educational Evaluation (2006): Handbuch der Evaluationsstandards. Die Standards des Joint Committee on Standards for Educational Evaluation. 3., erweiterte und aktualisierte Auflage. Wiesbaden: VS Verlag.

Schein, Edgar H. (2010): Prozess und Philosophie des Helfens. Einzelberatung, Teamberatung und Organisationsentwicklung. Bergisch Gladbach: EHP.

Schorr, Lisbeth B. (1997): Common purpose: Strengthening families and neighborhoods to rebuild America. New York: Doubleday.

Schüßler, Ingeborg (2005): „Paradoxien einer konstruktivistischen Didaktik". In: *REPORT Zeitschrift für Weiterbildungsforschung*, Jahrgang 28, Nummer 1, S. 88-94. www.report-online.net/start.

Schweizerische Bundeskanzlei (2009): Geschlechtergerechte Sprache. 2. Auflage. Bern: Schweizerische Bundeskanzlei.

Stangl, Werner (2010): Die konstruktivistischen Lerntheorien. http://arbeitsblaetter.stangl-taller.at.

Staufenbiel, Thomas (2000): „Fragebogen zur Evaluation von universitären Lehrveranstaltungen durch Studierende und Lehrende". In: *Diagnostica*, Jahrgang 46, Nr. 4, S. 169-181.

Stufflebeam, Daniel L./Shinkfield, Anthony J. (2007): Evaluation theory, models, and applications. San Francisco: Jossey-Bass.

Teichler, Ulrich (2009): „Wissenschaftlich kompetent für den Beruf qualifizieren". In: *Beiträge zur Hochschulpolitik*, Nummer 1, S. 30-52.

Torres, Rosalie T./Preskill, Hallie S./Piontek, Mary E. (2005): Evaluation strategies for communicating and reporting. Enhancing learning in organizations. 2nd edition. Thousand Oaks: Sage.

Tribelhorn, Thomas (2007): „Situiertes Lernen in der Weiterbildung". In: Wehr, Silke/Ertel, Helmut (Hg.): *Aufbruch in der Hochschullehre.* Bern: Haupt, S. 31-75.

Tribelhorn, Thomas (2010): Knacknüsse der Hochschullehre. Bern: Universität Bern.

Walach, Harald (2009): „Hurra – wir haben eine neue Religion! Über Qualitätssicherung". In: *Forschung & Lehre*, Jahrgang 16, Nr. 5, S. 342-345.

Wehr, Silke/Ertel, Helmut (Hg.) (2007): Aufbruch in der Hochschullehre. Kompetenzen und Lernende im Zentrum. Beiträge aus der hochschuldidaktischen Praxis. Bern: Haupt.

Wrana, Daniel (2009): „Zur Organisationsform selbstgesteuerter Lernprozesse". In: *Beiträge zur Lehrerbildung*, Jahrgang 27, Nr. 2, S. 163-174.

ZUW, Zentrum für universitäre Weiterbildung (2010): Leitbild. Bern: Universität Bern. www.zuw.unibe.ch/unibe.

Sammelliste für „Knacknüsse"

(Hier können Sie während des Lesens Ihre persönliche Liste anlegen.)